幼儿园生活化课程

——回归传统、自然与本真 大班下册

主编◎胡 华

——中华女子学院附属实验幼儿园2019届毕业生手绘作品

北京师范大学出版集团
BEIJING NORMAL UNIVERSITY PUBLISHING GROUP
北京师范大学出版社

图书在版编目(CIP)数据

幼儿园生活化课程：回归传统、自然与本真．大班．下册／胡华主编．—北京：北京师范大学出版社，2020.4(2024.3 重印)
(幼儿园生活化课程丛书)
ISBN 978-7-303-25302-9

Ⅰ．①幼… Ⅱ．①胡… Ⅲ．①生活教育－学前教育－教学参考资料 Ⅳ．①G613.3

中国版本图书馆 CIP 数据核字(2019)第 257948 号

营销中心电话　010-58808083　58805532
图书意见反馈　http://gaozhifk@bnupg.com　010-58805079

YOUERYUAN SHENGHUOHUA KECHENG HUIGUI CHUANTONG ZIRAN YU BENZHEN DABAN XIACE
出版发行：北京师范大学出版社　www.bnupg.com
北京市西城区新街口外大街 12－3 号
邮政编码：100088
印　　刷：唐山玺诚印务有限公司
经　　销：全国新华书店
开　　本：787 mm×1092 mm　1/16
印　　张：18.25
插　　页：1
字　　数：360 千字
版　　次：2020 年 4 月第 1 版
印　　次：2024 年 3 月第 8 次印刷
定　　价：53.80 元

策划编辑：张丽娟　　责任编辑：马力敏
美术编辑：焦　丽　李向昕　　装帧设计：胡美慧
责任校对：康　悦　　责任印制：马　洁　赵　龙

代　序

生活化是一个需要智慧和毅力的历程

胡华老师嘱托我为他们的幼儿园生活化课程写几句，这为我提供了一个双重机会：一方面，我可以学习这门课程，丰富自己的认识；另一方面，我可以借此回忆和梳理自己的一些想法。之所以答应胡老师写几句，一方面，是因为我断断续续地了解了胡老师的一些观点和做法，产生不少共鸣；另一方面，还因为自己有过相似的经历。2000年，我承担了全国教育科学重点课题“生活化、游戏化的幼儿园课程研究”，这个课题的出发点就是想解决幼儿园课程“文本化”“固定化”和“线性化”的问题。我很难忘与一些幼儿园教师共同探索的艰难又具有挑战性的岁月。看到胡老师叙述的幼儿园生活化课程的形成历程，我深有感触，也获得了很多启发。

幼儿园课程的核心价值是促进每一个儿童在原有水平上的发展。幼儿园课程的特质之源就在于儿童。儿童的身心发展规律和学习特点是决定幼儿园课程的目标、形态和进程的关键。审视当今我国幼儿园课程的乱象，我认为，其根本问题就是忽视甚至无视儿童；审视的唯一标准就是课程离儿童到底有多远，离常识和规律到底有多远。儿童不是一个简单的文本上的概念。对于幼儿园课程来说，儿童是每一个具体的学习者；儿童是生活在幼儿园里的每一个个体。幼儿园课程如果不落实到每一个具体的儿童身上，如果不关注每一个儿童的需要、兴趣和发展可能，是难以真正实现它的核心价值的。幼儿园课程的基础是儿童的生活，而不是成人的生活。成人的生活会被儿童根据自己的愿望来理解、共享和改造，最终成为儿童自己的生活。离开了生活的课程将是空泛的和乏味的。

陈鹤琴和张雪门所倡导的幼儿园课程的共同点之一就是关注儿童的生活。生活化课程的构建不是文字上的功夫，而是教师要经历与儿童共同生活的过程；要经历对儿童的一日活动价值进行深入审视和充分实现的过程；要经历对儿童活动进行深入观察和分析的过程；要经历对儿童活动的环境和材料进行预估、准备和调适的过程；要经历对儿童的需要、兴趣和发展可能进行合理判断的过程。因此，幼儿园生活化课程是一个研究、探索和反思的过程，也是一个不断向儿童靠近的过程。幼儿园的课程建设是在观察和了解现实的每一个儿童基础上的活动共构、进程共商、经验共享及心灵共润的过程，是儿童、教师和家长共同成长的过程。

胡华老师有很扎实的专业功底，在幼儿园的管理实践中培育了一个专业化的团队，在理论和实践两个层面上都有很多的积累。他们的幼儿园生活化课程是教师们长期研究的结果，是教师们智慧的结晶。我很佩服他们持之以恒、坚持不懈的探索精神。这个课程在基本的课程理念、课程实践方法论和课程的构建上都有很多创新之处，给人一种生活化、生命化、生态化的感受，是幼儿园课程系统构建的一个典范，必将对我国幼儿园的课程改革和建设起到促进作用。

虞永平

南京师范大学教育科学学院教授、博士生导师

中国学前教育研究会理事长

2019 年 7 月 28 日

自 序

十几年前，我从中国儿童中心调入中华女子学院，受学校指派承办位于北京亚运村地区的一所新建小区的配套园，即现在的中华女子学院附属实验幼儿园。当时，我并没有独立办园经验，关于幼儿园的大部分认识都来自在北京幼儿师范学校教书时对幼儿园的参观、访问。

在北京幼儿师范学校时，我教授“幼儿教育学”，深知影响一所教育机构水平的关键是办学者秉承的教育观与课程观。在幼儿园度过最初的生存期后，我们就将工作重点转移到了课程探索上。我们曾尝试过分科课程与主题单元课程，但这些课程无论在内容上还是在形式上，都没有让我们从内心产生认同感。2007 年夏天，我去美国访问交流。两个月的学习交流结束后，我有了一个新的想法，就是要带领教师们走上一条自主探索之路，探索出一套带有中国文化印记的新课程体系。

这些年，学前教育领域一直都在进行课程改革，也呼唤更有生命力的课程体系。我们也渴望建立一套“儿童是目的”而非“课程目标才是目的”的课程模式。探索之路开启，没想到，它将我们带到了更远的地方……

这套带有中国文化印记、以儿童的立场诠释生活与学习的意义与方式的课程，历经十几年才得以完成。应该说，2013 年这套课程就有了基本的雏形，但我们并不满意，开始用农人的方式对课程的每一个部分进行“精耕细作”式的修改，经过讨论、确定，最终形成文字。之后，我们又花了 3 年的时间进行实践。

为了帮助大家更好地了解这套课程，我想从以下几个方面谈谈我们的思考是如何随着课程探索的不断深入而逐渐清晰的。

一、课程探索的三个阶段

（一）第一阶段（2007—2012 年）：倡导“生成课程”与“畅游日”活动

幼儿园 2004 年开始招生，3 年后，站稳了脚跟。我们开始倡导教师倾听儿童的声音，观察儿童的游戏。我们发现，当儿童拥有自由的时候，他们的思想是非常开阔的。

于是，我们有了重新审视儿童生活与游戏的想法。当时，我们并没有形成清晰、完整的探索路径，能做的只是静下心来继续观察儿童的游戏，记录他们的语言，倾听他们的需要，借此寻找他们学习的兴趣点。

在这个阶段，我们每天都在听孩子们讲话，教师就坐在旁边记录，想试着利用这些信息和孩子们共同生成一些主题学习活动。这些活动带给我们的冲击是非常大的。

那时，每个周五孩子们都可以在自己选择的主题活动里畅快地游戏与学习，这一天被我们命名为“畅游日”。应该说，“畅游日”的探索给了我们很大的信心。这种探索的形式也构成了日后“生活化课程”的基本路径。

（二）第二阶段（2013—2015年）：形成“回归与还原儿童本真生活的课程”雏形

2013年夏天，我和教师们商议，将课程的内容与表现形式完全回归到儿童的生活中去。经过几番讨论，我们放弃了原来使用的课程模式，而是从儿童的生活出发重新确定课程主题。我们将这套课程命名为“回归与还原儿童本真生活的课程”，又称“生活化课程”。对儿童来说，生活原本就是流畅的、自然的。我们希望在这套新的课程里看到儿童，看到游戏，看到文化。

但在课程实施过程中我们发现，生活化课程绝不是回归生活那么简单。我们需要一个更高阶的文化与哲学体系来编制课程线索，才能将生活、儿童与教育紧密地结合起来。

我们试图沿着文化脉络，将儿童学习与生活的轨迹按照四季变化有序地铺陈开来。在确定了课程的基本结构与框架后，我们期待课程线索能与民族文化基因相吻合，以唤起每个人内心深处的温暖与感动。

（三）第三阶段（2016年至今）：完善、调整课程体系，让其体现出回归传统、回归自然、回归生活、回归儿童的特性

这个阶段，我们发现，这个课程也是一个儿童与自然、社会、家庭紧密联结，具有宽阔视角与较为宏大叙事性体系的课程。于是，我们又将探索重点放到了课程的细微之处，力求从个体经验中最朴素的好奇开始，用文化作为解读生活与生命的钥匙。如果说中国哲学、文化是养育“生活化课程”母体的话，主题的选择就是课程的灵魂。每年10个月的大主题，每个年龄班及每周的课程主题也体现出一定的内在逻辑性与延续性。

我们努力让这套课程源于儿童的生活，又不离开他们的生活。课程立意虽然大，但依然符合儿童对世界的整体性好奇。因为课程有较强的操作性，所以也能满足儿童探究世界的小步伐生活。

二、课程背后的几个关键认识

（一）对儿童的认识

儿童发展是一个整体。这些年来，我几乎每天都会和孩子们聊天，也意识到，很多时候，我们只是在技术层面上研究儿童，却很少站在哲学的高度看待儿童。从哲学的意义上来讲，儿童的整体生活、游戏和对世界及对自己的思考是紧密结合的，哲学上称之为混沌之美。成人只有在进行哲学思考时才能回到本源，用经验重构对世界的认知。儿童则无时无刻不在体现着思考与学习的整体性和完整性。

所谓儿童立场，本质上就是儿童哲学观的再现。有些学者在研究儿童的时候，喜欢将儿童看成一个不断成熟的个体，而忽略了儿童的主观能动性及童年的特殊文化价值。儿童的学习与发展脱离不了文化，儿童既是文化的传承者，又是文化的创造者。

儿童是主动的学习者。儿童是有学习能力的，也应该是具有自由意志的生命体。自由意志意味着他们在和另一个人相处时，生命的能量是不被控制与限制的；还意味着他们能够选择用自己的方式进行学习和游戏。幼儿园应是儿童获得尊重的最佳场所，他们应该能够随时随地地感受到流动的爱意。这份爱意来自自然，也来自教师。

儿童是怎样学习的？儿童的“奔跑”“挖掘”“争吵”，甚至“你推我搡”，都充满着学习的意味。当儿童全身心沉浸在一个事物中的时候，就开始有了属于自己的学习。心理学家把这个学习过程称之为“心流”（flow）。我们对儿童了解得越多，就越能看到儿童学习方式的独特性。

每个儿童都有自己的学习方式。希望所有儿童在同一学习过程中能够达到同样的学习效果，是一个不切实际的期待。每个儿童建构学习的方式是不一样的。如果儿童在学习中没有受到来自成人的评判压力，他们按自己的方式完成学习的可能性就会越大。

儿童的学习需要情感的介入。情感的介入对于他们来讲，起到了催化剂的作用。在幼儿园里，教师是儿童学习的陪伴者。所以，在生活化课程里，教师会不断地和儿童交流：你看到了什么？你听到了什么？你的感受是什么？只有儿童在发展中获得了深度陪伴与接纳，才能产出高质量的教育结果。

（二）对回归自然、回归传统的认识

儿童是自然之子。自然不仅是构成教育的元素，也是儿童获得幸福感的源泉。自然会赋予儿童灵性的力量。中华文化的根系一直在农业文明里。因此，为儿童设计的活动，也和自然密切相关。

五六月间，儿童大部分时间都在户外度过。他们会在帐篷里成立学习小组，开展项目学习。丈量大树，测量小池塘的水深，数一数幼儿园里鸟窝的数量，追踪野猫的生活规律，观察蜗牛壳上的花纹……这些都在儿童的研究范围之内。

十多年来，我们一直在思考，中国学前教育的出发点到底在哪里？儿童教育从来都和自己的文化有关，儿童学习的过程在本质上也是个体文化化的过程。① 中国的哲学一直有自己的表达方式与话语体系。按照中国哲学的传统，教育的功用不在于增加积极的知识，而在于提高精神的境界。② 我们想建立一套适合中国儿童发展的、有中国文化根基的课程体系，而实现这一切，无论课程的主题内容还是追求的价值都必须回归自然与传统。

三、关于课程使用的一些说明

这套课程本质上是要帮助儿童形成三个联结：与自然的联结、与社会的联结以及与自我的联结。在课程实施过程中，我们特别强调以下几个方面。

第一，教师与儿童的关系问题。教师要帮助儿童建立学习过程中的安全感。有安全感是指在教育活动中，儿童很放松，敢质疑，愿意和教师互动。第二，倾听、记录与引导的关系问题。在课程中，教师要完整记录下儿童的表达，这是儿童学习中最宝贵的东西。儿童的表达不仅构成了课程的内涵，也是成人了解儿童内心世界的一把钥匙。在这个过程中，教师也需要不断思考：我应该和孩子们交流什么样的问题，这些问题能否引发新的讨论，这些问题能否帮助孩子们厘清思想与观念，这些问题能否帮助孩子们获得积极的情感体验……在这之后，教师将沿着儿童思考的线索引导课程继续深入。第三，帮助儿童完成课程的意义升华。每次课程结束时，教师都要和孩子们一起制作思维导图，帮助他们将认知结构变成思维的重要组成部分，形成元认知能力。之后，教师还要帮助儿童将学习转化为感受与意义，激发其学习与生活的内部驱动力。

我们要求教师将儿童的持续性分享思维的过程记录下来，并进行合理的结构化与整合，使孩子们不仅能体会当下学习的快乐，而且能从外部了解自己的学习过程。因此，在幼儿园的教室内，孩子们所有的学习过程都被记录在墙壁上，供他们随时回顾与讨论。

我们希望，这套课程以儿童的发展为核心，通过还原儿童生活，帮助他们从不同的层面完成学习。为此，我们设计了“3＋1＋1”的课程模式，这种课程模式不仅可以满足不同儿童学习的需要，也尊重了个体发展的差异性。

“3＋1＋1”的课程模式，是指在课程线索的大框架下，每周有一个主题，从一个开放性的问题开始，之后儿童根据自己的已有经验和兴趣特点自行选择研究问题，组成学习小组。

“3”是指一周前三天的小组教学。课程之初，儿童和教师要一起讨论、思考。小

① 虞永平：《学前课程价值论》，24页，南京，江苏教育出版社，2002。

② 冯友兰：《中国哲学简史》，5页，北京，北京大学出版社，2013。

组教学要营造一种有呼吸感的课程氛围。教师呼应每一个儿童的想法，关注每一个儿童的学习特点，接纳他们的思考，使儿童的思维始终处于一种持续性的分享过程之中。

第一个“1”是指周四的分享总结。教师利用思维导图，将儿童零散的信息结构化，提升他们的学习能力。

第二个“1”是指周五的“畅游日”活动。每周五的“畅游日”是儿童特别期待的日子。这一天，儿童以游戏的方式呼应与拓展前四天的学习经验。“畅游日”具有在游戏中整合和反思的明显特征，也体现了教师和儿童共同对生活经验、意义的再度追寻。

课程探索将我们引向了更深层面的思考。文化与教育看似有很多外显形态，容易被人随意拼搭，但内在却有文化选择性的价值区分。真正的教育思想还是需要把握住文化内在价值的。

课程探索使教师走上了全新的专业化发展之路。因为这套课程所有的学习结果都无法预设，所以教师将和儿童一起带着对学习的未知感迎接挑战，在探索的过程中实现共同成长。

这套课程也构建了一种新型的家园合作模式。在课程中，家长需要不断地发挥自身优势，参与到活动中，与孩子互动。作为课程资源的重要贡献者，家长的参与不仅可以让课程拥有更丰富的内涵，而且他们自身也能真实地觉察到孩子独特的生命价值，他们开始清晰地体察、认识并调整自己，在自我成长和与孩子共同成长的道路上迈出重要一步。

这套课程的另一个积极意义在于，它不受环境条件的限制。当然，我们熟悉的东西并不一定是大家熟悉的，第一步可以是参考、模仿，也许一段时间后，您就会发现，每个人都能在模仿的基础上完成更多的创造。

在本书中，我们不仅对儿童学习的过程进行了完整的记录与再现，还特别增加了每周课程结束后教师对活动的反思。在课程记录的相应页面中，又插入了活动后制作的微信推送的二维码，供大家学习和研究。如果您想了解课程的更多信息和背后的思考，可以直接关注我们的微信公众号（中华女子学院附属实验幼儿园微信公众号：cwukids；胡华名师工作室微信公众号：Huhua Edu-workshop）。

课程探索每到一个新的节点时，都会有一些导师出现，指引着我们迈向新的目标。冯友兰先生的《中国哲学简史》一书是我们花了一年多时间才读完的。这本书并不那么容易理解，但我们想从中获得编织课程的文化立意，让生活化课程能够根植于中华文化大地。依稀记得，那一年我住在北京郊区的乡村小院里，夜晚一片清凉，我脚踩土地，头顶繁星，在微信群里和老师们热烈地讨论着中国哲学的脉络，与先哲们“对话”，让精神沐浴在祖先创建的璀璨文化之中。应该说，这本书为我们提供了课程的文化基调。在课程探索初期，刘晓东老师的《儿童精神哲学》一书帮助我们从精神与哲学的高度重新审视儿童存在的价值，让我们对儿童有了全新的认识；课程探索中期，虞永平老师的《学前课程价值论》指引着我们将课程探索的方向转向了文化……感谢这些课程探索中的“引路人”。在此，要特别向他们致敬！

本书的成书过程大致经历了三个阶段：第一阶段，文字的搜集与书写阶段。这一阶段，教师们负责提供活动记录，并将记录按照统一要求书写成文字。罗希悦、王玉洁、李美杰等大部分教师参与了这一阶段的文字整理工作。第二阶段，调整与补充阶段。这一阶段，我们安排了几位教师对文字进行审阅、调整，使文字的整体风格趋于一致。参与这一阶段工作的主要有张芬、王海霞、罗希悦、张蕾、郭佳、田巍等教师。第三阶段，文字统筹工作。这一阶段的工作主要由我和张芬老师共同完成。后期，张芬老师承担了大部分文字的审核与校对工作。在编写过程中，我们精选了教师的教育记录与反思，书中共收集了张芬、张蕾、罗希悦、田巍、郭佳、李文、王钰诗、田悦、李洋、甄珍、阎玉新、张焱、王彩霞、唐彬、王海霞以及当时尚在幼儿园工作的吴婷婷、张晓敏、申洁文、晁妍、马静、任玉英等多位教师的教育笔记。王晨琳老师为本书绘制了课程图示活动拉页。周冉老师参与了封面、扉页及插图的设计。赵莉莉老师也为本书的修改、完善贡献了自己的智慧。

因为水平所限，这套课程难免存在不足。希望使用者在使用过程中能够给我们提出宝贵的建议，以便我们进一步修改与完善。

这些年来，因为这套课程，无论是作为园长的我，还是教师们，都感觉每天的工作充满了欢乐。愿大家也能借由这套课程开始愉快的工作之旅！

胡华

中华女子学院儿童发展与教育学院副教授、硕士生导师

中华女子学院附属实验幼儿园园长

2019 年 6 月 22 日于花草园

目　录
CONTENTS

三月主题　图书的世界

四月主题 我，棒棒哒！

三月主题　图书的世界

月主题说明

人类许多伟大的创造，大都经过漫长岁月，聚合着无数人的心力与期盼，图书也不例外。对儿童而言，阅读图书是获取新知、探究自然、了解社会、自我领悟的重要方式。

在本月主题“图书的世界”中，孩子们的学习将从微观到宏观，从历史到现实，在对书籍和图书馆的探索中完成一次次体验。从深受孩子们喜爱的文学作品开始，用绘画、辩论、演绎等形式建立与书的深度联系。深入了解一本书，再到制作一本书，让孩子们爱上阅读，尊重自己同书的关系。最后踏入图书馆，走进知识的海洋。

月课程目标

1. 鼓励幼儿用自己的方式表达对图书的理解，体验精读一本书的乐趣。

2. 引导幼儿通过观察、上网查阅资料等方式，知道图书的基本构成和制作流程，了解和“书”相关的知识。

3. 鼓励幼儿富有创意地使用多种材料完成一本书的制作，探索并掌握一些装订图书的方法。

4. 通过实地调查的方式帮助幼儿了解图书馆的用途、基本设施、陈列和收藏图书的相关知识，思考图书对我们生活的意义。

第一周主题“玩转《西游记》”，幼儿会讨论《西游记》中自己最喜爱的人物和故事，录制《西游记》中的故事，绘制人物图鉴，采用角色扮演等方式，诠释、演绎《西游记》。第二周主题“精读《西游记》”，幼儿会从三个问题出发，聚焦“九九八十一难”“《西游记》里的大智慧”“西天取经路线图”，体会精读一本书的乐趣。第三周主题“关于一本书”，幼儿会了解文字发展的历史，提出自己关于一本书最感兴趣的问题，并且运用项目学习的方式一起探索书的过去、现在和未来，还会亲手制作一本书，体会创造的乐趣。第四周主题“我身边的图书馆”，幼儿会探寻家附近的图书馆，了解图书管理员的工作、图书馆的基本设施以及图书馆分类编码的知识，借助书籍或者网络了解世界上各种各样的图书馆，感受图书馆的魅力。

读书是我们人类生活的重要组成部分。读书不仅仅是“读”，更是在扩充眼界的同时增长智慧。阅读月，我们期待幼儿在“精耕细作”的阅读方式中品评美好，成为有“文化质感”的人。

课程树状图

第一周 玩转《西游记》

周主题说明

孩子们三月的学习会从他们最爱的书——《西游记》开始。《西游记》是一部经典的文学作品，是我国四大名著之一。故事以唐僧师徒四人在去西天取经过程中经历的磨难为中心，内容曲折有趣，情节逐渐展开；作者刻画的不同性格的神仙妖怪，都深深地吸引着孩子们。

这一周，孩子们会通过“漫谈《西游记》”“大话西游”“西游人物图鉴”“鉴宝大会”和“我们的西行游记”活动，运用讨论、分享、制作和扮演等方式解读《西游记》里的人物、故事，沉浸在《西游记》的魅力中。

周课程目标

1. 鼓励幼儿和同伴谈论《西游记》的相关内容，找到自己最喜欢的西游人物和西游故事。

2. 帮助幼儿通过调查、讲述、讨论、绘画等方式，深入了解故事中不同人物的形象及故事的主要情节。

3. 组织辩论活动，引导幼儿积极表达自己的观点，辩证地看待事物的不同方面。

4. 引导幼儿通过角色扮演的方式体验故事，有深入研究《西游记》的愿望。

活动一 漫谈《西游记》

活动形式

小组活动。

活动目标

1. 愿意与他人分享《西游记》中自己喜欢的人物和故事。

2. 了解某一角色的特征，能用模仿的方式表现出来。

3. 对《西游记》产生想要深入了解的兴趣。

活动准备

电视剧《西游记》中孙悟空出现时的配乐。

活动过程

一、导入

播放电视剧《西游记》中孙悟空出现时的配乐。

教师提问："这段音乐你们在什么地方听到过？你们知道这个故事里的哪些人物？"

二、分享环节

请幼儿分享自己知道的《西游记》中的人物。

活动记录与呈现

管盈钧：这是《西游记》的音乐，《西游记》里有齐天大圣孙悟空，还有唐僧、猪八戒、沙和尚和白龙马，他们一块儿去西天取经！

杨泊安：我知道金角大王和银角大王，他们是兄弟，是《西游记》里面的妖怪。

李佳蔓：我知道太上老君和天兵天将、二郎神、哮天犬、托塔李天王。

张墨缘：我知道东海龙王，孙悟空就是找他要来的金箍棒。

尹昊岩：我知道铁扇公主和牛魔王、红孩儿是一家人，他们最后都和孙悟空打了一架。

杨泊安：我知道妖怪住在洞里，比如蜘蛛精、黄袍怪、黑熊怪。像玉皇大帝、王母娘娘、如来佛祖那样的神仙就住在天上。人就住在家里。

三、游戏环节

请一名幼儿模仿《西游记》中的人物，其他幼儿猜一猜小朋友模仿的是谁(图 1-1-1 至图 1-1-4)。

图 1-1-1　看我七十二变

图 1-1-2　阿弥陀佛

图 1-1-3　一起变身孙悟空

图 1-1-4　一起变身猪八戒

四、讨论提纲

1. 在《西游记》中，你最喜欢的人物是哪一个？

2. 在《西游记》中，你最喜欢的故事是哪一个？

3. 如果你生活在《西游记》的世界里，希望自己是《西游记》里的谁，为什么？

活动记录与呈现

讨论 1：在《西游记》中，你最喜欢的人物是哪一个？

季子禾：我最喜欢孙悟空，因为他很厉害，会七十二变，有火眼金睛，会腾云驾雾，拥有所有我想有的本领！

王旭锋：我最喜欢唐僧，因为他会念紧箍咒，能够把孙悟空给制住。

胡曦文：我最喜欢猪八戒，虽然他有些懒，但是他的大耳朵和大鼻子看起来真的很可爱。

庞暄译：我最喜欢昴日星官，他降服了蝎子精，蝎子精虽然很厉害，但是也怕公鸡。

管盈齐：我最喜欢那些没有名字的小妖怪，因为他们长得都很独特。

王展曦：我最喜欢唐三藏，因为他什么时候都不放弃，最后就成了佛。

袁天诒：我最喜欢观音菩萨，因为她愿意尽自己的努力去帮助所有人。

周睿康：我和妈妈都最喜欢红孩儿，虽然红孩儿是妖，曾经伤害过很多人，但他有好吃的东西都会邀请家人一起来分享。而且红孩儿很聪明，会动脑筋用计，能识破孙悟空的计策，还冒充观音去半路拦截猪八戒，和真观音对话……他什么都不怕。

讨论 2：在《西游记》中，你最喜欢的故事是哪一个？

刘咨孜：我最喜欢孙悟空去东海龙宫拿如意金箍棒的故事，因为孙悟空拔了定海神针，还造成海底发生很大的混乱。

姜睿涵：我最喜欢二郎神和孙悟空比谁的变化多的那个故事，孙悟空变成了一个屋子，但尾巴没办法藏起来，就变成了一个旗杆。

谢雨默：我最喜欢如来佛祖压住孙悟空的那一集，你知道有一句话吗？“谁再厉害都逃不出我的手掌心。”

师晨皓：《西游记》里我最喜欢的故事是孙悟空三借芭蕉扇。唐僧师徒西天取经途经火焰山，那里炎热难忍，需要向铁扇公主借来芭蕉扇扇灭火焰才可通行。可是，之前孙悟空曾让观音菩萨收服了铁扇公主的儿子红孩儿，铁扇公主很伤心，所以尽管孙悟空同意让铁扇公主连砍他三剑，但得到的却是假扇子。后来孙悟空找牛魔王帮忙也没能如愿。孙悟空并不气馁，他坚持不懈，最终在托塔李天王和哪吒三太子的帮助下，收服牛魔王和铁扇公主，借来芭蕉扇，扇灭火焰山的火，继续往西天取经。

刘沐云：我最喜欢真假美猴王的故事，那个假的美猴王是六耳猕猴变的，和真的美猴王一模一样！他们最后找了如来佛祖才分出来谁真谁假。

马令仪：孙悟空三打白骨精的故事让我特别生气，唐僧怎么都看不出来那是妖怪变的呢？把我给急得！

讨论3：如果你生活在《西游记》的世界里，希望自己是《西游记》里的谁，为什么？

吴徐正：我想当孙悟空，因为他有很多本领，遇到坏人会打败坏人，遇到好人会保护好人。

郭文宇：我想成为嫦娥那样的人，漂亮、跳舞又好，一个人住广寒宫也挺好的，很安静。

陈凯润：我想当像二郎神一样的战神，比别人多一只眼睛，还多一条哮天犬，武功很厉害。

徐朴一：我想当玉皇大帝，可以管理天上的很多人。

沈辰宇：我想成为金角大王，因为他可以永远和兄弟在一起。

王展曦：我想当菩萨，可以帮助很多很多人。

五、小结

教师将幼儿提到的《西游记》中的人物及特点进行总结，统计幼儿想要扮演的角色；预告周五畅游内容。

六、延伸学习

1. 在图书区投放《西游记》相关书籍，有探索欲望的幼儿可以继续进行个人或小组探究。

2. 请幼儿和爸爸妈妈一同录制《西游记》中最喜欢的故事。

活动小结与反思

每周活动开始时，教师都应该和孩子们聊一聊，看看他们对本周即将接触到的东西有多少已有经验和情感联结，只有了解孩子才能够设计出更适合他们的活动。不得不说，孩子们对《西游记》的了解远超过教师之前的预想，有的孩子对《西游记》的了解甚至到了可以完整讲述某个故事的程度。在今天的活动中，孩子们第一次直观地感受到了《西游记》作为中国经典的传统文学故事是如此的深入人心。

基于这样的情况，接下来的课程我们可以不再泛泛而谈，而是针对某一个问题持续深入地和孩子们进行讨论，也可以借助绘画、角色扮演等方式，完成《西游记》的再创作。希望借此机会和孩子们一起重温经典。

故事 ｜ 三个人的“西游记”

活动二　大话西游

活动形式

小组活动。

活动目标

1. 进一步熟悉《西游记》中的故事。
2. 能够围绕一个话题发表自己的观点。
3. 通过家园互动的方式，提升对《西游记》的兴趣。

活动准备

黑板、笔、各个版本的《西游记》图书。

活动过程

一、导入

教师提问：“你是通过什么方式知道《西游记》中的故事的?”

图 1-1-5　小组内大家的分享都好有趣!

二、分享环节

请幼儿分享知道《西游记》故事的途径，教师进行统计(图 1-1-5)。

> **活动记录与呈现**
>
> 调查结果：
>
> 看电视、手机软件、听广播(8人)；
>
> 听家人、老师、朋友讲(15人)；
>
> 看书(10人)；
>
> 玩具(金箍棒)1人；
>
> 看表演(人偶戏)1人；
>
> 爸爸爱唱的歌(白龙马)1人。

三、讨论提纲

提供不同版本的《西游记》，让幼儿分小组阅读，然后讨论。

1. 你认为《西游记》是什么样的故事？
2. 你在《西游记》的故事里读到了什么？
3. 关于《西游记》你有哪些疑问？

> **活动记录与呈现**
>
> **讨论1：你认为《西游记》是什么样的故事？**
>
> 沈辰宇：它是一个关于团队合作的故事。
>
> 庞暄译：它讲的是各种妖怪想吃唐僧肉的故事。
>
> 董　镟：《西游记》是一个孙悟空打妖怪的故事。
>
> 马汤彧：《西游记》是唐僧师徒们和妖怪们比谁更聪明的故事。
>
> 季子禾：它是一个唐僧从东土大唐出发去西天取经的故事。
>
> 周睿康：这是大人和小孩都爱看的书，它和《水浒传》《三国演义》《红楼梦》组成了中国的四大名著。
>
> **讨论2：你在《西游记》的故事里读到了什么？**
>
> 郭文宇：看了《三打白骨精》的故事，我发现，不能看到别人有困难就去帮助，因为他们也有可能是妖怪变的，要仔细辨认、思考一下再去帮助。
>
> 杨泊安：要学会看他的眼神辨别他是不是妖怪。
>
> 王展曦：坚持就会有收获。
>
> 李佳蔓：最好不要想坏主意，因为那样的话就会变得很坏。
>
> 李沐航：看到漂亮的东西不要自己一个人去看，因为里面可能藏着危险。

张一铭：一是打妖怪要全部消灭掉，斩草除根，不能留着他们，因为他们还会来找师父报复。二是这个世界上总有一个人比你厉害。

张夷陵：并不是所有的佛祖都是真的佛祖，也有可能是妖怪变的。

杨　博：要想完成一个大目标，就要一步一步来，比如当个科学家。

讨论 3：关于《西游记》你有哪些疑问？

闫皓同：为什么孙悟空会是一只猴子？

赵若清：因为人是猴子变的呀！

廉宠理：这个世界上真的有佛祖吗？

陈海睿：存在！我去过寺庙，寺庙里面就有佛祖。

杨　博：佛祖是神话，是人们想象出来的。

廉宠理：佛的身子是塑像，但是气还在，所以他是存在的。

张夷陵：如果你相信佛祖存在，佛祖就是存在的。

胡曦文：唐僧师徒四人为什么一定要经历九九八十一难，才能取得真经呢？

谈一锦：这个世界上宝贵的东西总是来之不易的。

郑浩铭：猪八戒有很多不好的习惯，为什么还能成为神仙？

冯妙涵：因为猪八戒有时候还是能派上用场的，打妖精的时候也出力了。

邵嘉毅：他本来就是神仙，是天上的天蓬元帅，后来变成猪了而已。

刘芊然：因为西天取经时他虽然有时候有点懒，但他坚持下来了。

郭沛元：玉皇大帝和如来佛祖谁更厉害？

孙依莲：我觉得如来佛祖厉害，因为玉皇大帝拿孙悟空没办法，但是如来佛祖就可以把孙悟空压在五行山下。

谢雨默：没法比，他们不在同一个地方生活。就像是我爸爸和园长妈妈，能比较吗？不能！

李庄睿：不比较不行吗？

……

沈辰宇：为什么孙悟空是从石头里蹦出来的？

王逸帆：真的有女儿国这个地方吗？女儿国生出来的男孩子都去哪儿了呢？这个世界上有男儿国吗？

袁天诒：为什么取经要那么多人一起去，少一个人可以吗？

刘雨晨：为什么所有妖精都想吃唐僧肉长生不老？唐僧肉好吃吗？长生不老好玩吗？

四、小结

现场连线父母，请幼儿与爸爸妈妈一起分享自己关于《西游记》的记忆和理解。

活动记录与呈现

张夷陵妈妈：大家好，我是张夷陵的妈妈。《西游记》是一部超有魅力的小说，我最深刻的记忆是晚饭后一家人围坐在桌前，轮流每人一天读一章，很快乐很温馨。我小时候特别喜欢读这本书，前后应该读了不下几十遍，先看情节看热闹，再看文辞看语言，每次翻开都有新发现。《西游记》小说中有各种口语化的市井嘲讽、歇后语和笑话，人物形象特别鲜活。小说里的诗文也很有趣，描绘出神奇的三界，我特别记得其中有几首诗词是用中药名写的，非常好玩！我很敬佩唐僧和孙悟空，他们都能坚持自己的信念，用自己的方式来护佑众生。

杨昊霖妈妈：小时候我最喜欢看的电视剧就是《西游记》，百看不厌。可是长大以后很多年没有再看过，直到杨小宝两岁多迷上《西游记》，我每天都会给他讲《西游记》中的故事，“三打白骨精”的片段毫不夸张地说，讲了至少100遍。其实我最喜欢的故事是“偷吃人参果”。小说中唐僧面对诱惑仍然坚持自己的信念，非常值得大家钦佩。孙悟空虽然难改顽劣的本性，但意识到自己酿成大错之后能够及时悔改，努力弥补，从中能够看到孙悟空在取经途中的成长，值得我们学习。

陈润孜妈妈：《西游记》是儿时最温馨的回忆，那时我最喜欢孙悟空，总是幻想自己能够和他一样也能脚踏筋斗云，手持如意金箍棒，将一切妖魔鬼怪通通打败。长大后，了解了《西游记》的写作背景，再次翻看原著时，我发现我也喜欢取经的其他几个人物。贪吃但不乏实在的猪八戒，任劳任怨的沙和尚，帅气而勇于承担责任的白龙马，以及虽然经常犯傻但却无比坚持自己信念的唐僧。他们整个团队缺一不可，正是唐僧这个灵魂领袖带领着整个团队最后经过九九八十一难才取到真经。我最大的体会是坚持自己的梦想、坚定信念，通过团队合作一定能够完成自己的梦想，哪怕它是世界上最艰难的。

五、延伸学习

1. 教师统计幼儿想扮演的角色，将统计文档发送到班级微信群中，请幼儿和爸爸妈妈一起准备畅游日需要的服装和道具。

2. 请幼儿和爸爸妈妈一起制作想要扮演的角色图鉴，为明天的课程做准备。

活动小结与反思

在前一天比较宽泛地了解孩子们喜欢的《西游记》中的人物和故事的基础上，我们和孩子们一起进行了更加深入的讨论。从《西游记》的故事中获得的启示，以及很多随堂生成的精彩绝伦的问题和充满智慧的回答，一次次刷新着教师心中孩子们的形象。

在活动中，我们试着邀请爸爸妈妈也加入孩子们的学习中，虽然他们不在第一现场，但是通过网络，所有人因为《西游记》聚集在了一起，爸爸妈妈的分享为孩子们打开了另一扇窗，也为课程提供了丰富的资源，注入了新的动力，这种感觉很新鲜。

接下来两天的学习将聚焦在《西游记》中的人物和兵器上，孩子们会用怎样的方式进行学习呢？一起期待！

活动三　西游人物图鉴

活动形式

小组活动。

活动目标

1. 愿意向他人介绍自己制作的《西游记》人物图鉴。
2. 尝试运用多种方式了解《西游记》中某一角色的特征，并用海报的形式记录下来。
3. 对扮演《西游记》中的人物产生浓厚的兴趣。

活动准备

黑板、彩笔、《西游记》人物图鉴。

活动过程

一、导入

教师提问："你制作的是关于《西游记》中哪个人物的图鉴？"

二、分享环节

请幼儿带着自己制作的《西游记》人物图鉴自由交流(图 1-1-6 至图 1-1-9)。

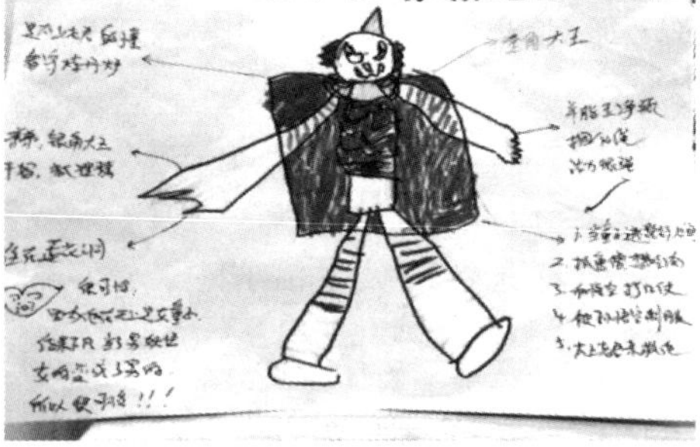

图 1-1-6　这是我调查的金角大王

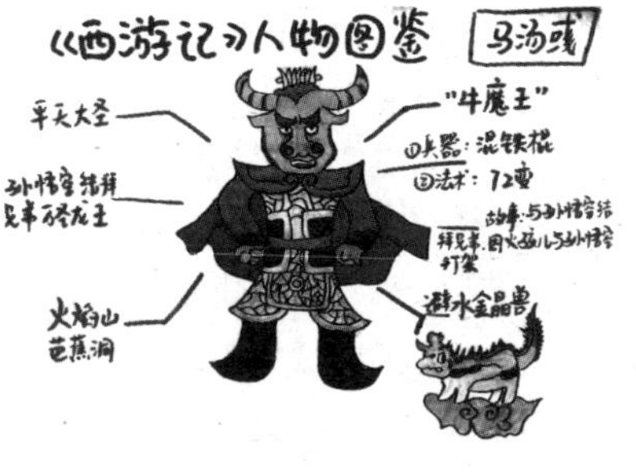

图 1-1-7　这是我研究的牛魔王

1-1-8　孙悟空是我最喜欢的《西游记》人物

图 1-1-9　我分清了哪吒和红孩儿

活动记录与呈现

贾依晨：我研究的是白骨精，她被妖界称为白骨夫人。她住在白虎岭山洞里，技能是善于变化和吸血，她把唐僧骗得团团转。我觉得看人还是不能只看表面。

陈乐仪：你知道《西游记》里兵器最多的人是谁吗？竟然是东海龙王！他的爱好是收集宝贝和兵器，法力是下雨，他的朋友很多。这是我研究后才知道的。

沈思宇：我以前觉得红孩儿就是哪吒，后来我发现红孩儿是牛魔王和铁扇公主的孩子，哪吒是托塔李天王的孩子。

许轩瑜：在学习之前我只知道孙悟空是石头变来的，还在想石头怎么能变成猴子呢，后来发现那是女娲补天留下来的石头。

贾梓珞：我知道了一个很重要的信息，猪八戒的九齿钉耙还叫“上宝沁金耙”。

三、游戏环节

随意翻出《西游记》人物图鉴中的一张，请幼儿猜一猜图鉴上是《西游记》中的哪一个人物(图 1-1-10)。

图 1-1-10　猜猜这是谁？

活动记录与呈现

李泓儒：这是龙王，因为我看到他的角了。他是海龙王，他有降雨的本领，他还有三个兄弟。

李歆漪：还可能是井龙王。如果是井龙王，他会镇守在井里看宝贝。

谭惜之：龙王有一个巨大的兵器库，他还送了孙悟空一套盔甲。

四、辩论环节

你们觉得《西游记》里的师徒四人的组合怎么样？他们是缺一不可的吗？

活动记录与呈现

王玥丹：我觉得他们的组合很好，少一个故事就没意思了。

周睿康：一个也不能少，人多了力量就大。

张墨缘：如果没有猪八戒，孙悟空不在的时候，沙僧一个人遇到很多妖怪的时候怎么保护唐僧。

李佳蔓：可以缺唐僧，因为唐僧跟孙悟空他们不一样，唐僧就骑着马没什么用。

于沣圆：唐僧怎么能少呢？没有唐僧还有谁会去取经，也就没有这个故事了。

师晨皓：可以去掉白龙马，让孙悟空背着唐僧。

王靖涵：不能缺少白龙马，如果没有白龙马，孙悟空就得驮着唐僧，孙悟空还怎么打妖怪呀。

胡曦文：孙悟空背着唐僧累了怎么办？他们要是缺了一个，妖怪多的话，就打不过了，唐僧就被抓走了。

张墨缘：可以去掉沙僧，沙僧不厉害。

郭文宇：沙和尚很厉害，他有一个降妖宝杖，在人参果那一"难"就起了作用。

王展曦：我觉得沙僧不能缺少，沙僧不在，谁拿行李呢？

郭浩文：我觉得猪八戒总是偷懒，这个组合里可以没有猪八戒。

管盈钧：猪八戒也很厉害，可以变大变小，还有三十六变。

陈润孜：猪八戒太能吃了，万一他把唐僧的食物给吃了，怎么办？太危险啦！

陈海睿：猪八戒虽然有些贪吃，但是如果没有猪八戒，取经路上会少很多乐趣。

五、小结

请全班幼儿投票选出最受欢迎的《西游记》人物图鉴。

六、延伸学习

在美工区投放《西游记》的手工作品图。区域活动时间，幼儿可以用折纸、绘画、泥塑等方式继续制作《西游记》中的人物。

活动小结与反思

从分享《西游记》人物图鉴到辩论“取经四人组是缺一不可的吗”的过程中，孩子们在思考，在创造，在分享，在阐述，老师们在赞叹，在倾听，在记录，在鼓掌。

让老师们感触最深的就是辩论环节，即使孩子们对于师徒四人的人物设定已经很熟悉，但是依然不会将其固化，而是尝试从多个角度来思考并且阐述。参与辩论的孩子们逻辑清晰，思维敏捷，除了能清楚地表达自己的想法之外，还能有理有据地反驳对方小朋友的观点。

也许在大班课程的环节设置中，可以更多地使用辩论形式，因为这一形式能够更好地帮助孩子们学习对某一个问题进行多角度的思考。

忠实记录课程的瞬间 | 大话“西游记”

活动四　鉴宝大会

活动形式

小组活动，集体活动。

活动目标

1. 找出一到两件感兴趣的法宝。
2. 能大胆运用语言和绘画等方式表达、表现自己喜欢的法宝。
3. 喜欢探究，能够在与同伴的分享过程中获得愉悦感。

活动准备

不同版本的《西游记》图书、幼儿绘制完成的《西游记》中的兵器、海报纸。

活动过程

一、导入

教师提问："在《西游记》中，每一个人物都有自己的法宝，你们知道什么是'法宝'吗？"

二、分享环节

请幼儿分享自己对"法宝"的理解。

活动记录与呈现

张夷陵：法宝就是神仙们的宝贝。

师晨皓：法宝指的是有法力的宝贝，打妖怪的时候用的。

郭文宇：法宝不一定是神仙的宝贝，神仙妖怪都可以有。遇到困难的时候，这些宝贝就会帮助你。

三、讨论提纲

1. 在《西游记》中，你最喜欢的法宝是哪个，为什么？

2. 法宝是越多越好吗？如果你有很多法宝会怎么样？

3. 如果可以设计一个法宝，你会设计一个什么样的法宝？

活动记录与呈现

讨论1：在《西游记》中，你最喜欢的法宝是哪个，为什么？

陈润孜：我最喜欢的法宝是红孩儿的火尖枪，因为红孩儿都能拿得动，我也应该没问题。

周睿康：我最喜欢孙悟空的金箍棒。它有一万三千五百斤，是定海神针，我特别好奇孙悟空是怎么把它变大变小，还能拿起来的。

陈乐仪：我特别喜欢观音菩萨的紫金铃，因为它能喷烟、喷火、喷沙，有很多用途。

张夷陵：我很喜欢玉净瓶，因为它很漂亮，观音菩萨拿着玉净瓶的样子太美了！

黄嘉漪：我很喜欢镇妖塔，因为它能把所有妖怪都压在塔底下。

孙熙悦：我很喜欢幌金绳，我觉得它很方便，因为它就是一条腰带，可以系在身上。

讨论2：法宝是越多越好吗？如果你有很多法宝会怎么样？

杨昊霖：我觉得宝物不是越多越好，因为宝贝越多，你就越需要花很多时间去保护这些宝物。如果我有很多宝贝，我会把这些宝贝都藏好，不让妖怪偷走。

陈海睿：我觉得有很多宝贝挺好的，因为你遇到不同的困难就可以用不同的宝贝。如果我有很多宝贝，当有人遇到妖怪时，我就会把我的宝贝借给他们。

谭惜之：宝贝当然不是越多越好了，因为法宝都是几千年才能出一个的，法宝太多了，时间也就没有了。如果我有很多宝贝，我就用保险柜锁好，然后像龙王一样，看着它们心里就好开心。

张夷陵：宝贝是因为很少才叫宝贝，如果你有很多法宝，那么它们对你来说就不是宝贝了。如果我有很多法宝，我会分享给需要的人，让每个人都有一个保护自己的法宝。

讨论 3：如果可以设计一个法宝，你会设计一个什么样的法宝？

杨　博：我会设计一个隐形的披风，让谁都看不到我。

谭惜之：我想设计一个可以随身携带的房子，和金箍棒一样可以变大变小，这样我去任何地方都可以住在我自己的房子里。

陈海睿：我想设计一个能穿越时空的法宝，我想回到过去就可以回到过去，我想去未来看看我长大后的样子，就可以去未来。

陈乐仪：我希望能够设计一个可以变来变去的交通工具，堵车的时候，它可以带我飞起来；我想去地底下，它也可以带我去；我想去大海里的时候，它就会变成游艇。它还有保护主人的功能，遇到危险会变成一个保护罩罩住主人。

四、操作环节

将幼儿在区域活动时间绘制的《西游记》中的兵器进行展览，幼儿可与同伴进行辨认和讨论，如有疑问可以询问教师或者翻书查找(图 1-1-11)。

图 1-1-11　我们在辨认法宝

五、小结

教师与幼儿一同制作完成“西游鉴宝图鉴”。

六、延伸学习

鼓励幼儿在区域活动时间尝试用不同材料制作宝物(图 1-1-12、图 1-1-13)。

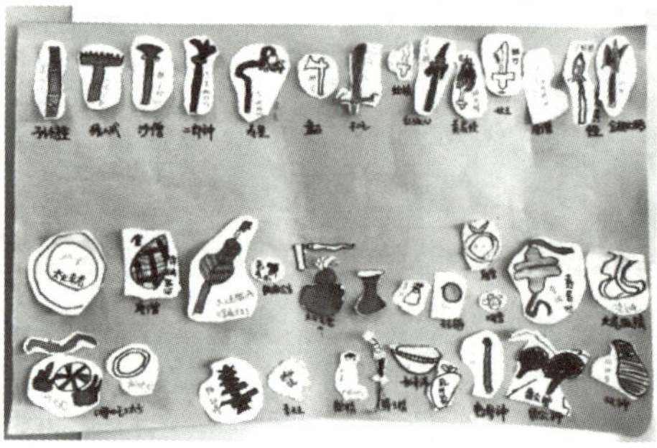

图 1-1-12　我们合作完成了“西游鉴宝图鉴”

图 1-1-13　一起来猜猜这是什么宝贝?

活动小结与反思

《西游记》中出现的各类兵器和法宝，极富神奇色彩，每一件都精致有趣，深深地吸引着孩子们去发现，去想象。在和孩子们一起讨论的过程中，我们发现孩子们不仅对主要人物的法宝很熟悉，能够进行大量的细节描述，甚至知道很多只出现过一次的法宝。这恰恰体现了孩子们的探究能力。

“西游鉴宝图鉴”中使用的图鉴都是孩子们在区域活动时间绘制完成的。这些法宝有的是孩子们参照班级图书区投放的《西游记》相关书籍绘制完成的，还有一些是根据故事中的文字描述，孩子们进行自主想象绘制出来的，当这么多法宝在我们面前依次排开的时候，所有人都忍不住“哇”了一声，为一起合作完成的这些图鉴感到骄傲和自豪。

我们也发现，当区域活动和班级环境以及课程紧密联结的时候，最终出来的一定是 1+1>2 的效果。

活动五　我们的西行游记

活动形式

畅游活动。

活动由来

本周畅游日，我们和孩子们一起进入《西游记》的世界。在阅读、创作、辩论、思考的过程中，孩子们对《西游记》的热爱程度不断加深，他们也在想：假如生活在《西游记》的世界里，我会成为谁呢?

孩子们可以成为他们想成为的西游人物吗？答案是：当然可以！今日畅游，且看众位神仙和妖怪齐聚花草园，组队勇闯盘丝洞，大闹蟠桃宴。

活动目标

1. 能够用工具和材料制作自己扮演的角色的服装和道具。
2. 愿意在同伴面前展示自己的装扮。
3. 在游戏中，学会与小组成员相互协作、配合，感受团队合作的力量。

活动准备

幼儿提前准备好的服装、通关文牒、红毯、桃子剪纸、玻璃绳、小妖怪的泥人、“找不同”的图、坐垫。

活动过程

一、导入

教师介绍畅游内容和游戏规则，请幼儿自由结成小组，领取通关文牒(图 1-1-14)。

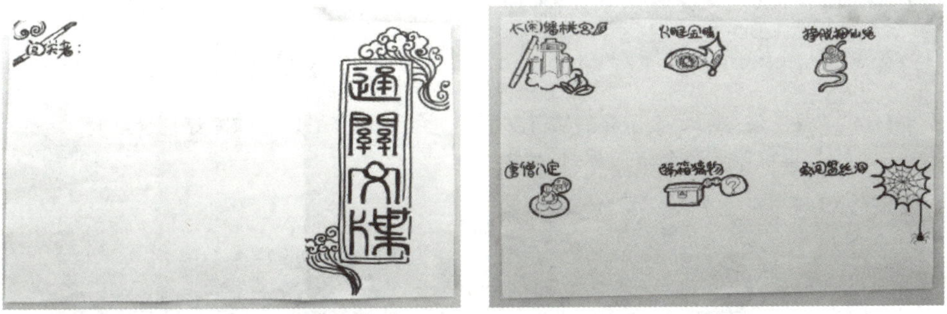

图 1-1-14　带上通关文牒，准备出发

二、游戏环节

1. 红毯秀。(图 1-1-15)

图 1-1-15　红毯秀组合

2．自由闯关。

(1)火眼金睛：找到隐藏起来的小妖怪3个，挑战成功(图1-1-16)。

(2)勇闯盘丝洞：在不碰到“蜘蛛丝”的情况下穿过盘丝洞，挑战成功(图1-1-17)。

(3)唐僧入定：小组成员一同入定，两分钟之内岿然不动，挑战成功(图1-1-18、图1-1-19)。

(4)隔箱猜物：小组成员共同参与，猜对箱里物品，挑战成功(图1-1-20)。

(5)捆仙绳：突破捆仙绳的困局，挑战成功(图1-1-21)。

(6)大闹蟠桃宴：突破防线，取得蟠桃，挑战成功(图1-1-22至图1-1-24)。

图1-1-16 “悟空们”在“太上老君的炼丹炉”里练就火眼金睛

图1-1-17 惊险穿过盘丝洞

图1-1-18 与“鹿力大仙”一起比坐禅

图1-1-19 任“妖怪”如何诱惑，我自岿然不动

图1-1-20 隔箱猜物

图1-1-21 挣脱“捆仙绳”

图 1-1-22　神仙们镇守的“蟠桃园”，好难进呀！

图 1-1-23　顺利“偷”到“蟠桃”

图 1-1-24　我们已经闯关完毕

三、分享环节

请幼儿轮流分享畅游中的困难和收获。

活动记录与呈现

张李昀：有一关比我想的要更难一些。我们五个人一起被捆住了，我们都想第一个出去，但是后来我们发现只要一个人出去，后面的人就很容易出来了。

马令仪：我最喜欢的是坐禅，因为我一直保持不动，当我闭上眼睛的时候，我觉得周围都安静了。

李庄睿：我在玩隔箱猜物的时候觉得很有挑战，必须要很认真才能猜中。

伭子涵：盘丝洞的游戏有点难，但是我挑战成功了。

胡曦文：天神虽然厉害，但是也有溜号的时候，我逗他，他一笑我就能过去啦。

闫皓同：我觉得动作要快，还要勇敢，才能吃到仙桃。

李歆漪：比赛就是不能着急。一着急就什么都忘了，不着急就能想起来。

周睿康：我们队一直是一起走的，而且我们还会互相帮忙，这样很快就能完成任务。

四、小结

教师梳理幼儿在畅游中的困难和收获。

教师提问：“假如幼儿园是《西游记》里的世界，幼儿园里的人会是《西游记》里的哪个人物？”

活动记录与呈现

李庄睿：如果幼儿园是花果山，园长妈妈就是玉皇大帝，因为她负责幼儿园的所有事情。

胡曦文：可是玉皇大帝是男的，园长妈妈是女的呀。所以我觉得园长妈妈是观音菩萨，因为观音菩萨很慈祥、很善良，就跟园长妈妈一样。

谢雨默：如果幼儿园是花果山，门卫师傅就是托塔李天王，因为他很酷，虽然没有塔，但是可以把他的警棍拿出来。

王逸帆：如果幼儿园是花果山，我想园长妈妈就是玉皇大帝，因为玉皇大帝就是整个天庭最大的官，而园长妈妈是幼儿园里最大的官。门卫师傅是天上的将军，因为他要保卫安全。

冯妙涵：老师们是观音菩萨，是嫦娥，是铁扇公主，是《西游记》里所有最美的人。

闫皓同：我们就是花果山的一群小猴子，每天上蹦下跳的！

五、延伸学习

将畅游里的服装和武器投放到表演区，供幼儿在区域活动时间进行角色扮演。

活动小结与反思

这一周，教师和孩子们一起沉浸在《西游记》的学习中，跟孩子们一起聊《西游记》，玩《西游记》，我们感觉自己也回到了童年。跟孩子们玩《西游记》的时候就像是在分享自己特别珍视的宝贝一样。在和孩子们的分享中，教师看到了孩子们对《西游记》不同视角而且富有钻研精神的解读，这种和孩子们共同拥有并分享一件珍宝的感觉真好！

在畅游日里，孩子们借由《西游记》放飞自己，穿梭于西游世界和现实生活，打破时空的界限完成了梦想和现实的转换。我们一方面感叹《西游记》带给每个人的想象空间是多么巨大，另一方面惊叹孩子们总是能够把生活过得有趣的态度和能力。在想象的世界里，每个人都可以飞翔。

愿孩子们能够借助阅读插上想象的翅膀，成为任何他们想成为的人，去任何他们想去的地方。

畅游日 | 我们的西行游记①

① 编者注：二维码链接原文为“我们的‘西行游记’”，文中为使前后一致，改为“我们的西行游记”。

教育笔记

关于“玩转《西游记》”系列课程的一些思考

张　芬

这一周是三月阅读月的第一周，与2018年从孩子们关于书的问题开启三月的学习不同，2019年的阅读月是从孩子们最喜欢的一本书开始的。从现在课程的实施情况和孩子们在课程中的状态来看，这样的改变是合适的。这篇教育随笔我想就“为什么是《西游记》”“哪些方式可以帮助孩子们更好地进行《西游记》的学习”以及“接下去课程可以怎么开展”来写写我的思考。

一、为什么是《西游记》

最简单、最直接的答案就是因为孩子们很熟悉这个故事，很喜欢这个故事。整个大班上学期，孩子们在睡前听的都是《西游记》中的故事，孩子们对《西游记》里的一些主要情节是非常熟悉的。这是去演绎一个故事非常重要的基础，因为先了解这个故事才可能会有创新的想法。

孩子们喜欢与否，直接决定了一本书能否成为孩子们共同学习的素材。毫无疑问，孩子们非常喜欢《西游记》，在大班下学期刚开学的时候，捆仙绳、取经、孙悟空、火眼金睛等词汇就开始在孩子们中间流行开来，这个时候开始《西游记》的学习就是顺势而为。的确，在第一天的小组学习中，开篇问题“关于《西游记》你知道什么”一抛出去，孩子们根本就停不下来。孩子们聊到了里面的人物，聊到了里面的故事，聊到了使用的兵器，聊到了神仙妖怪住的地方，聊到了听故事时的感受，甚至有说到三打白骨精的时候气得直跺脚……

选择《西游记》还有一个很重要的原因，就是《西游记》本身是一个信息含量非常丰富的故事。这个故事里有可以让孩子们想象和再创造的神仙妖怪，这些神仙妖怪可以摆脱稳定身体的框架，以奇异形态出现。从某些方面来看，非现实的动物形象能够长期受到孩子们的喜爱，是因为它是跟儿童特有的哲学思想和审美意识相符合的。《西游记》中更有隐藏在文字间深厚的文化积淀，它将丰富的神话，儒、佛、道三教的宗教成分成功地升华到了文学角度。与其他小说相比，《西游记》为读这本书的人提供了更独特和更广阔的时空领域。正因为这本书拥有这样独特的气质，所以才会引得孩子们问出一个个让人惊艳的问题，引出一个个精妙绝伦的回答。

二、哪些方式可以帮助孩子们更好地进行《西游记》的学习

小组学习的方式依然可以被保留。我们将小组学习的三个时间段以及小组人数的上限告诉孩子们，孩子们可以自己来选择想在哪个时间段进行学习，也就自然地将全班小朋友分成了三个学习小组。这样的方式可以让班级里的老师都参与进来，也可以让每一个孩子都获得表达和被倾听的机会。纵向对比也能够看到不同组的孩子不同的学习状态。在小组学习中，随时发生的互动就会来得更加容易。比如，随时演绎一个环节，深入讨论一个话题等。

录制故事，促进家园合作。这个做法应该算是开辟了第二学习场所，除了在幼儿园和老师、小朋友的交流之外，在家需要和爸爸妈妈一同合作录制《西游记》中的故事。有很多家长因为这个契机重温了童年最喜欢的《西游记》，和孩子们分享自己的最爱也是一件很幸福的事情。很有意思的是，我们在发送录制短信的同时，提出了录制一段采访和录制一个西游记故事两个请求，结果收集上来的音频出现了录制采访或者录制故事二选一的情况，哈哈，想来也是我们贪心，如果用采访问卷和录制故事两种方式将两个问题分开可能会有更好的效果。这也让我开始重新思考给家长布置作业时怎样的量和方式是更加合适的，是更加易于得到高质量回应的。

妙用思维导图。这一次孩子们将思维导图用到了绘制《西游记》人物图鉴上。运用这样的方式，孩子们对最喜欢的那个人物有了更加深入、立体的了解。当然，孩子们的研究总是很有意思，得出的结论也总是能够让人耳目一新。比如，张夷陵研究的菩萨的前世今生；通过孩子们的研究，我才知道原来《西游记》中拥有兵器最多的人竟然是东海龙王；季子禾提出来的孙悟空的敌人竟然有念紧箍咒时的唐僧，仔细一想，还真是！画画老师说，想重新读《西游记》，佳佳老师建议去找一个大班的孩子讲一讲，一定会更加有意思。对于这些想法，我举双手赞同！

把故事情节融入日常的生活中。这一点我要向微微老师多多学习，她总是能够把一个普通的游戏加上《西游记》的情节变成孩子们特别喜欢的游戏，他们一遍一遍乐此不疲地玩，每一天都沉浸在《西游记》的故事里。

三、接下去课程可以怎么开展

《西游记》是一个庞大的题材，每个人对它都有自己的见解，但是却很难看到全局。这也是我们编制课程的方向，以小见大，从一个点出发，连起整个面。所以，接下来课程的开展可能会有两个思路，一是选择可以进行辩证思考的问题与孩子们进行讨论；二是选择一个主题进行小结，比如“九九八十一难”“西天取经路线图”等，或许孩子们也会带给我更多的思考。

第二周 精读《西游记》

周主题说明

上周孩子们对《西游记》中的人物、故事、兵器进行了深入的研究，同时也提出了很多精彩的问题。孩子们关于《西游记》的零散经验要用怎样的方式来整合呢？

本周，孩子们关于《西游记》的学习从一个问题开始，通过“九九八十一难”“《西游记》里的大智慧”“西天取经路线图”“书的千百问”和“重回长安”活动，借助思维导图，完成对《西游记》里的大智慧，体会文学作品的表现力和感染力。

周课程目标

1. 帮助幼儿了解故事中人物的冲突，尝试按照时间顺序对《西游记》中的每一“难”进行排序。

2. 鼓励幼儿分享阅读《西游记》中发现的问题，引导幼儿在分享与讨论中能够认真倾听同伴的想法，清晰表达自己的观点。

3. 引导幼儿通过了解西天取经路线在现实中对应的起点、终点和大致的走向，对路线上的至少一个地点做深入的研究。

4. 鼓励幼儿积极提出有关“书”的问题，产生进一步研究“书”的愿望。

5. 引导幼儿通过扮演、体验不同的角色，感受文学作品的感染力和表现力。

活动一　九九八十一难

活动形式

小组活动。

活动目标

1. 了解《西游记》中各个“难”的主要情节。
2. 能将自己感兴趣的故事根据发生的时间顺序进行排序。
3. 在活动中感受西天取经的不易。

活动准备

幼儿绘制完成的《西游记》中最喜欢的故事、卷轴、胶棒。

活动过程

一、导入

教师提问：“你知道《西游记》中的‘九九八十一难’都有哪些吗？”

二、分享环节

幼儿分享自己知道的“九九八十一难”中的一“难”。

活动记录与呈现

郭沛元：我知道有一“难”是“大战红孩儿”。

李悦潼：唐僧收了沙和尚做徒弟，就是取经路上的一“难”。

谢雨默：我知道“三打白骨精”是唐僧师徒遇到的“难”！

李庄睿：我最喜欢的火焰山的故事也是一“难”。

涂君慈：其实唐僧每一次被妖精抓走，都是一“难”。

李乐轩：我们知道的《西游记》的故事就是它们遇到的“难”，如在女儿国发生的故事就是一“难”。

三、操作环节

1. 将幼儿在家绘制完成的《西游记》中的故事进行展示(图 1-2-1)。

2. 请幼儿按照故事发生的时间顺序进行排序，在排序过程中可以借助网络、书本等工具(图 1-2-2)。

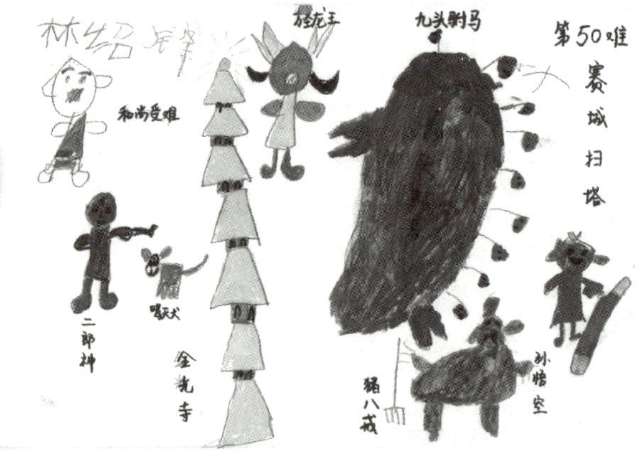

图 1-2-1　这是我和爸爸妈妈一起画的《西游记》中最喜欢的故事

图 1-2-2　“大战红孩儿”的故事好像是在“三打白骨精”后面吧？

四、讨论提纲

1. 在排序过程中，你遇到了什么困难，是怎样解决的？

2. 在排序过程中，你有怎样的发现和感受？

活动记录与呈现

讨论 1：在排序过程中，你遇到了什么困难，是怎样解决的？

郭沛元：排序的时候，我们不知道“女儿国的故事”和“黑风怪的故事”哪个先发生，哪个后发生。我们就去翻了一本《西游记》的书，看前面的目录就知道哪个在先哪个在后了。

谢雨默：我和好几个小朋友画的都是同一个故事，我们不知道怎么放。后来我们用“石头、剪子、布”决定谁放在前面，谁放在后面。

薛　暖：我们是去找老师帮我们在网上查了一下故事的顺序，很快就查到啦！

讨论 2：在排序过程中，你有怎样的发现和感受？

林绍锋：原来白龙马那么早就被收服了，所以白龙马后面才有机会帮助唐僧师徒去打败九头虫。

郭沛元：我发现红孩儿被孙悟空打败之后，铁扇公主就对孙悟空怀恨在心了，所以后面才会有过火焰山铁扇公主不借给孙悟空芭蕉扇的故事发生。

王子墨：我感觉像又看了一遍《西游记》一样，又发现了几个有意思的人物，我想再去书里仔细看看他们。

李悦潼：这样一看，《西游记》的故事好长啊，他们取经好不容易，遇到了那么多困难。幸运的是，困难最后都解决了，唐僧师徒取回了真经。

五、小结

请幼儿一起将排好顺序的故事固定在卷轴上，制作完成“九九八十一难”图(图 1-2-3)。

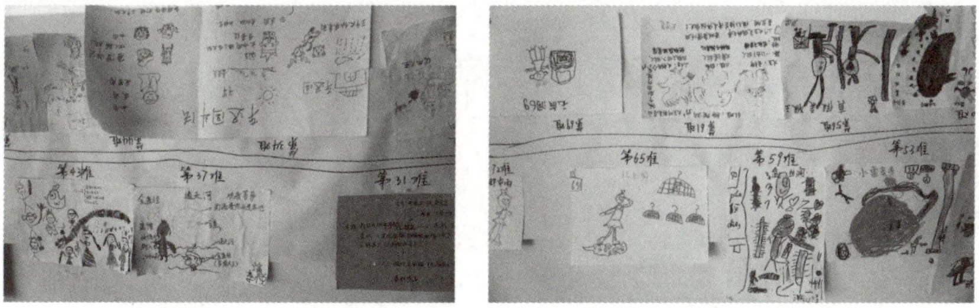

图 1-2-3　我们一起合作完成的“九九八十一难”图，是不是很酷？

六、延伸学习

鼓励幼儿了解更多《西游记》的故事情节，丰富完善“九九八十一难”卷轴图。

活动小结与反思

今天的活动聚焦神奇的《西游记》。课程从"'九九八十一难'都有哪些"的问题开始，再到孩子们自由分享绘制的故事，对故事按照发生的时间线索进行排序，一起完成"九九八十一难"的卷轴图。中间有大段的时间，孩子们是在三三两两地进行讨论、分享，因为将"九九八十一难"进行排序本身就是一个浩大的工程。厉害的是，孩子们会凭借已有经验、书本、网络等方式，在反复试错中找到正确的顺序。

对孩子们来说，《西游记》是一个"漫长"的故事。唐僧师徒遇到的"九九八十一难"，他们并不完全了解，他们感兴趣的情节也不完全相同，但通过一次这样的经验分享与整合活动，孩子们对《西游记》的脉络了解更加清晰。在整合的过程中，孩子们加入了自己对故事的理解，同时能看到与自己感兴趣的故事相关的其他情节，了解故事之间的时间顺序、因果关系。

《西游记》本是一本厚厚的名著，现在得以在孩子们面前清晰地铺陈开来，这种体验是独特且完整的。孩子们亲身参与了整合和再现的过程，把书先读薄，再读厚，这也是我们精读名著常用的方式。

活动二 《西游记》里的大智慧

活动形式

小组活动。

活动目标

1. 能够提出《西游记》中自己感兴趣的问题。

2. 在讨论的过程中能够用清晰的语言表达自己的观点。

3. 认真倾听同伴的想法，对《西游记》有持续、深入阅读的愿望。

活动准备

黑板、白板笔。

活动过程

一、导入

教师提问："随着对《西游记》学习的深入，有很多小朋友也提出了自己的一些疑问，今天就请小朋友们说说你的发现与问题。"

二、分享环节

幼儿分享自己关于《西游记》的问题。

活动记录与呈现

许轩瑜：传说吃了唐僧肉可以长生不老。那么，到底有没有长生不老的人？

支清宸：孙悟空一个跟头能十万八千里，唐僧为什么不借助孙悟空的本领“快速取经”？

张修齐：孙悟空他最后当了斗战胜佛，他还能回花果山吗？

吴彦曦：我爸爸陪我看《西游记》的时候有时候说要给我戴个紧箍咒，小孩需要戴紧箍咒吗？

三、讨论环节

请幼儿分享自己对于“长生不老”和“快速取经”的理解。(图 1-2-4)

图 1-2-4　幼儿在《西游记》中寻找答案

活动记录与呈现

讨论 1：到底有没有“长生不老”的人？

刘小溪：没有，因为人会死是自然规律。

杨梓琨：每个人都会死，如果人都不死，地球就装不下，要爆炸了。

支清宸：如果只有我活着，看着身边亲人离去，我会感觉孤独。

马宇霖：我觉得活多长时间并不重要，活得开心更重要。

讨论 2：唐僧为什么不借助孙悟空的本领“快速取经”？

任宛檬：因为唐僧不是仙，站不到云彩上，所以不能和孙悟空一起翻筋斗云。

李宇森：如果是这样的话，故事情节太无聊，大家都不愿意看，就不能成为四大名著之一了。

李子墨：他愿意选择一个更有挑战性的路。

梅笑菲：因为在这条路上，他每到一个地方都能学到不少知识，所以他想多去几个国家。

白若希：菩萨交给唐僧的是一个任务，任务一定是有难度的。

国博焱：一点点地走才会有期待，因为不知道下一次会遇到什么样的妖怪。

张修齐：因为有的困难是你必须要经历的，躲也躲不掉，所以勇敢往前走就行。

马宇霖：因为靠自己努力取得的成功才更骄傲，才有成就感。

四、辩论环节

辩论主题：孩子们的成长中，需不需要“紧箍咒”？（图 1-2-5）

图 1-2-5 孩子们的辩论现场

活动记录与呈现

王雨琛：需要，有了“紧箍咒”就给警察叔叔节省很多的时间，一念紧箍咒就会惩罚到坏人。

贾梓珞：每个人在不同时期都可以犯不同错误，需要“紧箍咒”来约束一下。

杜宇洄：需要，自己管不住自己时，一念“紧箍咒”就可以督促我去收玩具。

杨卉萱：不需要，妈妈一发脾气就要反复说我好几遍，如果真有“紧箍咒”，念好几遍会把我疼死。

张梓宵：“紧箍咒”只能让人改掉当时的错误，但是并不能让他从心里知道自己做错了，等没有“紧箍咒”的时候又会犯错误。

赵誉潼：“紧箍咒”是别人要求你，比不上自己要求自己。

贺靖茹：我觉得“紧箍咒”都在我们的心里，只要我们想让它出来约束我们它自然就出来了，当我们可以很好地控制自己时，“紧箍咒”自然也就消失了。

五、选择环节

请幼儿代入角色，作出自己的选择。

活动记录与呈现

你会选择成为“美猴王”，还是“斗战胜佛”？

曲嘉林：我选择当美猴王，美猴王也是一个首领，在自己的花果山自由自在。

吴彦曦：我想当美猴王，我不能把我的猴子猴孙丢下，我要保护它们。

刘京良：当美猴王更快乐，不会像斗战胜佛总被如来佛管着。

张修齐：我选择当斗战胜佛，因为当佛可以让别人尊敬，如果一直在花果山当美猴王就是一个妖猴。

杨卉萱：我要当斗战胜佛，这样可以成为更厉害的人，继续帮助别人。

许轩瑜：当佛的话我可以跟更大的佛学习更多的本领，成为更好的佛。

马宇霖：成为斗战胜佛也还是美猴王，但是，是一个更好的美猴王，也是一个更好的他自己。

六、小结

教师总结幼儿分享的观点，鼓励幼儿在阅读中能发现自己感兴趣的问题。

七、延伸学习

请爸爸妈妈与幼儿一起分享关于活动中问题的理解，也可以与爸爸妈妈探讨自己新发现的问题。

活动小结与反思

生与死是全人类文化的永恒主题。我们通过《西游记》的学习，和孩子们一起讨论中国人的生死观……以往的《西游记》探索，我们大都是从生活方式入手，但这一次，我们从《西游记》中孙悟空的诞生到唐僧师徒西天取经修成正果，经历了多次生与死的双重磨难入手，借助《西游记》里儒释道叙事的外壳，谈论中国人的生死观。愿这样的讨论可以给孩子们更多的思考，也能给更多人以启示。

活动三　西天取经路线图

活动形式

小组活动。

活动目标

1. 知道丝绸之路，了解丝绸之路上一个到两个地方的风土人情。
2. 学会辩证地看待问题，与他人辩论时有理有据。
3. 感受祖国的地大物博，为自己是一个中国人感到自豪。

活动准备

西天取经路上最感兴趣的地方的调查海报、黑板、地球仪、世界地图。

活动过程

一、导入

教师提问："你们认为《西游记》的故事真实存在吗?"

二、辩论环节

请幼儿对《西游记》是否真实存在进行猜想，并且陈述理由。

活动记录与呈现

不存在

张北歆：《西游记》是本小说，小说都是不存在的，是作者想象出来的。

马霁泽：那些魔法是假的，因为如果真的有这么一群会魔法的人，这个世界不乱套了吗？

存在

胡曦文：唐僧是存在的，他生活在唐朝，他的法号叫玄奘。

陆姿邑：我觉得唐僧应该有和他一起的人，保护他。

唐　果：我在一个图书馆里看到了唐僧取回来的经书，所以经书肯定是真的。

闫皓同：有些地方也是真的，新疆就有一个火焰山，在沙漠里，可热啦！

疑问

谈一锦：可是如果取经是真的，唐僧在没有遇到孙悟空、猪八戒和沙和尚之前，遇到困难要怎么解决呢？

吴雨珊：妖魔鬼怪不存在，唐僧能够战胜其他困难。

刘子立：唐僧身上会不会带着护身符？能逢凶化吉？

高不寒：唐僧肯定带着很多宝贝，这些宝贝能够帮助他渡过难关。

三、操作环节

1. 在地图上找到西天取经在现实世界中(丝绸之路)的起点、终点和你最感兴趣的一个地点，勾出大致的取经路线(图 1-2-6)。

2. 幼儿分小组分享对取经路上最感兴趣的地点的调查研究(图 1-2-7、图 1-2-8)。

图 1-2-6　在地球仪上找到西天取经的起点和终点

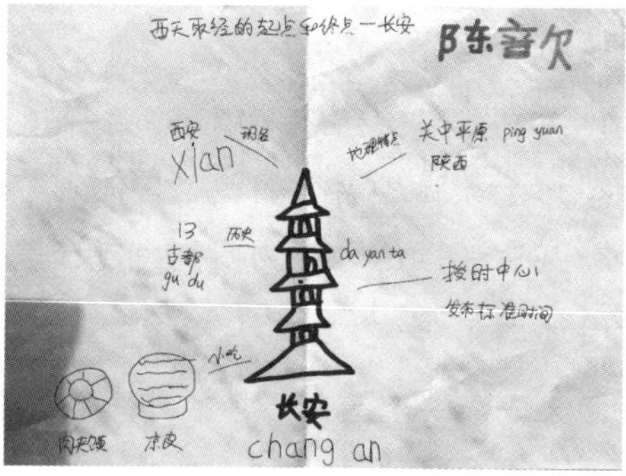

图 1-2-7　这是我研究的长安

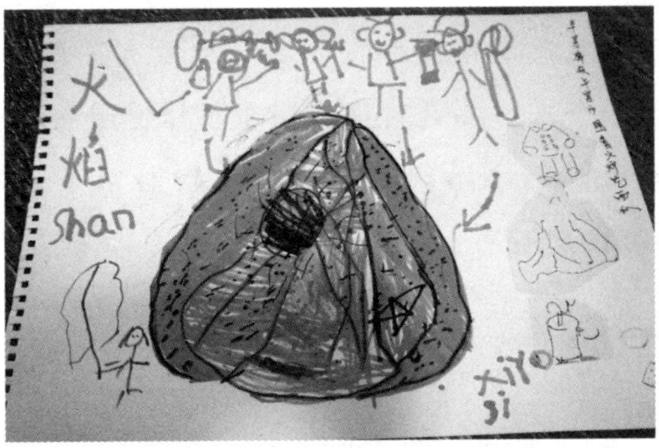

图 1-2-8　这是我研究的火焰山

> ***活动记录与呈现***
>
> 唐　果：难怪《西游记》叫《西游记》，而不叫《东游记》呢！因为唐僧一直是往西走的。
>
> 柴　艺：这是我第一次在地球仪上找到西天取经的起点和终点，两个地方隔得很远，唐僧师徒都出国了。
>
> 张懿琛：原来西天取经路上有好多有意思的地方呀！
>
> 刘子立：我对火焰山特别感兴趣，所以我研究的是火焰山。火焰山是真的存在的，它在新疆吐鲁番，因为很热很热就像是在火上烤一样，所以叫火焰山。那里白天和晚上的温度差别很大，有一句话叫“早穿棉袄午穿纱，围着火炉吃西瓜”，就是说的火焰山那里。那里的哈密瓜、葡萄都特别特别甜。
>
> 胡曦文：我研究的是西天取经的起点，是现在的西安，古代叫长安，是唐朝的都城。长安为什么叫长安呢？是“长治久安”的意思。这里有大小雁塔、大明宫、秦始皇兵马俑，大雁塔里就放着唐僧取回来的经书。这里还有很多好吃的，比如𰻞𰻞面、肉夹馍、羊肉泡馍……都特别好吃。

四、小结

1. 教师汇总幼儿关于每个地点的调查，丰富路线图，完成路线图的制作。

2. 请幼儿分享在活动中的感受。

> ***活动记录与呈现***
>
> 闫皓同：我特别想和唐僧一起去西天取经，因为可以看到很多不同的风景。
>
> 王旭锋：我觉得唐僧取经真的很累，古代没有飞机，没有汽车，只能走着过去，一走就是十几年，好佩服唐僧！

谈一锦：我感觉唐玄奘比唐僧要厉害多了！唐僧有孙悟空、猪八戒和沙和尚保护，但是唐玄奘就自己一个人，要面对很多困难，这需要智慧和毅力。

胡曦文：我听爸爸说丝绸之路现在还有，我们和很多国家做朋友都靠这条丝绸之路。如果有机会，我想今年暑假去一趟吐鲁番，看看火焰山到底是什么样子的。

五、延伸学习

将“西天取经路线图”进行展示，幼儿可继续对取经路线图上的地点开展研究，不断丰富“西天取经路线图”(图 1-2-9)。

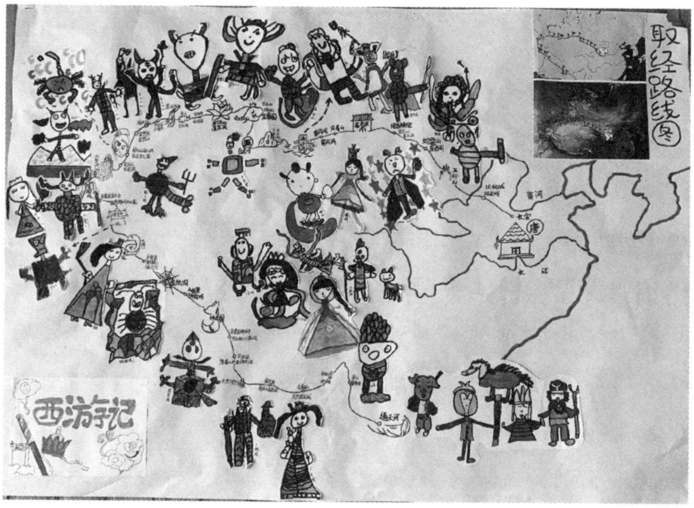

图 1-2-9 这是我们一起合作完成的“西天取经路线图”

活动小结与反思

在本周前三天的学习过程中，教师一直在探索“以问题为导向”的学习应该如何开展。活动从问题开始，以思维导图结束。对“九九八十一难”都有哪些“难”的研究，产生的是《西游记》故事的排序图；对“天上最大的神仙是谁”的研究，产生的是三界人物的排序图；对“《西游记》的故事真实存在吗”这个问题的探讨，产生的是“西天取经路线图”。

借助思维导图重新梳理《西游记》，从故事、人物、路线三个角度，跨越时间和空间，每一个角度都能看到一个不一样的《西游记》。孩子们也在这样具有历史感、空间感的学习中，自由地游弋，猜想时脑洞大开，辩论时有理有据，分享时自信大方。

当然，这样的活动对于教师的知识储备要求是很高的。教师的视野越宽阔，知识储备量越大，就越能够和孩子们碰撞出精彩的火花。所以，“和孩子一样保持对知识的饥渴”，依然应是教师追求的状态。

忠实记录课程的瞬间 | 三张导图告诉你，《西游记》一点也不难懂

活动四 书的千百问

活动形式

集体活动。

活动目标

1. 能够提出与“书”有关的问题，并尝试用已有知识进行解答。
2. 在分组讨论中，能够倾听同伴的想法。
3. 通过提问，产生探究成书过程的愿望。

活动准备

黑板、白板笔。

活动过程

一、导入

教师提问：“我们用了差不多两周的时间，一起了解了大家最喜欢的《西游记》。你们知道《西游记》这本书是怎么来的吗?”

二、分享环节

请幼儿分享关于《西游记》这本书来源的猜测。

活动记录与呈现

胡曦文：我知道《西游记》这本书是明代才有的，那时候的人还在用毛笔写字。

赵思淼：那么多人都喜欢《西游记》，写字的人一定很累吧?

刘雨晨：孙悟空就可以把这些文字变出来呀!

唐　果：我听爸爸说过，古代有一种办法，可以把字刻出来，然后一个一个印上去，这样就会很省时间和力气。

三、讨论提纲

1. 关于书，你知道些什么？

2. 关于书，你还想了解些什么？

3. 关于这些问题，我们可以用什么样的方式找到答案？

活动记录与呈现

讨论1：关于书，你知道些什么？

王旭锋：书有很多种类，有洞洞书、漫画书……

吴雨珊：树木可以做成纸浆，纸浆可以做成纸，然后变成书。

吴洛嫣：书有书脊、页码、封面。

赵思淼：古代一开始只能用刻字来记事，后来有了毛笔就用毛笔来记事。

佀锦农：有的书有画，有的书只有字。图书馆是书的家，如果你想看很多很多的书，一定要去图书馆。

赵若清：有的书是用线把纸串起来组在一起的，有的书是用订书钉钉在一起的。

讨论2：关于书，你还想了解些什么？

关于书的过去

佀锦农：以前的书和现在的书的内容有什么区别？（书中内容的变迁）

胡曦文：我想知道四大名著这四本书都是谁写的，他们都在哪个朝代生活，这些故事都是怎么来的？（四大名著）

闫皓同：古代的人是怎么记录的，古代的数字是怎么写的？（记录方式、数字）

马霁泽：我想研究一下不同字的形状。（字体）

季子禾：我想知道古代有没有多音字，拼音是什么时候有的。（多音字与拼音）

赵若清：我想研究一下做书的材料都有哪些。（做书的材料）

高不寒：人是什么时候开始写字的？人为什么要写字呢？（字的来源）

吴徐正：世界上第一本书是什么时候有的？（第一本书）

惠星童：我想知道书上的字是怎么印刷出来的。（印刷术）

关于书的现在

李汭怡：我想研究书的装订方式，哪种装订的方式最好。（装订方式）我还想知道哪种树最适合做纸。（纸的原材料）

高不寒：我想知道是怎么从一张纸变成一本书的。（书的生产过程）

刘子立：我想知道书的硬壳和软壳是怎么做的，它们用的制作材料一样吗？（书封面的软硬）

刘雨晨：我想研究书的封面是怎么做的，上面都有哪些重要的信息。（书封面的信息）

陈歆仪：为什么有的书是有字的，有的书是有字有图画的，有的书只有图画，有的书是无字的？（书中的字与画）

张北歆：为什么有些纸是沙沙的，有些纸是滑滑的，它们都是用什么材料制作的？（纸的制作）

刘沐云：我想知道怎样把很老很老的书保存到现在。（书的保存）

关于书的未来

张李昀：我想知道未来的书是什么样子的。（未来的书）

讨论3：关于这些问题，我们可以用什么样的方式找到答案？

唐　果：我可以回家问爸爸。

刘咨孜：我们可以查iPad，上面能回答好多问题。

惠星童：爸爸妈妈遇到不懂的问题都会上网搜一下，我们也可以请爸爸妈妈教我们搜一下。

马霁泽：我们可以采访园长妈妈和老师，她们懂那么多，一定会知道很多关于书的知识。

四、小结

教师按照“书的过去”“书的现在”“书的未来”三部分将幼儿的问题进行分类。

五、延伸学习

1. 在图书区投放与书的产生相关的绘本，如《如何做一本书》《仓颉造字》《哇，大书架》等。

2. 将幼儿感兴趣的问题进行整理，分享至班级群，请家长辅助孩子们完成这个问题的研究，并制作项目学习海报，为下周学习做准备。

活动小结与反思

在活动中，我们惊喜地发现，孩子们提出的问题已经不仅仅局限于当下所见，而是有了历史的线索、空间的线索。当孩子们的问题呈现出历史的脉络、广阔的空间感的时候，我们相信接下来对这些问题的探索过程一定也会非常精彩！

在这个过程中，教师需要想办法打开孩子们的思路，帮助孩子们梳理问题之间的联系。帮助教师达成这些目的的“神器”就是思维导图。孩子们的问题迷人而有趣、可爱又奇怪，这是他们的专利。这种提出精彩问题的能力甚至让大人们特别羡慕，因为只有对这个世界充满好奇，每天都过得有趣的人，才能够提出有趣而特别的问题。

希望孩子们能够在这样的学习中养成对这个世界发问的习惯，保持对这个世界的探究精神。

活动五　重回长安

活动形式

畅游活动。

活动由来

幼儿总是念念不忘《西游记》里的故事，在师徒取经路上经历的“九九八十一难”中，总有一些“难”让幼儿印象深刻，他们在日常生活中，也会尝试再现那些经典片段。

畅游日，我们再一次梦回西游，一同体验取经路上的“最巧妙”“最智慧”“最机智”“最勇敢”。

活动目标

1. 在活动中能与同伴分工合作，能够遵守团队的约定。
2. 能够综合运用生活技能解决在游戏情境中遇到的困难。
3. 体会团队合作完成任务带来的成就感。

活动准备

适宜游戏的宽阔区域、纸做的“火焰”、红布包的“经书”、高僧答辩的题卡、哨子。

活动过程

一、导入

教师提问：“如果要给《西游记》的每一个关卡排一个‘之最’，你觉得每个关卡可以得什么‘之最’？”

活动记录与呈现

赵若清：我觉得孙悟空大闹天宫是“最热闹”的！

赵思淼：孙悟空和二郎神比赛变身是“最搞笑”的。

刘雨晨：唐僧他们过火焰山应该是“最热”的关卡吧！

马令仪：他们经过女儿国的那一关是“最美丽”的关卡。

二、介绍环节

介绍畅游关卡的设置，幼儿自由结组，进行闯关。

三、游戏环节

1.“最巧妙”——“吹灭”火焰山的“火”。

“吹灭”火焰山的“火”可不是一件容易的事情，额头和鼻子的配合＋巧妙地控制自

己气息的走向＋加强气息的力度＝成功“吹灭”火苗！（图 1-2-10）

2.“最智慧”—— 高僧答辩。

知识储存量很大而且会思考的人才能够顺利通过“高僧答辩”！（图 1-2-11）

3.“最机智”——智斗小雷音寺众妖。

雷音寺，智斗幻化成寺中之佛、罗汉的众妖精。哨声响起，妖怪变身，幼儿快快躲避！（图 1-2-12、图 1-2-13）

4.“最勇敢”—— 勇夺经书。

经书被抢走，幼儿会用什么机智的办法将经书抢回呢？（图 1-2-14）

图 1-2-10　尝试"吹灭"的火焰山的“火”

- 弼马温是几品官？
- 凤仙郡上官因为何事得罪了玉皇大帝？
- 唐僧将什么宝物送给了阿傩和伽叶？
- 孙悟空被红孩儿的三昧真火烧得昏死过去，是谁救了他？
- 火焰山的火是谁放的？
- 西游取经路线的起点是哪里？

……

图 1-2-11　来看一看，高僧答辩都有哪些题目？

图 1-2-12　快跑呀，妖怪来啦！

图 1-2-13　躲起来，妖怪就看不见我了

图 1-2-14　这是我们“抢”的经书

四、小结

请幼儿分享本次畅游的感受。

活动记录与呈现

薛　暖：吹火焰的时候，我使出了浑身的力气，但是怎么吹都吹不下来，我就有些着急。

闫皓同：畅游的时候火苗吹吹就能掉，但是吐鲁番火焰山的热可能要用十级的大风才能吹凉快一些吧。

王逸帆：高僧答辩的题有的我都不知道答案，我还得把《西游记》再多看几遍。

陈乐仪：我猜真实的唐僧答辩一定比今天的题要更难，因为成为高僧是一件很辛苦、很需要智慧的事情。

高不寒：一听到哨声响起，我就赶紧跑到安全圈里，好害怕被抓起来呀。唐僧每天都过得那么提心吊胆吗？

杨　博：被老师抱起来“丢”到小池塘里就像是坐直升机一样，好刺激，还想再来一次！

季子禾：我拼命地护住经书，但是最后还是被其他小朋友从一个缝里给拿出来了。唉，真是防不胜防呀！

刘子立：最后我们回到了长安，披上了红绸子觉得特别高兴，天空中还飘着泡泡，我好像能感觉到唐僧安全回到长安时的激动了。

谢雨默：我一直特别想问，为什么《西游记》里的是“九九八十一‘难’”，而不是“九九八十一‘幸’”呢？能够安全到达目的地，不就是一件幸福的事情吗？

五、延伸学习

跟爸爸妈妈一起寻找与《西游记》中的故事有关的歇后语，看《西游记》的皮影戏，了解更多关于《西游记》的故事。

活动小结与反思

本周的畅游我们依然选取了《西游记》中孩子们喜欢的几个片段来创设相似的情境，并且对故事内容进行了游戏化的创编。这样的游戏化创编也是我们在准备畅游日内容时经常会用到的方式之一。在闯关的游戏中，孩子们体验着取经这件事的不易，也在一次次的挑战中拥有了属于自己的智慧和勇气。

感受分享的环节，有孩子提出了一个问题：“为什么《西游记》里的是九九八十一‘难’，而不是九九八十一‘幸’呢?”这个问题值得我们去思考。境由心生，境随心转。如果我们在人生路上能够把遇到的每一“难”都当作一“幸”，我们的心境一定会大不相同。

愿每一个人都能够拥有化“难”为“幸”的能力。

教育笔记

《西游记》的三种不同小结方式

张　芬

本周最让我激动的是大班组在同一个主题下就《西游记》的三个问题，衍生出了三条不同的线索并进行了深入的探究，并且最终呈现出了非常棒的思维导图！我感觉整个大班组合力打开了一个新世界，我要为大班组点赞！接下来，我想记录下我们在推进这周课程中的一些思考和困惑。

一、选择开篇(核心)问题

孩子们提出了很多关于《西游记》的问题，哪些问题是适合一起进行探索的，哪些问题是适合自行解决的，大班组进行了一个简单的筛选，最终确定以“《西游记》中的‘九九八十一难’都有哪些”“说说你的发现与问题”“《西游记》的故事真实存在吗”这三个问题开始本周的学习。三个问题分别对应的是关于“有趣的西游故事”“神奇的西游人物”“传奇的西游路线”这三条线索，孩子们可以最大限度地跨越时间、空间，从不同的角度看到不一样的《西游记》。我们根据本班孩子的兴趣分别选择了其中的一个问题，作为本周学习的主题。很有意思的是，三个开篇问题分别代表着讨论、猜想、辩论这三种不同的回应方式，这是我们在梳理思路时收获的意外之喜。

二、找到课程的起点

这一部分是我本周在实施课程的时候遇到的最大的一个困难。原因有二：一是我本身对于唐玄奘这段历史和整个西天取经之路的地理位置图不是很了解，所以我特别害怕当孩子们说“我想知道流沙河在地图上的哪个地方”的时候，我不知道。我很害怕，当孩子们向我“抛”过来一个问题的时候，我接不住怎么办。二是我找不到课程的起点。我知道思维导图是什么样，但是从取经之路的哪个地点开始呢？

整个周二的上午，我都在纠结，都在焦虑。直到周三上午的时候，微微老师过来，我们一起讨论，微微老师说：“其实你不用面面俱到，你只需要和孩子们一起找到起点和终点，再选择路途上最感兴趣的一个地点开始就行，这样就能够大致看到取经路线的走向，剩下的就是孩子们的经验补充了。”听完微微老师的建议，我犹如醍醐灌顶，但仍然不是很确定。等到我想明白的时候，时间已经来不及了，所以最后还是决定硬着头皮试着给一个小组上一节课。结果这次的小组课效果出乎意料地好，我们一起进行了“《西游记》的故事真实存在吗”主题辩论。关于这个问题的辩论，孩子们说得有理有据，不管是哪一方，都能够给出足够的证据支撑自己的想法。

我们一起在地图上找到了长安(现在的西安)，找到了雷音寺(现印度境内)，孩子们在中国地形图上一眼就看到了“冒着火”的火焰山(现吐鲁番)，很快我们就勾勒出了取经路线图的大致走向。让我惊讶的是孩子们对于这几个地方的已有经验储备，讲到唐朝的时候，汭汭说：“唐朝的版图和现在中国的版图不一样，要比现在的大。”赵思淼说：“我一猜终点就是印度，因为印度是佛教的发源地，如来佛祖和观音菩萨就是佛教的。”珠珠说：“印度这个地方很热，因为它被北回归线穿过了，就跟三亚一样热。”然后我们一起在地球仪上找到了北回归线、三亚和那烂陀寺所在的位置。就是在这样的小组学习中，我的知识被孩子们一次次丰富，也为自己少得可怜的知识储备量感到羞愧。

三、丰富课程的内容

找到路线的基本走向后，我请孩子们回家和爸爸妈妈一起寻找取经路上自己最感兴趣的一个地点，了解当地的风土人情。最受欢迎的地点是西安，其次是新疆的吐鲁番，紧随其后的是印度和甘肃的敦煌。第二天，孩子们带来了自己的项目研究海报，分成小组进行了分享。“早穿棉袄午穿纱，围着火炉吃西瓜”这句俗语悄然在孩子们中间流传开来。孩子们还知道园长妈妈的故乡和火焰山很近，他们很好奇园长妈妈的故乡有没有吐鲁番那么热，哈哈！孩子们喜爱的建筑有大雁塔、莫高窟、泰姬陵；美食有西安的凉皮、肉夹馍，新疆的羊肉串、烤馕、哈密瓜、葡萄；印度的咖喱也引来孩子们一阵阵的口水，一同火起来的还有《咖喱咖喱》这首洗脑神曲……

四、为课程画句号

最后我们将孩子们提到的风土人情梳理出要点，在前一天完成的路线图的基础上做了补充和完善，请杉杉老师帮忙绘制完成关于“西天取经路线图”的思维导图。至此，所有的内容就都完成了。

这是过得很纠结但是很骄傲的一周，我再一次体验到了探索路上的迷茫和拨开云雾的清明。还是那句话，想不明白的时候多问问同伴，多问问孩子们，别停在原地，多走几步，可能就会柳暗花明。

第三周 关于一本书

周主题说明

了解一本书，才能够爱上阅读。孩子们对于事物的喜爱从来都是从自己感兴趣的点开始。上周，孩子们提出了关于图书方面的问题，组成了学习小组。周末，孩子们在爸爸妈妈的陪同下尝试用各种方式寻找答案。在“提问—组成学习小组—寻找答案”这种模式的学习中，孩子们会收获什么呢?

这一周里，孩子们将通过“一本书的诞生”“书中秘密知多少”“制作一本书”“出版社的故事”和“汉字奇遇”活动，了解书籍的发展历史与图书制作的方法，在图书制作中体验创作的成就感，思考图书对我们生活的意义。

周课程目标

1. 鼓励幼儿用有序、连贯、清晰的语言向他人介绍自己的项目学习海报。

2. 通过思维导图的方式，帮助幼儿整理关于书的调查结果，形成对于图书的完整认识。

3. 引导幼儿通过发现、比较等方式，探索图书的制作方法，并在实践中完成对这些方法的尝试。

4. 帮助幼儿了解汉字的演变过程，欣赏汉字之美，激发他们对汉字的热爱。

活动一　一本书的诞生

活动形式

小组活动。

活动目标

1. 在讲述与倾听中，了解书的历史。
2. 能够用清晰的语言向他人介绍自己的项目学习海报。
3. 进一步了解关于书的知识，对研究书的历史产生兴趣。

活动准备

关于书的项目学习海报、黑板、录音笔。

活动过程

一、导入

教师提问："你们想用什么方式来进行项目海报的分享?"

二、分享环节

请幼儿表达在分享项目学习海报时想使用的方式。

> **活动记录与呈现**
>
> 闫皓同：我想跟很多小朋友介绍我的项目学习海报，因为我觉得我调查的东西很有价值。
>
> 陆姿邑：我不想当着全班小朋友的面介绍我的海报，我会有些紧张。
>
> 唐　果：我和很多小朋友研究的内容都是"世界上的第一本书"，我还挺想知道其他小朋友研究出来的结果跟我的是不是一样。
>
> 刘咨孜：有的内容我不感兴趣我就坐不住，我能只听我感兴趣的内容吗?

三、介绍环节

1. 整体展示幼儿带来的项目学习海报。
2. 介绍最后讨论出来的分享方式和地点，以及分享时的注意事项。

四、分享环节

本次活动分享主题为“书的历史”。

按照幼儿研究海报的内容，将幼儿分为三组，分享主题分别为“世界上的第一本书”(图 1-3-1)、“字的发展”(图 1-3-2、图 1-3-3)和“书的材料的变迁”(图 1-3-4)。班级其他幼儿可根据自己感兴趣的主题，选择参考哪一组的分享。

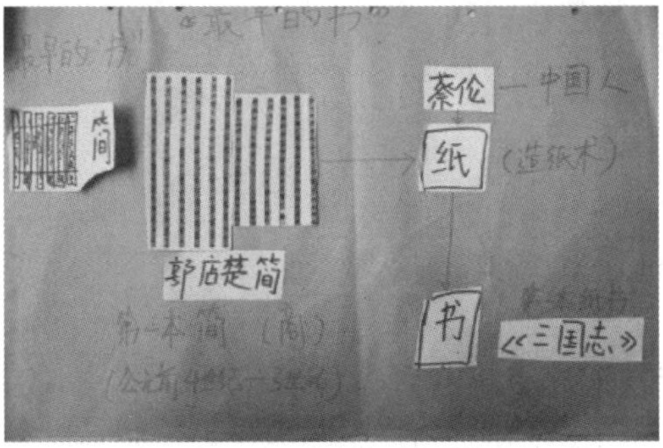

图 1-3-1 世界上最早的书，你知道是哪一本吗？

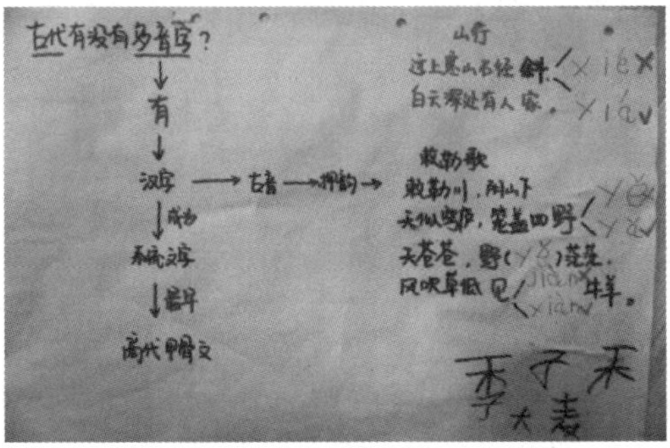

图 1-3-2 古代也是有多音字的

图 1-3-3 和小朋友分享汉字的发展

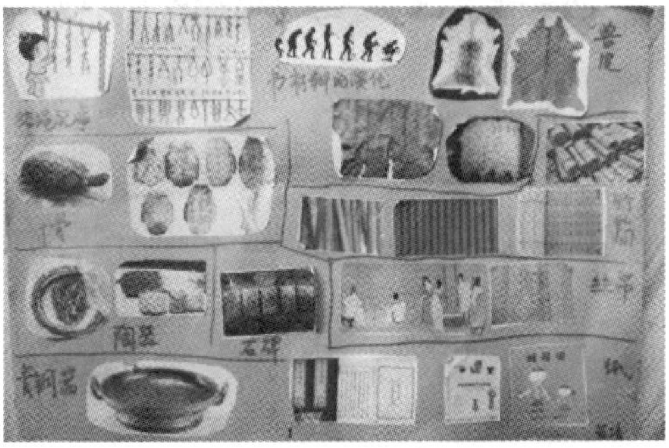

图 1-3-4 书的材料是这样变化的

> **活动记录与呈现**
>
> 吴徐正：我研究的是书的历史。我们现在的书有纸质书、电子书，但是在过去，大家用的都是抄写或刻出来的书。到目前为止，世界上发现较早的竹简书是《郭店楚简》，较早的纸质书是《三国志》①。
>
> 赵若清：我研究的是书的材料的变化。在没有纸之前，人们曾用绳子打结记事，每一种结有不同的意思，但是很难懂，而且记不了太多的事情。之后就有了刻在龟骨和兽骨上的甲骨文。后来就有了铸在青铜器上的钟鼎文。青铜器很重，不好携带，后来就有了写在丝绸绢帛上的帛书，可是那个时候丝绸卖得很贵，一般人都买不起。到后来就有了写在竹片上的竹简，竹简很重，有一个叫蔡伦的人就发明了纸。

① 编辑注：这里记录与呈现的是幼儿园孩子们的活动探索，由于其自身局限性，仅供参考。

季子禾：你们知道吗？古代也是有多音字的。因为古代的时候写诗，很讲究押韵，比如“远上寒山石径斜，白云生处有人家”，这里的“斜”念“xiá”，和“家”是押韵的。到后来这些字就变成了系统的文字，也就是我们现在的多音字。

五、小结

教师从“世界上的第一本书”“字的发展”“书的材料的变迁”三个方面，借助思维导图的方式，帮助幼儿进行知识的梳理。

六、延伸学习

将幼儿制作的海报按照不同的主题分板块展示，方便他们再学习。

活动小结与反思

在一次次介绍海报的活动中，孩子们的表达和之前比起来有了很大的进步。孩子们在讲述的过程中更加有重点、更加流畅，而且海报呈现的研究问题很有广度和深度，如关于纸的研究，有个孩子就从纸的制作过程、造纸带来的环境破坏和其他形式的记录方式三个方面来展示自己的研究成果。部分孩子除了海报之外，还带来了能够与现场的人互动的小工具，如竹简、龟壳、石头、扫条形码的工具等。

另外，让人惊喜的是孩子们能够更加专注地倾听。其表现在倾听的时间更长，在听他人讲述的时候能够安静且眼睛有光，能够提出与分享内容相关的问题。当一个孩子能够专注倾听的时候，他的浸入感就更强。

很高兴能够通过项目学习的分享看到孩子们身上的这些变化。

活动二　书中秘密知多少

活动形式

小组活动。

活动目标

1. 知道关于书的两到三个小知识。
2. 能够在小组学习中注意倾听其他幼儿的分享。
3. 产生进一步研究“书”的兴趣。

活动准备

关于书的项目学习海报、黑板、录音笔。

活动过程

一、导入

教师提问："对于今天的海报分享，你有怎样的期待?"

> **活动记录与呈现**
>
> 张北歆：我期待能够快快地分享我的项目学习海报，因为这个海报我和妈妈非常用心地做了好几天，里面有很多很好玩的知识，我迫不及待地想告诉小朋友们。
>
> 董　镟：我准备了很多小贴纸，如果在我分享的时候，小朋友答对了我提出的问题，就可以得到一张小贴纸。这是我特别的设计。
>
> 赵思森：我想去听董镟的分享，因为我想回答问题得到她的小贴纸。

二、分享环节

请还未进行分享的幼儿自由结组，进行分享(图 1-3-5 至图 1-3-9)。

图 1-3-5　快来听一听我讲的关于"书的纸张"的知识吧！

图 1-3-6　互动时间，来翻一翻，体验一下

图 1-3-7　书的封面有很丰富的信息，要好好阅读哦！

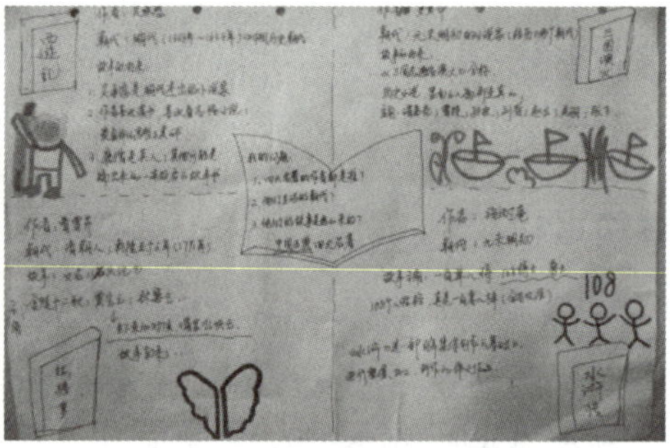

图 1-3-8　来听我讲四大名著的故事

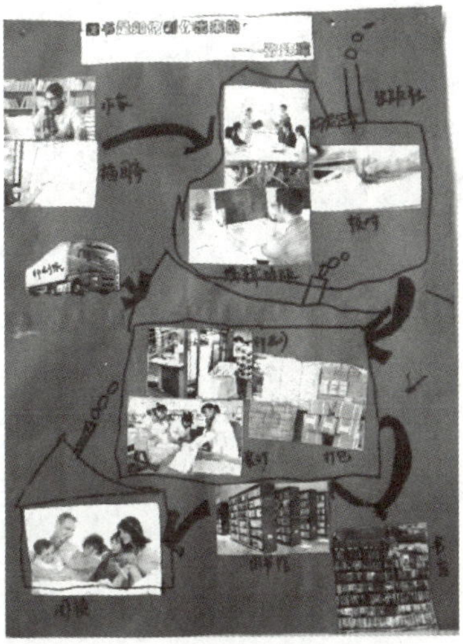

图 1-3-9　一起来了解图书是怎么制作出来的吧！

> **活动记录与呈现**
>
> 刘雨晨：我研究的是书的封面。每次我看书都会很认真地看一遍封面，因为封面上有很多特别重要的信息，比如，书的名字、作者、出版社，封面的图画还会告诉我们这本书是讲什么的。封底有条形码，卖书的人用机器一扫就知道这本书是多少钱，很方便。
>
> 高不寒：我研究的是书的生产过程。一本书是从纸浆开始的，首先是要把纸浆做成纸，不同的材料会做出不同的纸。比如，书里面的纸是软软的，一般是用草浆做的；封面的纸是硬硬的，一般是用棉花或者树皮做的。纸做出来之后，需要裁成一样的大小，然后印刷机会在纸上印上文字，之后把这些印上文字的纸排好顺序进行装订。最后进行包装，就可以卖了！

三、小结

教师对“书的制作过程”和“书中重要的信息”进行小结，为第二天的活动做经验准备。

四、延伸学习

将幼儿制作的海报按照不同的主题分板块展示，方便他们再学习。

活动小结与反思

孩子们研究的关于书的主题依旧精彩，让我们印象深刻的几个研究题目：“有趣的封面”“纸张的变化”“四大名著的对比”……再一次感叹问题导向的学习方式是多么棒，因为和孩子们的问题比起来，我们想“教”给孩子们的知识实在是太窄、太不够有趣了！

在小组分享项目海报的时候，我们时常在感叹，那么好的内容只能有一部分小朋友听到，好可惜；但是转念一想，对于孩子们来说“感兴趣的知识才是最有效的知识”，那些我们觉得很棒的知识可能只是我们感兴趣的知识而已。而且也不用太过担心，所有海报都展示在一面墙上，如果孩子们有想了解的兴趣，可以利用一些零散的时间结对去讲解。

活动三　制作一本书

活动形式

小组活动。

活动目标

1. 梳理已有经验，了解做书的基本步骤。
2. 能够尝试用多种方式采集信息和记录信息。
3. 感受探索的乐趣，对世界保持好奇和探究的精神。

活动准备

各种纸、彩笔、铅笔、蜡笔、订书机、订书钉、打孔器、胶条、胶棒、打花器、麻绳、毛线。

活动过程

一、导入

观看视频《一本书的诞生》。

教师提问：“制作一本书，有哪些很重要的步骤？”

二、分享环节

请幼儿分享看完视频后获取的制作一本书的信息。

活动记录与呈现

陈刘芷蘅：我们需要用到纸。

马卓新：我们需要东西把这些纸订起来，订书机可以，如果没有订书机的话，也可以用铁丝或者线什么的把它们穿起来。

周心然：我们还可以把写好字的纸再用胶水粘到一起。

尹如凝：还要有价格、书的名字和出版社，这些都是一本书很重要的信息。

刘旭冉：书有封面和封底。封底上还有二维码和条形码。

颜好兮：我们现在有一本书，可是上面只有一页一页的纸，那就不是书。

三、讨论环节

讨论主题："如果请你做一本和幼儿园相关的书，你想选择什么内容？"

活动记录与呈现

孙梓涵：我想做一本幼儿园的花草书，里面记录着幼儿园的花花草草。

刘旭冉：我想做一本我在幼儿园的生活书，我想去上小班和中班时候的教室看一看。

姚润霖：我想做一本书叫《幼儿园的神奇角落》，我要去找找幼儿园有哪些地方是平时我没去过的。

涂墨晗：我想做一本书，是关于幼儿园的人的书，我要把那些人都画下来。

四、操作环节

1. 教师介绍准备的材料和活动的范围。

2. 幼儿自由结组，进行材料收集和图书制作(图 1-3-10 至图 1-3-15)。

图 1-3-10　我们已经结好组，准备出发收集资料啦！

图 1-3-11　选择制作书需要的纸

图 1-3-12　把纸裁成一样大小

图 1-3-13　和好朋友一起，随时发现，随时记录

图 1-3-14 装订是个力气活

图 1-3-15 看，我的书做好了

五、小结

将幼儿自制的图书进行展览，请幼儿分享在做书过程中的感受。

活动记录与呈现

收获

赵点乐：这是我第一次制作一本书，我觉得很激动。

颜妤兮：虽然之前我们了解了很多关于书的知识，但是当我们做的时候还是遇到了很多困难。

困难

杨博岩：时间不太够用，我的图书制作都没有完成。

周心然：我们做的是彩色的书，但我们设计书用的时间太长了，书的内容就没有时间写了。

刘旭冉：在设计书的时候，我们速度不同。我们分工合作，有发现变化的，有画的。找的人速度很快，画的人有些慢。

赵点乐：我总是被其他的事情吸引。

崔书萌：我们制作的书的页数太多了，到最后都没有画完。笔太多了，总是会掉得到处都是，我们花了很多时间找笔，写书中内容的时间就少了。

杜安澜：我在裁剪时容易把书剪坏。我制作的书很容易被弄破。

马卓新：我们在订书的时候有一页订反了。

田若熙：我遇到了一些不会写的东西。

六、延伸学习

1. 将自制图书投放在图书区，供幼儿自由取阅。

2. 开设“小书局”和“出版署”便于幼儿持续创作与研究书的制作。

活动小结与反思

班级的图书馆里的书只能是买来的吗？答案当然是“不”！孩子们自己制作的图书让图书馆的藏书更加特别！

本次活动依然是小组活动。在活动中孩子们遇到的最大的问题就是小组合作的问题，比如小组的人总是走丢；有分工，可是负责发现的人总是比负责记录的人速度要快；每个人想要记录的东西不一样等。有的问题最后通过小组成员协商得到了解决，有的问题则一直未能解决。但是没关系，这就是孩子们的学习过程，在一个困难情境中，孩子们之间的磨合让彼此成长地更快。

孩子们在制作图书的过程中，不知不觉就将已知的关于图书的一些信息，如二维码、定价、出版社、页码等信息串联了起来，并且运用到了自制图书中。我们不得不感叹孩子们真的就像是一块小海绵，不知道什么时候就将那些不易被人察觉或者容易被人忽视的知识装进了自己的小脑袋。

春光逢着年少，正是读书的好光景。有书香伴随的成长，才是有温度、有光亮的。在阅读月中，孩子们还会与书发生怎样的故事呢？一起期待……

活动四　出版社的故事

活动形式

集体活动。

活动目标

1. 知道图书编辑与印刷的流程。
2. 能够认真倾听，积极地提出与书相关的问题。
3. 感受凝聚在一本书上的人类的劳动和智慧。

活动准备

联系好在出版社工作的家长，照片、视频。

活动过程

一、导入

教师提问：“你们认为印刷图书的地方会是一个怎样的地方？”

二、分享环节

请幼儿分享有关印刷图书的相关经验。

活动记录与呈现

熊一衡：我妈妈在出版社工作①，所以我去过妈妈工作的地方。那是一个很吵的地方，因为印刷的机器工作的时候声音很大。

胡曦文：我没有见过。我觉得那是一个生产知识的地方。

郭一力：我觉得那会是一个很忙碌的地方，因为每天他们要印刷那么多书。

① 编辑注：此处指在出版社的印刷部门工作。

三、介绍环节

请出今天来分享的家长。请家长向全班幼儿介绍自己的工作并分享照片、视频。

四、分享环节

1. 播放图片，介绍图书的发展和印刷方法的演变。

2. 观看印刷厂纪实视频，了解图书的排版和印刷。

3. 出示立体书，介绍立体书的制作原理(图 1-3-16)。

图 1-3-16 在出版社工作的熊一衡的妈妈为我们介绍立体书是怎么制作的

五、问答环节

鼓励幼儿提出与书的出版相关的问题，请家长回答。

活动记录与呈现

辛昊霆：什么叫骑马钉？

家　长：骑马钉是一种图书的装订方式，它适合用在装订少量纸的时候，因为装订的时候看起来很像是在骑马，所以叫骑马钉。

胡曦文：印刷厂的机器有多大？

家　长：印刷厂的机器有大有小，功能不一样，大小也会不一样。我们的印刷厂最大的机器有差不多八米高，比我们的教室还要高。

郭一力：在出版社工作，感觉怎么样？

家　长：还是很幸福的，因为可以看到很多的新书，而且也可以遇到很多有趣的人。

六、小结

一起回顾“从一张纸到一本书”的过程，观看视频《一本书的诞生》。

七、延伸学习

将立体的图书投放在图书区，供幼儿自由翻阅、探索。

活动小结与反思

在今天的活动中，我们邀请到了在出版社工作的一位家长进班为孩子们系统地讲述关于图书出版的知识。

家长从一本书的设计、排版、编辑、印刷等方面，全方位地向孩子们展示了一本书的制作过程。现代化的流水线工作也让孩子们惊叹科技的发展给人们的生活带来的便利。

在活动中，孩子们的已有经验和未知经验得到了融合。家长的参与也使活动更加富有趣味和层次感，很多新鲜的知识借由家长传递给孩子们，似乎也有了很多特别的意义。

活动五　汉字奇遇

活动形式

畅游活动。

活动由来

大班的幼儿开始对文字表现出浓厚的兴趣，并开始尝试通过文字来获取一本书的信息，这是教师设计教学线索时需要特别考虑的因素。今天的畅游活动中，幼儿将“走进”文字，在有趣的游戏中更加深入地了解文字。

活动目标

1. 知道汉字演变的过程。
2. 能够与他人合作，尝试运用肢体动作表现汉字。
3. 在有趣的游戏中，对学习汉字产生兴趣。

活动准备

象形文字的字卡、毛笔、墨汁、黑板、人体拼字的字卡、写有幼儿名字的卡片。

活动过程

一、导入

教师提问：“什么是字？字有什么用？如果没有字会怎样？”

二、分享环节

请幼儿分享对于“字”的理解。

活动记录与呈现

王逸帆：字就是文字。如果没有字，我上街买东西就不知道哪里是水果店、哪里是糖果店，我必须得进去看才知道，很麻烦的。

刘芊然：字可以告诉我们很多知识。有了文字，很久以前的事情都能被记录下来，我们就知道古代发生了什么事情。

谈一锦：如果没有字，也就没有书了，我就听不到妈妈给我讲故事了。

三、讨论环节

1. 教师出示任务单，请幼儿根据图画猜测今天畅游的内容，介绍需要注意的事项(图 1-3-17)。

2. 幼儿自由组成小组，讨论出小组的名字，确定组员之间的分工。

四、游戏环节

1. 博古通今。

(1)幼儿从黑板上展示的象形文字卡片中选择一个，猜一猜这个象形文字的意思。

(2)用毛笔临摹象形文字，也可自己创造文字(图 1-3-18)。

2. 慧眼识珠。

在对应的绘本中找到贴在封面的目标汉字，数一数目标汉字在这本书一共出现了多少次(图 1-3-19)。

3. 行走的汉字。

根据难易程度设置三组字，对应不同的得分。幼儿可根据小组情况选择挑战的汉字。小组合作用身体拼出选择的汉字(图 1-3-20)。

4. 拯救汉字。

找到散落在幼儿园不同地方的老师的名字，找齐一个老师的名字，即可拯救一位老师(图 1-3-21、图 1-3-22)。

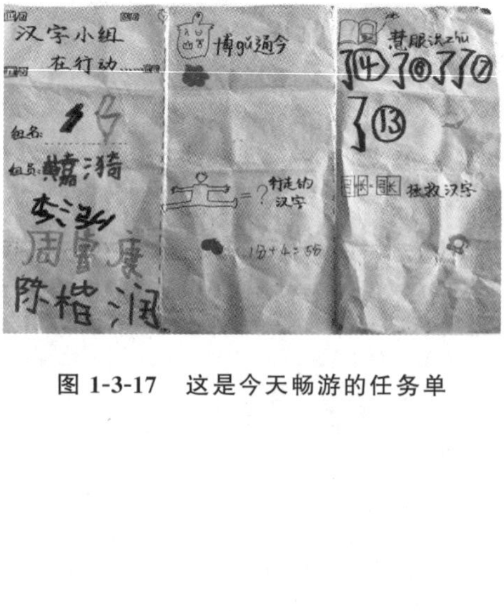

图 1-3-17　这是今天畅游的任务单

图 1-3-18　我们正在用毛笔临摹象形文字

图 1-3-19　我在这本书里找到了所有的“了”

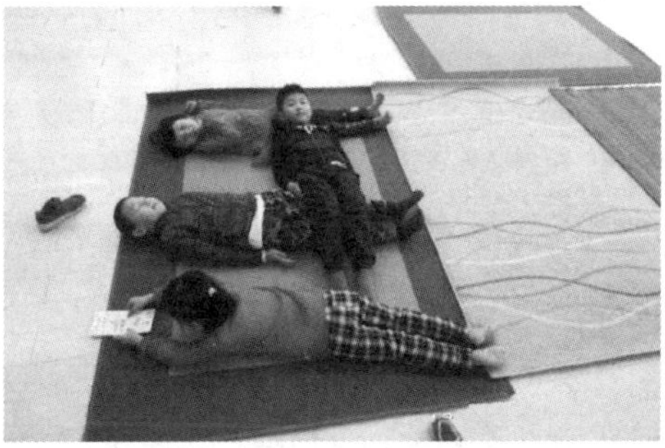

图 1-3-20　你能猜出我们拼的是什么字吗？

图 1-3-21　这是哪位老师的名字呢？

图 1-3-22　拯救汉字小分队，任务完成

五、小结

教师将幼儿完成的小组任务单进行展示，并请他们分享今天畅游的感受。

活动记录与呈现

燕炳安：我感觉象形文字特别像一个东西，比如写“水”时，感觉到水在流动；写“马”的时候，就像一匹马在奔跑。

张夷陵：以前的人太有想象力了，我觉得编这些象形文字特别需要想象力。

师晨皓：以前的人都是用毛笔写字的，我写的时候，感觉我也变成了一个古代人。

张懿琛：我们组拼字的时候，本来“出”需要四五个人拼，但是我们发现人越多越不好拼，最后我和茉莉两个人劈叉就摆出来了。

胡曦文：我本来都要放弃寻找丢失的汉字，但当时这里有我最爱的芬芬老师的名字，我一定要把芬芬老师的名字找到，我不想让芬芬老师离开。

董　镟：今天的畅游我很开心，因为我感觉我又在玩，又在学习文字，特别有趣。我觉得学习文字很重要。

六、延伸学习

1. 将幼儿们临摹的象形文字展示出来，并创设人体拼字墙，供幼儿结组学习使用。

2. 建议幼儿在家长的陪同下，周末去一趟图书馆，并将所见所闻用海报的形式呈现，为下周课程做准备。

活动小结与反思

在今天的活动中，游戏的方式极大地调动了孩子们参与的积极性。每一次比赛孩子们都想再来一遍，足以见得他们对活动的喜欢。小组形式让孩子们在活动中更加团结，更有凝聚力。孩子们对于活动的专注和投入也超出我们的想象。在今天的活动中，孩子们在游戏中加深了对汉字的理解和喜爱。不难发现，孩子们对于汉字已经有了自己的观察和理解。他们懂得汉字是有笔画的，观察到象形文字其实就是来源于古人对生活的记录，人体拼字的时候会关注到汉字的每一个部分。

在设计活动的时候，我们考虑到了两条线索：一个是文字的过去，通过对文字历史的探索，打开了孩子们认识世界文明的一扇窗户；另一个是文字的现在，让孩子们更好地着眼当下。

人类所有文明都来源于生活，象形文字同样来源于生活，文字就像一把钥匙，带领我们从远古穿越到今天，从文字几千年的演变中，我们看到了人类前进的脚步，也感受到了人类的智慧之光。

畅游日丨三个活动，带你玩转灰色星期五

教育笔记

课程，一天一个侧重点

马　静

比起上个星期课程的开展，本周围绕着“书”的各种研究，好像更加沉稳并富有内涵。说实话，我不太喜欢开展一些沉稳的课程，总觉得这样娓娓道来的感觉缺少了一些惊喜。正值课程开展时，海霞老师组织老师们学习了“师德”精神，在“如何更快更好地提升教师素质”的学习中，我看到了这样的一句话：每一天专注一个重点环节，当你学会做一件事情，就把它内化，就会做得更好。这句话给了我启发，它可用于生活，亦可用于工作，更可以体现在课程的开展和组织中。

“书的千百问”这节课，我们在小组内完成对书的认识与提问，将课程的重点放在如何引导孩子们将自己提出的问题提炼、筛选、分类、思考上。在活动进行中，孩子们很容易地发现了关于书的问题，大家的关注点有这样几类，书的外形特点、书的功能作用、书的历史发展、书的种类等。分类的过程，就是建构的过程，也是这一课最有价值的部分。

“项目海报分享”的课程，主要是课程形式的把握，安全、愉悦、自信的环境，不仅能帮助孩子们更好地相互学习，而且会给原本个性内向的孩子提供分享的动力。于是这节课，我重点和孩子们讨论了他们想怎样分享自己的报告，而不是陈述自己报告的内容。比如，有的孩子喜欢在图书馆里分享，有的孩子喜欢在区域活动时间分享，有的孩子只喜欢把自己的报告放在桌子上，大家轮流看一下就可以。尊重每一个孩子的意愿，课程才更有意义。

“制作一本书”这节课的重点，是孩子们特有的小组学习的方式，尊重每一个小组的合作方式，给他们提供材料及帮助，课程的目标就达成了。

“汉字奇遇”畅游活动的重点是在创设的低结构的游戏环境下，孩子们能够用自己的方式融合进来，愿意玩起来，这才是最关键的。一般在游戏过后，我们都会和孩子们分享感受。我觉得这个环节很重要，他们对游戏的看法，是我们再创造的方向。比如，孩子们对“行走的汉字”(小组幼儿用身体组成文字)这个游戏很感兴趣，这就说明他们有强烈的同伴合作意识，而用身体来认识学习文字是一种完全新鲜而又有趣的方式。事后，我把这个游戏的材料投放到了班级的环境当中。过渡环节时，有很多的孩子围在这里，他们开始用身体拼字，后来又发明了用手指拼字游戏，再后来就是用区域里的所有能想到的玩具拼字，玩得不亦乐乎。

给每节课程一个侧重点，真是一个很好用的方法。

第四周 我身边的图书馆

周主题说明

图书馆是阅读的一种介质。孩子们对图书馆有很多好奇，最早的图书馆是什么样的、图书馆的构成、图书馆里有多少藏书、如何进行图书管理与分类、如何查阅图书……在探索问题的过程中，孩子们能够逐渐了解图书馆的功能、发展和意义。

这一周，孩子们将通过“我知道的图书馆”“揭秘图书馆”“我是图书馆设计师”“图书馆之旅的前奏”和“走，去图书馆!”活动，探寻家附近的图书馆，借助书籍或者网络了解世界上各种各样的图书馆，感受图书馆的魅力。

周课程目标

1. 鼓励幼儿能够条理清晰、有重点地分享自己关于图书馆的研究海报。
2. 运用思维导图的方式帮助幼儿梳理调查结果，初步学习归纳信息。
3. 引导幼儿展开想象，用图画的方式，设计出最特别的图书馆。
4. 帮助幼儿了解图书馆的发展过程，体会图书馆对于我们的意义。

活动一　我知道的图书馆

活动形式

小组活动。

活动目标

1. 了解图书馆的基本结构和功能。
2. 愿意与同伴分享自己关于图书馆的调查海报。
3. 在讨论、分享中形成对图书馆的初步认识。

活动准备

幼儿制作的关于图书馆的学习海报、黑板、录音笔。

活动过程

一、导入

教师提问："周末，你们去了哪个图书馆？有什么有趣的发现吗？"

活动记录与呈现

武妍辰：我去的是国家图书馆，这个图书馆里大人看书的地方和小朋友看书的地方是分开的。我还在图书馆里遇到了杜安澜。

韩逸姮：我去了绘本馆，那个绘本馆叫蒲蒲兰绘本馆。它里面的设计很有意思，有很多大大的圆圈，适合小朋友在里面待着。

高楠狄：我去的是一个像四合院一样的图书馆，是东城区第二图书馆。

颜妤兮：我去的是首都图书馆，它有17个阅览室，1000多个阅览座位，400万册的藏书。你们知道吗？一个图书馆的藏书量是衡量一个图书馆好不好的重要标准。

张雅祁：我去了西城区青少年儿童图书馆，里面有专门的儿童阅览室，我办了一张读者借阅卡，里面有我的个人信息。图书馆最有趣的就是可以借书，借书的时候只要工作人员扫一下书上的码，再刷一下借阅卡就可以了，最多可以借十本书。

王雪晴：国家图书馆有点奇怪，我们进去的时候直接到了二层。你们知道为什么进来的时候是二层吗？因为地下还挖了一个空洞，那里才是真正的一层！国家图书馆里还有好几个圆形的东西，是看书的地方，有个粉红色的比较小，我可以躺在里面看书。

舒雨初：我去的是首都图书馆，首都图书馆有两个馆，一个A馆、一个B馆。一进入A馆就能看到指示牌，每个书架上有编号，让你能够更容易找到想看的书；B馆里有很多可以借书和还书的机器。图书馆里一点声音也没有，爸爸妈妈还敢小声地说话，我连小声说话都不敢，就这样踮着脚走。爸爸还发现了一台借书的机器。

二、分享环节

幼儿自由组成小组，轮流分享自己的项目学习海报(图1-4-1、图1-4-2)。

图1-4-1 我们正在分享关于图书馆的项目研究海报

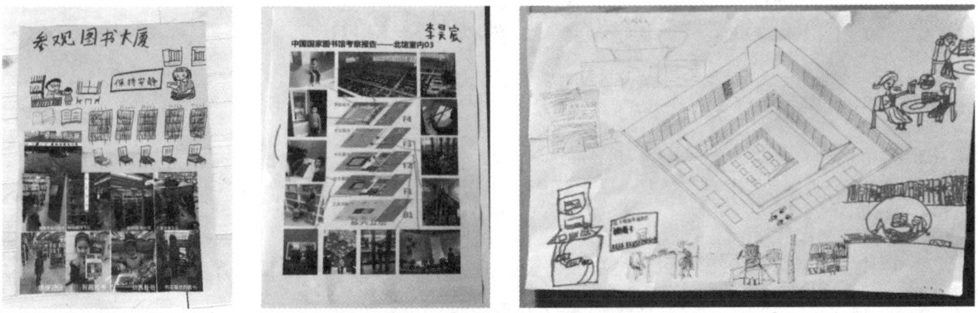

图1-4-2 这是我们做的关于图书馆的研究海报

三、小结

对幼儿在分享项目学习海报时的状态和分享的内容予以肯定，请幼儿提出更多关于图书馆的问题。

活动记录与呈现

高楠狄：图书馆的图书都是按照什么分类的？

涂墨晗：图书馆除了借阅图书区域，还有什么区域，在这些区域里可以做什么？

韩逸姮：我想知道，是不是所有的图书馆都有大人和孩子的阅读区？

王雪晴：图书馆都有哪些工作人员？

四、延伸学习

将项目学习报告张贴出来，供幼儿相互学习。

活动小结与反思

今天的活动，孩子们带来了周末和爸爸妈妈一同去家附近的图书馆做实地调查后完成的海报，信息量很大。但是对于孩子们来说，却不存在信息量很大、消化不了的情况，因为他们会有意识地选择自己感兴趣的内容来进行记忆并做深入的探讨，这是一个非常有趣的现象。

在分享的过程中，大部分孩子在完整陈述调查结果的基础上，还喜欢和小朋友们分享图书馆中的趣闻。比如，在图书馆遇到了很多认识的小伙伴；找到了一本家里有、幼儿园也有的绘本；儿童区的设计有很多很多种颜色……这样与自身有很多联结的分享，是有趣味的、有流动感的。

这个阶段，孩子们对于图书馆的经验相对比较零散。在明天的活动中，我们将和孩子们一同梳理这些零散的经验。

活动二　揭秘图书馆

活动形式

小组活动。

活动目标

1. 能够用比较、分析的方式整合信息，进一步了解图书馆。
2. 理解游戏的规则，能够为团队取得好成绩而努力。
3. 在深入了解图书馆的基础上，思考图书馆存在的意义。

活动准备

黑板。

活动过程

一、导入

教师提问："图书馆是一个怎样的地方?"

二、分享环节

请幼儿分享他们对图书馆的理解。

> **活动记录与呈现**
>
> 张熙恬：我觉得图书馆就是一个大房子，是书的大房子。
>
> 涂墨晗：图书馆是一个连走路都会很小声的地方。
>
> 高楠狄：图书馆像一个迷宫，我在里面绕来绕去容易迷路。
>
> 丁文皓：图书馆就是爱看书的人待的地方。

三、游戏环节

通过两队比赛的形式，请幼儿说出对图书馆的了解。教师帮助幼儿从图书馆的设计、功能、标志、基础设施、制度以及工作人员等方面形成经验。

> **活动记录与呈现**
>
> **设计**
>
> 涂墨晗：图书馆有的只有一层，有的有好几层。
>
> 周心然：在图书馆里面，有的分成少儿馆和成人馆，它们的地面是不一样的。少儿馆的颜色更加鲜艳一些，因为小朋友们都喜欢鲜艳的颜色。
>
> 栾希平：妈妈工作的中华女子学院的图书馆外形就像是一本书。
>
> **功能**
>
> 吴梓敬：每个图书馆都可以借书。
>
> 刘旭冉：图书馆里不光有书，还有别的东西，我见过在图书馆的舞台上颁奖。
>
> 尹如凝：我去过一个图书馆，二楼是上课的地方。
>
> 颜妤兮：我在图书馆里发现有一个地方的书定期会换，那些书是图书馆的人推荐给大家的。
>
> 郭沐歆：图书馆还会举办一些活动。
>
> **标志**
>
> 孙梓涵：图书馆可以看到一个安静的标志，这是提醒在图书馆的人要保持安静。
>
> 宋子淇：还有绿色的安全出口的标志。
>
> 马卓新：图书馆还有很多大的牌子，那个牌子会告诉你这一片区域有什么样的书。

基础设施

武妍辰：图书馆里总得有厕所吧，因为我们都得上厕所。如果图书馆很大的话，厕所也会很多，因为会有很多人使用。

赵点乐：图书馆会有一个专门还书的架子，你在图书馆里看完一本书可以不用放回去，会有专门的人把它放回去。

武妍辰：图书馆里还有一个电子的机器，那个机器可以扫描那些你带不走的书。你需要哪一页就扫哪一页，然后带走扫描出来的文件就可以啦。

姜子豪：图书馆里跟幼儿园一样，有很多的摄像头。

制度

李杼墨：借书的时候需要扫一下条码。

吴梓敌：如果你要借书，就需要办理一个借书证。图书馆会规定还书的时间，如果你没在规定的时间内把书还回来，就需要交一些钱。一般是一天五毛钱，两天就是一块钱。

工作人员

郭沐歆：每个图书馆都有服务台，坐在服务台里面的人就是为大家服务的人。如果你有什么问题就可以找他们帮忙。

姚润霖：还有整理书的人，他们会推着小车在书架间走来走去。

四、讨论环节

讨论主题：“如果这个世界上没有图书馆，可以吗？”

活动记录与呈现

可以

马卓新：我觉得是可以的，因为这个世界上除了图书馆有很多书以外，书店的书也很多。我们也可以去书店看书。

姚润霖：我觉得不一定要有图书馆，如果我喜欢什么书让爸爸妈妈给我买就好了。图书馆里那么多书我们也看不完，看的都是自己喜欢的书。

不可以

涂墨晗：虽然书店也可以看书，但是书店不可以借书。如果我一天看不完，明天再去看的时候那本书不见了，怎么办呢？

崔书萌：图书馆可以帮我们省掉很多地方，因为有的书你看一遍就不会再看了，如果买回家就会占地方，这块儿地方你可以给你特别特别喜欢的书留着。

吴梓敌：图书馆就是知识的海洋，如果没有了图书馆，我们就会少一个获得知识的地方。

五、小结

教师运用思维导图的方式将幼儿的发现结构化，让他们对图书馆有一个系统的认识；预告下节课的内容。

六、延伸学习

请幼儿和爸爸妈妈一起了解世界上各种各样的图书馆，为第二天的课程做准备。

活动小结与反思

今天的活动主要是帮助孩子们整理关于图书馆的已有经验。为了增加活动的趣味性，教师设计了两组竞答题。对于团队意识和胜负意识很强的大班孩子来说，这样的设计会很好地激发他们参与活动的积极性。

在竞答环节，孩子们的分享蕴含了大量的信息，涉及了图书馆的设计、功能、标志、基础设施、制度以及工作人员……这些庞杂的信息，都可以用思维导图的形式很好地进行梳理。

如果说竞答环节展现的是孩子们获取信息的能力，讨论环节则展现出了孩子们的审辩式思维。孩子们阐述的观点很精彩！这也是我们一直所期待的，希望孩子们能够保持思考的习惯和能力，明白“人生最终的价值，在于觉醒和思考，而不只在于生存”。

活动三　我是图书馆设计师

活动形式

小组活动。

活动目标

1. 知道两到三种世界上不同设计风格的图书馆。
2. 能够用绘画的方式将自己对图书馆的构想展示出来。
3. 愿意与同伴分享、交流自己的设计作品，体验设计的乐趣和成就感。

活动准备

视频《孤独图书馆》、白纸、彩笔、世界上各种各样的图书馆的照片。

活动过程

一、导入

播放视频《孤独图书馆》。

教师提问：“为什么它叫孤独图书馆？你觉得它特别吗，特别在什么地方？”

二、分享环节

请幼儿分享看完视频后的感受。

活动记录与呈现

讨论 1：为什么它叫孤独图书馆？

刘旭冉：因为它建在海边，周围只有它一个建筑，所以它很孤独。

杜安澜：我看视频里说是因为一幅画。那幅画里的一个老人很孤独地看着大海，所以设计师就想设计这样一种感觉的图书馆。

杨博岩：我觉得还因为这个图书馆特别适合孤独的人去，因为这里面很安静，还可以看到大海。

讨论 2：你觉得它特别吗，特别在什么地方？

颜妤兮：我觉得它很特别，因为很少有图书馆建在海边，我还在担心如果涨潮了会不会把这个图书馆给淹没了呢。

周心然：我觉得它最特别的地方就是顶上的那些小孔，可以有光进来，这样白天的时候就不用开灯了，可以节约很多电。

姜子豪：我第一次知道，原来图书馆里还可以有一个专门的房间让人去思考，这个很特别。

三、讨论提纲

1. 你见过或者知道世界上哪些很特别的图书馆吗？

2. 如果你是一个图书馆设计师，会设计一个怎样的图书馆？

活动记录与呈现

讨论 1：你见过或者知道世界上有哪些特别的图书馆吗？

吕诗凝：英国有个兔子图书馆，那个图书馆的烟囱是兔子的形状，里面所有的书都是跟兔子有关的。

翟一桢：我在银行旁边见过自助图书馆。

邵子恺：我在外国的时候见过一个很大的图书馆，它外面很漂亮，但是一进去就会发现里面比外面更好看，我喜欢它的建筑风格，很美丽。

武妍辰：这个世界上还有一些很有意思的图书馆，比如坦克图书馆、电话亭图书馆、海滩图书馆、公交车图书馆和驴子图书馆，各种各样有趣的图书馆

胡曦文：妈妈带我去过北京郊区的一个图书馆，叫篱苑书院，那里很有趣。

讨论 2：如果你是一个图书馆设计师，会设计一个怎样的图书馆？

涂墨晗：我希望能够设计一个三层的图书馆。第一层是小孩子的，第二层是爸爸妈妈的，第三层有很多玩具。

赵点乐：我想设计一个面包图书馆，里面的书的封面是用面包做的，字是用番茄酱做的。

杜安澜：我想设计一个形状像书的图书馆。如果你不走进这本书，你永远不知道这里面有什么。

颜妤兮：我想设计一个小花图书馆，用透明的玻璃做成厚厚的花瓣，墙壁都是白色、黄色和粉色的。

杨博岩：我想设计一个外面都是金子的海螺形状的图书馆，里面的灯也都是海螺形状的，里面还有很多羊毛装饰，书上面有锁，要打开书就要先开锁。

吴梓敬：我想设计一个全用钟表做成的图书馆，这样我就可以知道中国的时间、外国的时间，我还要放一些面包片做的书，封面上放一些巧克力和奶酪。这样可以吸引那些不喜欢读书但是喜欢吃美食的人来我的图书馆里看书。

四、操作环节

请幼儿用绘画的形式表现自己心目中的图书馆(图 1-4-3)。

图 1-4-3　我们是图书馆设计师，这是我们画的图书馆设计稿

五、小结

教师与幼儿一对一进行交流，在幼儿分享自己的设计图时教师做好标注。

六、延伸学习

1. 教师将幼儿的设计作品拍照分享至班级群中，与爸爸妈妈们一起互动学习。

2. 带回家和爸爸妈妈继续讨论设计这个图书馆，分享不同视角、不同人对图书馆的不同需求与关注。

活动小结与反思

孩子们对一个事物进行再创作的过程，是他们内化已有经验，并融入个人因素与想象后形成作品的过程。这也是检验孩子对一个事物是否拥有基本的了解和初步的理解的一个过程。邀请幼儿成为图书馆设计师，会出现怎样的设计稿呢?

“为喜欢食物但是不喜欢看书的人设计的面包图书馆”“融合了海洋生物和无敌深海景色的海底图书馆”“拥有冒险情怀的海上漂图书馆”“用萤火虫的光做图书馆照明的图书馆”……孩子们将自己喜欢的事物、自己的期待与想象、人文关怀等元素加入自己设计的图书馆中，绘制出了世界上独一无二的图书馆。“每一个孩子的脑海里都有一个有趣的图书馆!”这是教师在看到孩子们设计的图书馆时，一直萦绕在脑海里的一句话。

你在现实生活中见到过这些有趣的图书馆吗? 到目前为止可能没有，但是谁敢说这些图书馆在将来不会出现呢? 毕竟，这些图书馆都在孩子们的脑海中一一出现了。期待着有一天，孩子们能将这些想象变成现实。

活动四　图书馆之旅的前奏

活动形式

集体活动。

活动目标

1. 了解即将参观的图书馆的基本信息。

2. 能够结合已有经验，提出外出参观图书馆时需要注意的事项。

3. 对图书馆之行充满期待。

活动准备

即将要去参观的图书馆的介绍视频、图书馆平面图。

活动过程

一、导入

播放即将要去参观的图书馆的介绍视频。

教师提问:“看完视频，你对我们即将要去的图书馆有了哪些了解?”

二、分享环节

请幼儿分享在视频中获得的关于即将要去的图书馆的信息。

> **活动记录与呈现**
>
> 高楠狄：我们要去的图书馆离我们的幼儿园很近。
>
> 李治渔：图书馆有很高很高的书架，还有很多桌子，可以让人在里面学习。
>
> 马卓新：图书馆内还有一个电子图书馆，通过图书馆的电脑就可以找到你想要的书。

三、讨论提纲

教师介绍出行的流程和需要注意的事项。

1. 步行前往，怎样做才能安全到达目的地？
2. 在参观图书馆的时候，有哪些事情是需要我们注意的？
3. 对明天的活动有什么期待？

> **活动记录与呈现**
>
> **讨论 1：步行前往，怎样做才能安全到达目的地？**
>
> 孙梓涵：走路的时候要很专心，不能东张西望，不然就很容易摔倒。
>
> 李治渔：过马路的时候要看红绿灯，走斑马线，红灯的时候要停下来，绿灯的时候要快速通过。
>
> 马卓新：不能随便离开队伍，不然老师找不到我们会很着急的，自己也容易走丢。
>
> **讨论 2：在参观图书馆的时候，有哪些事情是需要我们注意的？**
>
> **不可以做的事**
>
> 孙梓涵：不能大声说话，不然会打扰到在图书馆里学习的人。
>
> 赵点乐：禁止抽烟，图书馆里都有这样的标志。
>
> 周心然：不能在图书馆里打打闹闹，想要打打闹闹可以回到大本营再说。
>
> 高楠狄：当你看书的时候，看完应该从哪里拿的放回哪里去或者放到还书车里。
>
> 陈刘芷蘅：不能损毁公共财产，不能撕书，要好好保护书。
>
> **可以做的事**
>
> 刘旭冉：我们可以在图书馆里看书。
>
> 丁文皓：可以向带队的老师提问题。
>
> 武妍辰：图书馆有很多电脑，我想尝试使用一下。
>
> 李治渔：我们还可以带上纸和笔做记录，把我们的发现画下来。
>
> **讨论 3：对明天的活动有什么期待？**
>
> 马卓新：我希望能够体验一下在图书馆怎么用那个借书的机器借书。

涂墨晗：我想去图书馆数一数里面的书一共有多少种类。

崔书萌：我特别期待和小朋友们一起走到图书馆，我还没有和那么多人一起走过呢。

尹如凝：我想采访图书馆的工作人员，了解他们都是怎样工作的。

姚成暄：我想把所有我见到的东西记录下来，这样我就不会忘了。

四、操作环节

请幼儿们自由结组，班级教师每人带一组进行活动。教师可根据情况对小组成员进行微调。

五、小结

教师讲解明日活动的流程并告知需要注意的事项。

六、延伸学习

1. 教师征集护送幼儿们往返的家长志愿者。

2. 请爸爸妈妈和幼儿一起准备明日出行需要的物品。

活动小结与反思

每一次外出之前，我们都会带着孩子们讨论。讨论的内容包括对目的地的了解、活动的内容、需要注意的安全事项、孩子们对于活动的期待……这样的讨论是很有必要的。

当然，在活动中所有的要求都不是简单地被告知，更多的是请孩子们结合自己的已有经验，提出应该遵守的规则，并且思考这些要求存在的理由和意义。当要求不再是一条一条冰冷的“束缚”，而是可以被理解的“安全带”的时候，会很好地促进活动的开展。

孩子们的学习不仅局限在教室中，更多的是源于生活，期待明天的图书馆之旅。

活动五　走，去图书馆！

活动形式

畅游活动。

活动由来

本周活动主要围绕图书馆展开。通过周末和家人一同参观图书馆、项目学习海报的分享，幼儿们对图书馆有了更多的了解，但依然还有一些问题留存在孩子们心中。本次畅游，幼儿们会集体出行，走进图书馆，走进知识的海洋，亲自将那些留存在心中的关于图书馆的疑问一一解开。

活动目标

1. 了解图书馆的要求和制度，并能遵守。

2. 能够用图画或者符号等方式记录自己在图书馆的发现。

3. 用心体会图书馆带给人的安静的力量，体会“图书海洋”的浩瀚。

活动准备

事先联络好参观的图书馆、确定参观流程和注意事项、邀请家长志愿者陪伴、孩子们准备记录本和笔。

活动过程

一、导入

引导幼儿检查所带物品是否齐全，提醒幼儿去往图书馆的路上需要注意的事项，出发步行前往图书馆(图 1-4-4)。

二、体验环节

1. 到达图书馆。图书馆工作人员为幼儿讲解图书馆的要求和规则。

2. 幼儿分成小组，在老师的带领和图书馆工作人员的陪同下进行参观(图 1-4-5 至图 1-4-8)。

3. 参观结束，回到集合地点，大家合影留念(图 1-4-9)。

图 1-4-4　在雨中，步行到图书馆

图 1-4-5　听图书馆的老师给我们讲图书馆的历史

图 1-4-6　随时记录自己的发现

图 1-4-7　体验一下怎么在借书机器上借书

图 1-4-8 在图书馆里找到自己最喜欢的那本书

图 1-4-9 谢谢为我们保驾护航的爸爸妈妈们

活动记录与呈现

颜妤兮：为什么要建图书馆呢？

图书馆老师：图书馆最大的作用是保存图书，然后让图书流传下去。咱们图书馆里有很老很老的书，都有你们爷爷那么大的年纪，如果没有图书馆，这些书就没有了。

翟一桢：为什么会有那么多种类的书呢？

图书馆老师：因为每个人的需求不一样，在大学里面，大学生学习的专业不一样，他们也需要各种类型的书来帮助他们学习。

陈刘芷蘅：报纸为什么要夹在那个棍子上呢？

图书馆老师：这样是为了方便阅读，比较好拿。棍子上还有报纸的名字，你想看什么报纸一下就能看到。报纸很薄，如果叠着放就看不到名字。

王皓磐：书是怎么从电脑里面查出来的？

图书馆老师：这里每一本书拿来之后都要把信息录入电脑里。比如，书的名字、它的类别、编号是多少、放在哪层，这样就能很容易搜索到这本书的位置了。

三、小结

请幼儿分享在活动中的发现和感受。

胡曦文：我在听阿姨介绍图书馆有多少本书的时候觉得很有意思，63 万！我好惊讶！我从来没有见过那么多的书。

张安歌：我觉得我知道了更多关于图书馆的事情。我知道怎么借书，借书是需要借阅卡的。

舒雨初：我觉得有些困难，但是我们都做到了。打着伞来的时候，雨一直往我的伞里钻，我还要小心路上的车和水坑，好忙呀。但是到了图书馆我就觉得特别幸福，因为那里很安静，在里面看书很舒服。

四、延伸学习

教师鼓励幼儿在区域活动的时间对班级图书馆进行改造，完善班级图书馆的规则。

活动小结与反思

在这次活动中，教师提前做了很多功课，不管是前期的经验积累还是家长志愿者的征集、当天活动的设计……当准备足够充分时，孩子们自然会热情高涨，学习时也就呈现出了积极、蓬勃的状态。

参观图书馆的时候，平时喜欢聊天的孩子们一进入图书馆就像是被施了安静魔法一般，轻言细语、轻声走路，这就是图书馆的魔力吧！孩子们喜欢用符号记录自己的发现，也喜欢尝试不同的体验。在电脑上找到一本想看的书；体验借书与还书；坐在沙发上静静地看一本书；眼睛从一排一排的书上看过……对于孩子们来说，这些新奇的体验充满了吸引力。

孩子们在不断地观察、记录、回忆、整合中找到了更适合自己的学习方式。我想，当孩子们参观完图书馆，再看到"图书馆是书的海洋"这句话，一定会有更加不一样的感受吧！

畅游日 ｜ 下雨天，我在图书馆等你

教育笔记

让阅读成为一件自然的事

晁 妍

三月过得飞快，眨眼间，我们做的那么多事情都变成了美好的回忆。

和孩子们在一起。这个三月，是我经历的第二个“大班阅读月”。我再一次带领孩子们精读《西游记》，比上一次更深切地体会到了课程的乐趣。我们的课程越来越成熟，老师们的“脑洞”也越来越大，可以说，是熟悉和用心，给我们的课程不断地注入新的灵感。精彩的课程离不开孩子们的全身心投入，对老师来说，“阅读月”活动是一个精进过程；对孩子们来说，“阅读月”活动真正地打开了充满乐趣的阅读之门。我们约好四月的时候再读一本四大名著中的书，三月底已经有小朋友带来了《红楼梦》。在孩子们的影响下，我主动地去看书，我们互相影响，在阅读中共同成长。

享受阅读。这个三月我去了两个图书馆，分别是中国国家图书馆和中华女子学院图书馆。记得前一年大班小朋友分享图书馆海报时，我被中国国家图书馆的俯视图震撼到了，一直说要去，却一直未能成行。这个阅读月，我再没有拖延的理由了。周末的时候，我去了中国国家图书馆，一进门就被图书馆中安静的氛围震撼了，针掉在地上的声音都听得见。图书馆不仅特别安静，而且座无虚席，凡是能坐的地方，都坐满了读者，映入眼帘都是书，让人能在图书馆中待一个下午，比宅在家里有意义多了。以前上大学的时候，我很喜欢去学校的图书馆，有时是去读书，有时只是去坐会儿甚至小憩会儿，就会获得一种内心的安宁和富足，这个三月我去了学校图书馆几次，发现以前五楼休息的地方发生了变化，变成了“育慧讲堂”，更有读书的感觉了。最近看了一篇文章特别有感触，很多人为了做出一种阅读的姿态，做了很多准备，物质的、时间的、氛围的……却发现很难同时“天时地利人和”。

这个三月我自己组装了一个小书架，用来放一些经常翻阅的书，其实也就几本散文、诗歌、小说，但睡前随手拿起翻看几页会觉得给自己带来一种安静的享受。其实阅读没有标准动作，只要我们能享受其中的乐趣，长或短，定期或临时，当自己有阅读的想法时，不要犹豫，捧起身边的阅读材料，让阅读成为一件自然的事情！

四月主题　我，棒棒哒！

月主题说明

对孩子来说，健康既是身心和谐发展的结果，也是身心充分发展的前提。健康成长不单是指身体的生长变化，还包括孩子的心理健康发展。在这个生机勃勃的四月，我们和孩子们一起，通过各种活动，引导他们更加关注自己的生命状态。

本月主题是“我，棒棒哒！”，孩子们会从生命的密码出发，从不同角度对身体和心理两个方面完成探索，从认识了解自己的身心发展到认可接纳自己的独一无二，最终遇见“最精彩的自己”。

月课程目标

1. 借由活动，引导幼儿了解生命诞生的过程，使幼儿对生命的奥秘充满好奇，激发幼儿探索人类发展的兴趣。

2. 帮助幼儿运用调查、比较、测量、统计等方法对自己和同伴的身体进行观察与记录，发现其中的规律。

3. 引导幼儿了解各种情绪存在的合理性，知道引起自己某种情绪的原因，学会运用一些情绪疏导的方式，缓解情绪，平衡自我。

4. 鼓励幼儿与同伴、家人合作，了解“他人眼中的自己”，建立起合理的自我评价。

第一周主题“生命的密码”，幼儿会从人类发展、生命诞生等角度，运用项目学习的方式完成对生命密码的初探。在探索过程中，聚焦生命诞生过程中的遗传密码。第二周主题“身体的密码”，幼儿通过测量身体里的有趣数字，观察、记录自己的大便情况，尝试用科学的方式探索生命的奥秘。第三周主题“情绪加油站”，幼儿会借助箱庭游戏、心理咨询室等方式，了解自己的情绪，接纳自己的情绪并掌握一些有效的情绪疏导方法。第四周主题“这就是我”，幼儿会从自己眼中的“我”入手，结合同伴和家人眼中的自己，完成一份关于“我”的调查报告，在主客观交织的评价过程中形成对自己的认识。

这个月，孩子们将意识到，生命的起源是非常美好的，每个生命都值得尊重。更重要的是，他们将认识到，是自己的独特性让自己成了最棒的“我自己”！

课程树状图

我，棒棒哒！
生命的密码
身体的密码
情绪加油站
这就是我
人类的起源
生命的诞生
我的家族印记
假如没有家族印记
人类的进化
我喜欢我的身体
我的便便记录
身体里有趣的数字
我会保护自己
播种日
爸妈来支着儿
开心的“100种”方法
体检进行时
心有千千结
什么是情绪
我想这样介绍我自己
特别的自我介绍
“花草小学”面试了
写给20年后的自己
地图行动

第一周 生命的密码

周主题说明

春天，万物生发，此时正是孩子们长身体的时候。这个月，孩子们将围绕自己的身心健康展开学习。我们发现，每个人身上或多或少都有和爸爸妈妈相似的印记，这些可见的或是不可见的印记源于家族血缘的遗传。通过家族印记了解生命的遗传性，再进一步了解人类进化史和人类种族的不同，不仅丰富了我们对家族印记的认识，也纵观了人类进化的历史。生命的奥秘也就由此在我们的眼前铺开了。

本周我们从“人类的起源”开始畅聊，鼓励孩子们分享自己的已有经验；再通过影像资料和现场讲座了解“生命的诞生”；在家长的支持下，了解“我的家族印记”并进行项目学习的分享；在“假如没有家族印记”的辩证讨论中，加深对“人类的进化”的了解和认识。

周课程目标

1. 引导幼儿观察、发现自己的家族印记，并能大方地与同伴分享。

2. 引导幼儿整合经验，通过查阅资料、和家人讨论等方式对人类起源和生命诞生的过程产生学习兴趣并进行深入的学习。

3. 与幼儿一同思考遗传带给人类发展的影响，体会人类代代相传、生生不息的神奇。

活动一 人类的起源

活动形式

小组活动。

活动目标

1. 通过讨论和分享，了解人类进化的过程。
2. 能对获得的信息进行分类和排序，形成自己对人类起源的认识。
3. 喜欢探究，对生命的诞生过程产生强烈的探索愿望。

活动准备

绘本《生命的故事》、关于生命起源的其他图书。

活动过程

一、导入

为幼儿讲述绘本《生命的故事》。

教师提问："从这个故事里，你了解到了什么？"

二、分享环节

请幼儿分享自己在绘本中的发现。

> *活动记录与呈现*
>
> 郭沛元：我看到了很多现在我们生活中没有的有趣的画面，比如恐龙、海洋生物。
>
> 尹昊岩：我在书里看到，在几亿年前地球上就出现了生命，是考古学家发现的骨头证明的。
>
> 李乐轩：在寒武纪就出现了海洋生物。寒武纪属于古生代，后面还有中生代和新生代，人类出现是很晚的事情了。

三、讨论提纲

1. 生命是怎样诞生的？
2. 生命的诞生需要哪些条件？
3. 人类和其他生命的关系是什么？

> *活动记录与呈现*
>
> **讨论1：生命是怎样诞生的？**
>
> 王淏晨：在没有人类以前是恐龙生活在这个世界上，但是后来恐龙灭绝了，过了很久很久人类才诞生。
>
> 马佳宜：我听过一个神话故事说人类是女娲用泥巴捏的。
>
> 李庄睿：世界上最早出现的是单细胞生物，它们生活在海洋里。后来这种单细胞生物经过进化，变成了更复杂的动物。
>
> 林绍锋：刚才那本书里面说在1400万年以前，地球上就有了人类。
>
> **讨论2：生命的诞生需要哪些条件？**
>
> 马佳宜：生命的诞生需要氧气、水和阳光。
>
> 刘芊然：生命的诞生还需要一个非常好的环境，不能太冷也不能太热。
>
> 谢雨默：有地震和各种火山爆发的地方，生命就不能存活。

讨论 3：人类和其他生命的关系是什么？

薛　暖：地球上并不是一开始就出现了人类，人类比其他生物出现得晚，人类比其他生物更高级。

郭沛元：和人类关系最亲密的是猿猴，猿猴会站着走路，慢慢地它们就进化成了人类。

马汤彧：植物能为人类提供食物和房子。因为有蔬菜，我们才能吃饱；还有大树，人们可以用树来造房子。

王唯亦：动物和我们是朋友关系，我会养小狗、养小猫，照顾它们。

四、记录环节

请幼儿对生命起源的顺序进行记录、排列、梳理。参考相关资料，完善对“进化”的认识(图 2-1-1)。

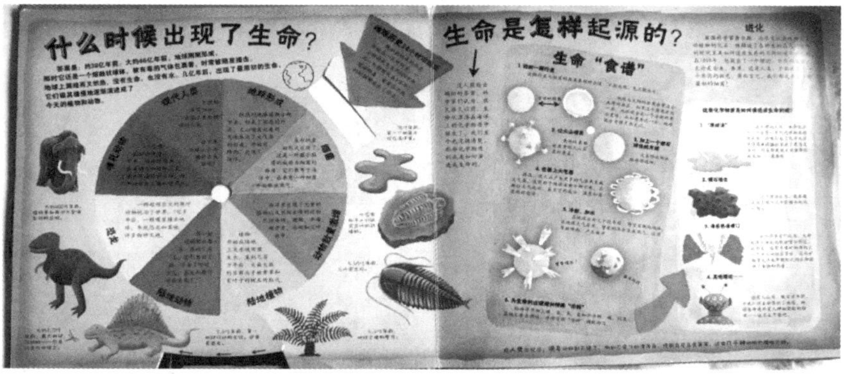

图 2-1-1　原来地球上曾经有过这么多有趣的动物

五、小结

教师总结幼儿的分享讨论，与幼儿一起按生命进化的时间线索完成思维导图，对生命的起源有更多的认识。

六、延伸学习

请幼儿回家和爸爸妈妈一起讨论、查找资料，记录更多关于生命起源的问题和答案。

活动小结与反思

关于生命的起源，孩子们充满了好奇，在讨论中，他们对已有经验进行了爆发式的分享。在孩子们你一言我一语的讨论中，一个大致的人类进化过程呈现在我们眼前，我们发现孩子们的知识储备远超于成人的想象。这种小组分享式的学习让孩子们感到非常放松，也意外地收获了很多知识。教师也在这样的活动中看到孩子们不同的兴趣点和学习方式。

在设计活动时，教师会避免单一地灌输，而是让孩子们带着问题去书中寻找答案。通过这次活动，孩子们对人类的进化过程产生了更多的探索欲望，在下一次活动中，我们将帮助孩子们与自我建立联结，了解更多的关于生命诞生的秘密，一起期待吧！

活动二　生命的诞生

活动形式

集体活动。

活动目标

1. 了解生命的诞生过程。
2. 能在活动中，积极发言，提出问题并耐心聆听他人的分享。
3. 感受生命诞生的不易，对生命产生敬畏之情。

活动准备

生命的孕育过程相关视频，一位孕妈妈。

活动过程

一、导入

教师提问："你知道自己是从哪里来的吗？"

二、分享环节

请幼儿分享自己对生命诞生的已有经验。

活动记录与呈现

温铎熙：我是妈妈怀孕九个月生下来的。

尹昊岩：我们的生命是爸爸妈妈一起给予的。

林绍锋：我们在中班玩过"小威向前冲"的游戏，就是爸爸给了一个精子，妈妈给了一个卵子，然后我们就开始在妈妈肚子里长大了。

郭瀞琪：妈妈告诉我，我是天使送给她的礼物。

三、互动环节

教师邀请一位孕妈妈与幼儿分享有关生命诞生过程的知识。孩子们提问，孕妈妈现场解答(图 2-1-2、图 2-1-3)。

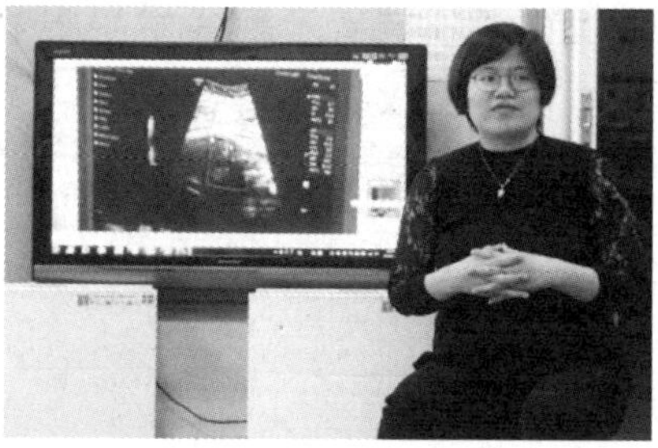

图 2-1-2 孕妈妈正在分享小宝宝的 B 超

图 2-1-3 几个月的小宝宝在肚子里只有手掌这么大

活动记录与呈现

尹昊岩：我想知道宝宝在妈妈肚子里现在有多大？

冯妙涵：我想知道宝宝在妈妈肚子里是怎么呼吸的？他吃什么？

郭沛元：宝宝在肚子里会动吗？多久动一次呢？

刘瀚泽：妈妈高兴的时候，宝宝能感觉到吗？

四、体验环节

孕妈妈与幼儿互动，请幼儿体验宝宝在妈妈肚子里的成长过程(图 2-1-4、图 2-1-5)。

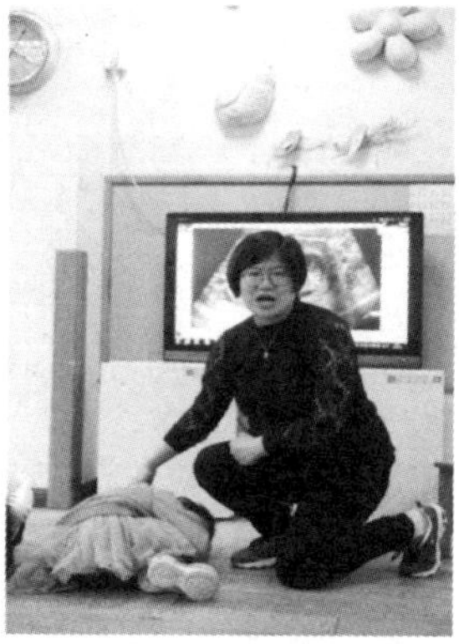

图 2-1-4 在妈妈肚子里蜷着的“宝宝”

图 2-1-5 我们隔着孕妈妈的肚皮摸到了小宝宝

活动记录与呈现

李悦潼：原来我们在妈妈的肚子里那么小。

林绍锋：妈妈每天要像抱一个西瓜一样带着小宝宝，好辛苦！

王淏晨：我觉得小宝宝从一个小细胞长到我们这么大，太不可思议了！

五、小结

教师肯定幼儿在活动中的表现，梳理孩子们的收获，并对来分享的孕妈妈表示感谢与祝福。

六、延伸学习

1. 请幼儿回家后与妈妈分享自己在活动中的收获，了解自己出生的故事，并向妈妈表达自己的感谢。

2. 发放“我的便便记录”，为下周三的课程做准备(观察表见下周三课程)。

活动小结与反思

生命的诞生是一个奇妙的过程，这个过程伟大且神圣。在活动中，孩子们积极踊跃地提问，对待孕妈妈就像对待自己的妈妈一样小心翼翼地呵护着，仿佛自己就是肚子里那个小宝宝，孩子们模仿着宝宝在妈妈肚子里的样子，把自己代入了那种尚未出世的状态。看到这里，我们也被感动了，孩子们渴望与妈妈建立这样亲密的联结，不管是心理上的还是行为上的。

在生活化课程中，教师是非常宝贵的课程资源。今天来为孩子们讲述生命诞生过程的孕妈妈就是孩子们很熟悉的玉洁老师。当她分享孕育生命的过程的时候，分享的不仅是知识，还有作为孕妈妈的幸福和对新生命的期待。

通过这样的活动孩子们了解了生命孕育的不易，也感慨一个新生命诞生的神奇，这样直观的生命教育，对孩子们而言是难忘且深刻的。

活动三　我的家族印记

活动形式

小组活动。

活动目标

1. 知道家族印记是一种遗传符号。

2. 能够用清晰、流畅的语言分享调查海报。

3. 通过家族印记感受生命的传承。

活动准备

照片拼图、“我的家族印记”调查海报。

活动过程

一、导入

游戏：找不同。

出示幼儿与家人的对比照片，猜猜照片中的幼儿是谁，与另一位人物的关系是怎样的。

教师提问：“看到自己小时候和爸爸妈妈小时候的对比照片的时候，你们有什么感受?”

二、分享环节

请幼儿分享游戏中的感受和对“家族印记”的理解(图 2-1-6、图 2-1-7)。

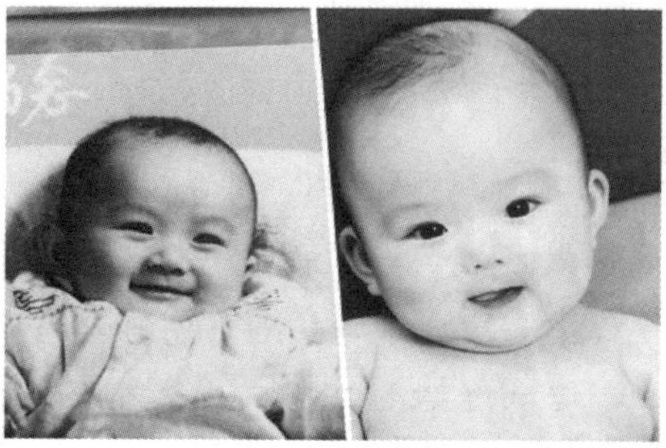

图 2-1-6 你能从照片猜出来哪个是我妈妈吗？

图 2-1-7 原来妈妈小时候也这么美

活动记录与呈现

讨论 1：看到自己小时候和爸爸妈妈小时候的对比照片的时候，你们有什么感受？

师晨皓：我觉得他们小时候和我们小时候很像，但是有些地方有一点点不一样。

周睿康：我发现有的小朋友长得更像爸爸，有的小朋友更像妈妈。

王展曦：看爸爸妈妈很小的时候的照片不太能分出是男孩还是女孩。

李沐航：我觉得太神奇了！原来爸爸妈妈也有小时候，他们还和我长得一样！

讨论 2：谈谈自己对家族印记的理解。

伭子涵：家族印记就是自己身上的标志，和爸爸妈妈一样的标志。

王子墨：家族印记就是祖先给我们留下的痕迹。

李乐轩：家族印记就是每个小朋友和爸爸妈妈身上的共同点。例如，我和妈妈一样都是单眼皮，这就是我们的家族印记。

三、展示环节

幼儿在小组中分享“我的家族印记”调查海报(图 2-1-8、图 2-1-9)。

图 2-1-8 我的小拇指有妈妈的印记

图 2-1-9 我和爸爸小时候很像

活动记录与呈现

林绍锋：我和爸爸的家族印记就是我们的小拇指都一样可爱，是弯弯的，像牛魔王的角一样。

冯妙涵：我的家族印记是妈妈传给我的，我们的大拇指都是直直的，掰不到后面去。

季子禾：我的耳朵上有个“拴马桩”，屁股上有颗痣，我的家人都没有，从我这里开始有的，等我长大会传给我的孩子。

胡曦文：我的下眼皮很独特，是双眼皮。我的下双眼皮随爸爸，火爆的脾气随妈妈。我做了一本书，一页像爸爸，一页像妈妈，翻起来有好多页。

四、小结

教师肯定幼儿在活动中的表现，梳理幼儿的收获。

五、延伸学习

将幼儿制作的海报张贴在主题墙上，供幼儿互相分享，促使幼儿更深入地学习。

活动小结与反思

在日常的生活中，孩子们常常对自己的身体及五官有一些观察和讨论。在本次活动中，孩子们将自己的发现与家人进行讨论，并完成了“我的家族印记”的海报制作，所以在活动中，他们呈现的是有家长参与的学习成果，这样的学习背后有很多动人的故事和温馨的情节。我们看到孩子们声情并茂地进行海报分享、用身体语言来表述，他们非常享受这样的学习过程。

每个人身上都有自己独特的家族印记，如相同的发际线、相同部位的一颗痣，这些与家人相似而又独特的地方，被孩子们一一揭晓，他们在这样的活动中找到了对“家”的认同感和归属感，他们确信联系着他们和家人的那条纽带是清晰可见的。

活动四　假如没有家族印记

活动形式

集体活动。

活动目标

1. 理解家族印记的独特意义，能说出家族印记对每个人的重要作用。
2. 能够用流畅的语言讲述自己的观点。
3. 形成对家族印记的认同感，珍爱自己的家族印记。

活动准备

幼儿对于家族印记已有一定的认识。

活动过程

一、导入

教师提问："通过昨天的分享，你们认为家族印记是一个什么样的东西？"

二、分享环节

请幼儿分享自己关于家族印记的理解。

> **活动记录与呈现**
>
> 郭沛元：我觉得家族印记是很重要的东西，因为身上有家族印记，才能证明我是爸爸妈妈的孩子。
>
> 王淏晨：我也觉得家族印记是一个证明，家族印记让我觉得我跟爸爸妈妈很亲。
>
> 谢雨默：我觉得家族印记是一个神奇的东西，因为我看到我爸爸小时候就长我这样，都惊呆了，我想知道我长大了会不会和我爸爸一样帅。

三、讨论提纲

1. 你对自己身上的印记满意吗？
2. 如果可以选择，你想遗传怎样的家族印记？
3. 没有家族印记会怎样？

> **活动记录与呈现**
>
> **讨论1：你对自己身上的印记满意吗？**
>
> 薛　暖：我很满意。我遗传了爸爸妈妈的所有优点，妈妈的酒窝和爸爸的身高。
>
> 郭沛元：我也很满意。因为我遗传了好看的双眼皮，我的姥姥姥爷妈妈都是双眼皮。
>
> 谢雨默：我很满意。因为我遗传了爸爸的帅气和妈妈的智慧。
>
> 郑浩铭：我不满意。我们家里我的鼻子是最塌的。
>
> **讨论2：如果可以选择，你想遗传怎样的家族印记？**
>
> 吴雨珊：我想遗传妈妈的眼睛。因为妈妈是双眼皮，我想拥有双眼皮，这样眼睛会比较大。
>
> 谈一锦：我想拥有妈妈美丽、善良、乐于帮助别人的品质。
>
> 胡曦文：我想从妈妈那遗传她的学习好，我妈妈上学的时候学习特别好，我长大以后也要像妈妈一样学习好。
>
> **讨论3：没有家族印记会怎样？**
>
> 王子墨：如果没有家族印记，这次活动我就不能参加讨论了，只能看着别人分享。

李庄睿：没有家族印记的话，我们就找不到自己的爸爸妈妈了。

胡曦文：如果没有家族印记，我们就没有那么特别了，这些印记是我们最独特的地方。

陈歆仪：没有家族印记的话别人可能会记不住我，我是因为一些特别的地方才让大家记住了我。

温铎熙：没有家族印记的话，世界上所有人都长得一样，就没意思了。

四、小结

教师总结幼儿关于家族印记的表达，梳理幼儿在讨论中的收获。

五、延伸学习

鼓励幼儿画出自己在活动中表达的畅想，想象没有家族印记的世界的样子。

活动小结与反思

我们发现，每个人身上都或多或少地拥有和爸爸妈妈一样的印记，这些能看到的或是看不到的印记来源于我们家族血缘的遗传。

假如没有家族印记会发生什么？这个有趣的问题引发了孩子们的讨论，他们想象着各种有趣的可能性。在想象的世界里遨游一圈之后，我们发现还是不能没有家族印记。正是因为有了家族印记，我们的来源才那样清晰，我们和家人的联系才那么紧密。

忠实记录课程的瞬间丨人类没有遗传，世界将会怎样

活动五　人类的进化

活动形式

畅游活动。

活动由来

在本周前四天中，幼儿从人类的起源开始了解生命的诞生，分享独特的家族印记，思考为什么会有家族印记，以及家族印记是怎么来的。

畅游日，孩子们会带上任务单在“人类的进化”“慧眼识爸妈”“特别的家族印记”的游戏中，对前四天的学习进行回味、夯实与提升。

活动目标

1. 能和同伴分工合作，完成特定的游戏任务。

2. 感受人类进化的漫长过程，体验遗传和进化的神奇。

活动准备

家族印记海报、家长照片、人类进化图片。

活动过程

一、导入

出示畅游日任务单，向幼儿介绍活动内容。

二、游戏环节

幼儿 4～5 人一组自由结组，带上任务单，开始游戏体验(图 2-1-10)。

1. 人类的进化。

幼儿先找到正确的进化顺序，然后按照图片的姿势还原图片(图 2-1-11)。

2. 慧眼识爸妈。

在众多照片中通过露在外面的一双眼睛找到自己的爸爸妈妈(图 2-1-12)。

3. 特别的家庭印记。

(1)找到 1 个同时具有自然卷发和单眼皮特征的人，再找到 3 个会卷舌头的人，请他们签名。

(2)幼儿在特定区域展示自己身上最独特的印记(图 2-1-13)。

4. “我的家族印记”海报展。

幼儿为自己的队员讲述自己的“家族印记”海报。

图 2-1-10 组队完成，带上任务单，出发！

图 2-1-11 我们一起合作展示人类的进化过程

图 2-1-12 哪双眼睛是妈妈的呢？

图 2-1-13 我们都是单眼皮

三、小结

展示各组任务单完成情况，鼓励幼儿分享自己的感受。

活动记录与呈现

杨博岩：我在表演人类进化的时候很激动，因为我演的是进化完的人。

涂墨晗：原始人进化的顺序，刚开始我们没有找到。最后我们自己观察按照刚开始非常像猴子到越来越不像猴子，再到越来越好看的顺序排就对了。

石雨丁：在找爸爸照片的时候，我老是找不到，最后终于找到爸爸照片的时候，我松了一口气。

李美凝：有一张照片，看眼睛上的皱纹，我就知道那个是我爸爸。

王雪晴：当我把我的脚趾露出来的时候，其他小朋友都惊呆了，因为他们没有见过像我的脚趾一样隔得那么远的脚趾！那个时候，我觉得我脚趾是“冠军脚趾”。

四、延伸学习

引导幼儿将“慧眼识爸妈”的卡片进行再创作，提高难度，再次进行体验。

活动小结与反思

从生命诞生开始，每个人身上或多或少地拥有和爸爸妈妈相似的印记。这些印记源于我们家族血缘的遗传，却又不仅仅只是因为血缘的遗传，这背后还有整个人类发展的痕迹。不管是从人类发展的历史还是从个体成长的角度，每一个人、每一个时刻都在不断地进化，进化成为更好的自己。

本次畅游活动，以小见大，从人类体态的变化看到生命的发展性；从一双眼睛看到生命的遗传性；从自己身上最独特的印记看到生命的独特性。相信在这个过程中，孩子们对于人类进化过程中的那些秘密，又会多一些自己的理解吧。

畅游日｜孩子们眼中的进化论

教育笔记

关于家族印记的学习

晁 妍

在刚刚过去的一周里我和孩子们一起探索了家族印记，在孩子们分享的过程中，我们也有了一些发现。

一、直观、生动的学习方式更吸引孩子

在孩子们带回来的学习成果中，我们发现用照片来说明自己家族印记的海报更容易引起其他小朋友的关注。

谢雨默带来了他和爸爸6岁时的照片，他们长得真的很像，小朋友们觉得特别好玩、特别有意思，都对着照片去找不同。

郭沛元带来的海报有点类似于家谱的片段——爸爸妈妈画在一起，下面是她和弟弟，爸爸妈妈上面又分别是爷爷奶奶、姥姥姥爷，她还在姥姥姥爷的照片旁画上了双眼皮，表示自己的双眼皮是姥姥姥爷遗传给妈妈然后妈妈遗传给自己的。小朋友们一致认为这样的海报既清晰又完整。

薛暖说她遗传了爸爸妈妈的优点。爸爸长得高，妈妈有酒窝，这些优点都被自己继承了，她很骄傲。班里的孩子们一起"强颜欢笑"，想要挤出和薛暖一样的酒窝。

当我说到我的耳朵也是我自己独特的印记时，孩子们都凑上来看我的耳朵，有的说我的耳朵多一块肉，有的说少一块肉，刘芊然说她的耳朵和我的耳朵长得一样，要跟我认亲。

在这样生动、愉快的氛围中，孩子们对自己的独特印记有了初步的了解。

二、家长的积极参与让孩子对于家族印记的学习更有针对性和持续性

在和孩子们讨论"如果没有家族印记会怎么样"这个问题的时候，邵嘉毅说："如果没有家族印记，那我这个作业就完成不了了，因为我需要找一个跟自己长得像的人才能完成这项作业，如果我跟爸爸妈妈都不像，我带来的海报小朋友们就会觉得没意思。"

林绍锋带来的海报从内容上来说是最简单的，只有几个格子，小朋友们表示不买账，林绍锋说："哎呀，你们听嘛，我画得不好，但是我能说啊。"说完他开始给我们对着简单到不能再简单的图示展现自己的独特，当他伸出小拇指的时候，小朋友们都乐了，原来他的小拇指是不论怎么努力都伸不直的那种。小朋友们举起手说让林绍锋变成一个牛魔王，小拇指变犄角，他说这一点他和爸爸是一样的，他回家和爸爸一起做，给我们发照片。果然第二天林绍锋妈妈就微信发来了"作业"，小朋友们这下终于信服了，也表示虽然林绍锋的海报简略，但是他展示得很精彩。也有小朋友在第一天分享之后表示自己的海报还要继续完善，他们请爸爸妈妈补充了材料又带来进行再次分享。

三、在这样的活动中，孩子们和爸爸妈妈进行了更亲密的联结

生活中我们常常说某某长得特别像他的爸爸/妈妈，这样的话会让爸爸妈妈感觉很开心，这更像是一种对亲子关系的鉴定和认可，而当孩子们亲眼看到自己爸爸妈妈小时候的照片时，眉眼间的相似，以及爸爸妈妈额外赠送的童年趣事，会让孩子们感受到一种天然的亲近感，这对他们来说是更有说服力的。我还记得我小时候特别淘气，闯祸的时候，我妈妈会开玩笑说我不是亲生的，小小的我竟然曾经在心里萌生了要去寻找自己"亲爸亲妈"的想法。后来我妈妈发现我当真了，连忙补救，给我看她小时候的照片。随着年纪的增长，很多人都说我们长得很像，我心里的不安才开始散去。我由衷感到对一个孩子来说，长得像爸爸或者妈妈是一件很重要的事！

四、这样的学习不仅帮助孩子了解了家族印记，也让孩子们感受到了生命的神奇

在编辑课程推送的贴子时，最让我感动的是玉洁老师在进班跟孩子们分享的过程中半跪在地上跟孩子们讲述胎儿在妈妈肚子里的样子，看到那张照片我心里有说不出的敬意。以前我们了解生命的诞生，有时是通过绘本《小威向前冲》进行学习，有时是观看科普视频资料进行学习，但这种可触及的学习还是第一次。那天原来计划借一个胎心监护仪，让孩子们听一听玉洁老师肚子里的小宝宝，后来虽然设备上有困难，但孩子们学习的热情和专注力却让我们很意外。听说有的小朋友在回家路上跟妈妈自发地分享了自己听了玉洁老师上课之后的感想：原来生孩子一点都不简单，那么复杂。这样的活动在孩子们的心里种下了一颗神奇的种子。

第二周　身体的密码

周主题说明

通过上周的学习，孩子们感受到了生命诞生的神奇以及家族印记的宝贵，他们对自己身体所承载的秘密产生了浓厚的兴趣。他们身体最特别的地方是什么？每天都在成长的身体里到底有着怎样的变化？身体里还有什么是我们不知道的？带着这些问题，我们一起开启本周的学习。

本周，孩子们通过"我喜欢我的身体""身体里有趣的数字""我的便便记录""我会保护自己"活动，更加了解自己的身体，学会保护自己的方法。最后在"播种日"里，在一米菜园种下新的期待，建立与自我、与自然的联结。

周课程目标

1. 引导幼儿对身体有更加完整的认知，激发幼儿对身体中蕴含的秘密的兴趣。

2. 鼓励幼儿用符号的方式记录对身体的有趣发现。

3. 尝试引导幼儿发现自己和他人在身体方面的相同点和不同点，感受生命的独特性。

4. 帮助幼儿在种植活动中习得简单的种植技能，感受种植带来的快乐及其中蕴含的生命的意义。

活动一　我喜欢我的身体

活动形式

小组活动。

活动目标

1. 对自己的身体有所了解，并能进行说明。

2. 能够清晰地、有重点地讲述自己对身体的认识。

3. 在讨论中加深对自己的认识，喜欢并接纳自己。

活动准备

黑板、白板笔。

活动过程

一、导入

教师提问："你喜欢自己的身体吗？为什么？"

二、分享环节

请幼儿投票表决，分享对自己身体的看法。

活动记录与呈现

喜欢(32票)

吴洛嫣：我喜欢身体的每一个部分，如果失去其中某一部分的话，身体就不完整了。

王逸帆：我喜欢我的身体，它让我可以玩各种游戏。

董　镟：我喜欢我的身体，因为有身体我才能感受到冷暖，才能感觉到我是不是长大了。

吴雨珊：我喜欢我的身体，如果没有身体我就不存在了。

……

不喜欢(1票)

张北歆：我不喜欢我的身体，因为它不舒服的时候，我就会很难受。

三、游戏环节

请幼儿一起玩身体碰一碰的游戏，当听到教师的指令时，寻找相应的部位碰一碰（图 2-2-1、图 2-2-2）。

图 2-2-1　额头碰额头

图 2-2-2　下巴碰下巴

> **活动记录与呈现**
>
> 陆姿邑：我发现有的身体部位还是很难碰到一起的。
>
> 张懿琛：你看我和茉莉可以同时碰两个身体部位。
>
> 刘瀚泽：我觉得脸最容易碰到一起，下巴很难碰。
>
> 李乐轩：肚子碰肚子的时候，我们身体接触的面积最大。

四、讨论提纲

1. 你最喜欢自己身体的哪个部位，为什么？
2. 你感觉自己最喜欢的身体部位像什么呢？
3. 关于身体你还知道什么？

> **活动记录与呈现**
>
> **讨论 1：你最喜欢自己身体的哪个部位，为什么？**
>
> 郑浩铭：我喜欢我的腿，因为我的腿能带着我去各种地方。
>
> 马霁泽：我喜欢我的屁股，因为我可以坐在车上也可以坐在椅子上。
>
> 马汤彧：我喜欢我自己的眼睛，因为眼睛是心灵的窗户，可以看到各种风景。
>
> 董　镟：我喜欢我的手，因为有手，我可以用小提琴拉出好听的音乐。
>
> 庞暄译：我喜欢我的心，因为我心里觉得我喜欢自己，自己特别好。
>
> 王旭锋：我喜欢我的胃，因为有胃，我可以吃很多好吃的。
>
> 孙依莲：我喜欢我的大脑，大脑是人体的司令部，能帮我解决很多问题。

讨论 2：你感觉自己最喜欢的身体部位像什么呢？

刘子立：我的眼睛像椭圆形的葡萄。

吴雨珊：我的嘴巴像喇叭。

陈歆仪：我的腿像章鱼，总是扒在爸爸的身上。

王旭锋：我的大脑像计算机，存储了很多信息。

张懿琛：我觉得肚子是一个神奇的地方，它可以孕育宝宝。

讨论 3：关于身体你还知道什么？

胡曦文：我知道头发是怎么长长的，是从头皮开始长的。

董　鏇：我们的眼睛需要好好保护，如果经常看电视眼睛会变近视的。

吴洛嫣：说话的声音是声带震动产生的。

赵思森：我们的身体里布满了血管。

五、小结

教师梳理幼儿关于身体的讨论、分享。

教师总结："在讨论中你们都表达了对自己身体的喜欢，知道了不同身体部位的作用。例如，腿，可以用来走、跑；眼睛，用来看东西；大脑，用来思考问题等。其实我们的身体还有更多的秘密和作用，期待你们去深入学习并和我们分享。"

六、延伸学习

1. 请幼儿将最喜欢的身体部位画下来，进行展示。

2. 请幼儿回家与爸爸妈妈一起讨论"身体中有趣的数字"，为明天的活动做准备。

活动小结与反思

今天的活动中，孩子们通过几个问题的讨论，开始关注自己的身体。在活动中，他们可以自由地表达对身体的喜欢或者不喜欢，以及陈述相应的理由，这是非常宝贵的。关注、了解"身体"固然重要，对"身体"拥有自己的态度则更为珍贵。

孩子们通过身体来感知周围的世界，用身体感受自己的需要。对成人来说，这些都习以为常；但是对孩子来说，这些话题却是新奇有趣的。孩子们不仅分享了自己的已有经验，还提出了更多有趣的问题。在之后的活动中，他们会以自己感兴趣的问题为导向，开展更深入的学习，探索更多身体的秘密。

活动二　身体里有趣的数字

活动形式

小组活动。

活动目标

1．知道身体中一些有趣的数字。

2．能够用符号记录自己的发现，并与同伴进行分享。

3．尝试对各种信息进行分类和提取，对自己的身体有更准确的认识。

活动准备

1．经验准备：和爸爸妈妈共同了解身体中有趣的数字。

2．物质准备：测量工具，如卷尺、体重秤、听筒、“身体中的有趣数字”记录表、白板笔、白板。

活动过程

一、导入

教师提问：“我们身体里有很多有趣的数字，如我们有两只耳朵，你们都知道身体里的哪些数字呢？”

二、分享环节

请幼儿分享自己知道的身体里有趣的数字。

> **活动记录与呈现**
>
> 刘咨孜：我们有两只手、两只脚。
>
> 燕炳安：我们有两条腿、两只眼睛、一张嘴。
>
> 吴徐正：我们有一个头、一个鼻子、一个胃、一颗心脏。
>
> 刘雨晨：我们有十个手指，十个脚趾。

三、操作环节

请幼儿两个人一组，用准备好的测量工具，对身体进行测量和探索，并填写“身体中的有趣数字”记录表(图 2-2-3 至图 2-2-6)。

身体中的有趣数字

记录人：　　　　被记录人：

观察内容	有趣的数字	观察内容	有趣的数字

图 2-2-3　“身体中的有趣数字”记录表

图 2-2-4　数一数我们有多少颗牙

图 2-2-5　你的脚有多长，让我来测量一下吧

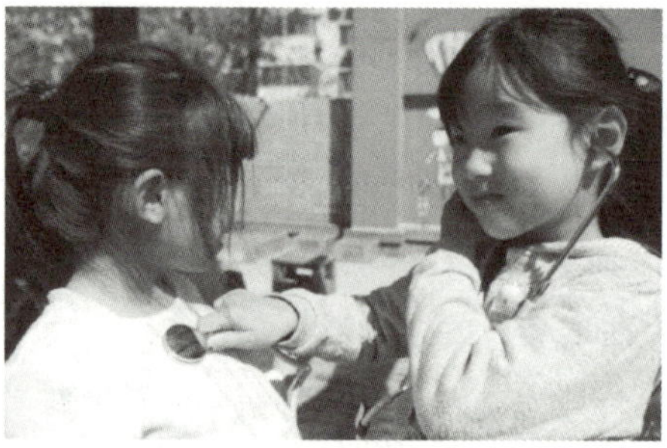

图 2-2-6　哇，我听到你心跳的声音了

活动记录与呈现

张北歆：我在测量的时候听到了小朋友的心跳声，真的很奇妙。

陈歆仪：我们在测量的时候，遇到了一个小麻烦，不会看卷尺上的刻度，我求助了老师，请老师帮我们看刻度，才完成了我们的记录表。

郭瀞琪：有的数据是我们能量出来的，有的数据需要我们和爸爸妈妈讨论，去查资料。

四、讨论提纲

结合活动前和爸爸妈妈一起了解的身体中的数字与现场测量结果，完成以下讨论（图 2-2-7）。

1. 在讨论和探索的过程中你们发现了身体中哪些有趣的数字？

2. 从这些数字中你们发现了什么？又有什么新的问题？

图 2-2-7　我发现了好多有趣的数字

活动记录与呈现

讨论 1：在讨论和探索的过程中你们发现了身体中哪些有趣的数字？

邵嘉毅：我知道每个人的身高和自己的双臂展开长度大约是相等的。

王淏晨：每个人的心脏都有两个心室，左心室和右心室。

李乐轩：我和王子墨都有20颗牙齿。

马佳宜：人的身体里有12条经络。

马汤彧：人的皮肤上有2500000个汗孔。

冯妙涵：人每天要掉30～120根头发。

郑浩铭：大人的牙齿有28颗，或者32颗。

涂君慈：人体有206块骨骼。

王子墨：我们的身体里面有639块肌肉。

谢雨默：正常人的心跳是每分钟60～100次。

郭沛元：正常人应该有100000根左右的头发。

讨论2：从这些数字中你们发现了什么？又有什么新的问题？

季子禾：我和我的好朋友差不多高，可是在测量的时候我们发现我们的手、脚的长度是不一样的。

侣锦农：有的小朋友的牙齿是20颗，但是有的小朋友的牙齿是23颗，数量是不一样的。

赵若清：我发现我们身体里有好多数字“2”，为什么我们的身体里有这么多数字“2”呢？

吴洛嫣：如果只有一个的话，身体就会忙不过来。

王逸帆：因为我们的身体从外面看是对称的，左边有，右边就有。

张李昀：我发现有很多数字隐藏在我们的身体里，是我们看不见的。如心脏一分钟跳动的次数、身体里有多少根血管等。

袁天诒：我们在测心跳的时候，发现每个人的心跳次数是不一样的。

胡曦文：我发现我们身体里有的数字是在不断变化的，如我们的身高、体重。

五、小结

教师用思维导图的方式归纳和总结幼儿的讨论内容(图2-2-8)。

六、延伸学习

1. 在教室中建设一个“身体学习区”，幼儿可以将自己对身体的认识与同伴进行分享，并完成记录(图2-2-9)。

2. 提醒幼儿明日将“我的便便记录”带来，并和爸爸妈妈一同讨论更多关于便便的知识。

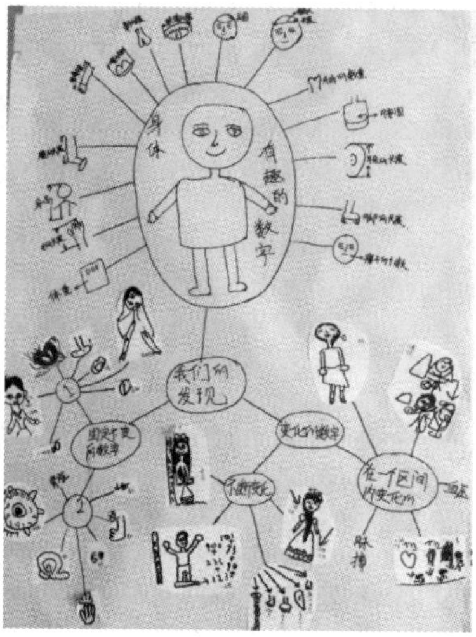

图 2-2-8　身体的有趣数字

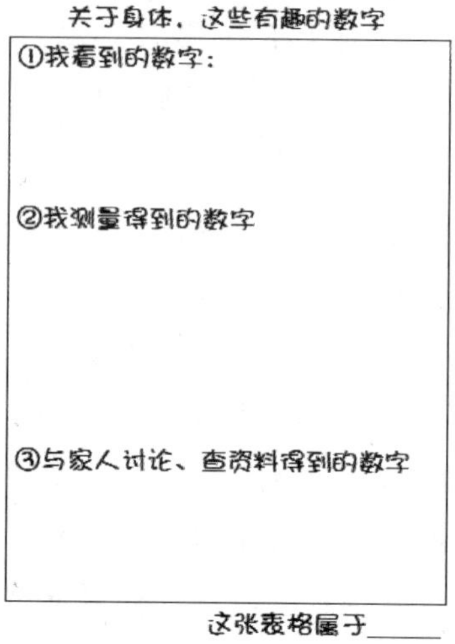

图 2-2-9　活动结束后我们继续完善这张表

活动小结与反思

活动从孩子们的已有经验中来，对孩子们来说，“身体里有趣的数字”这个话题并不陌生，他们都很积极地分享自己知道的有关身体的数字，当看得见和已经知道的数字分享完之后，孩子们开始用各种测量工具来测量身体里的数字，并从中发现了一些有趣的现象和规律。例如，有的数字是固定不变的(眼睛、手的数量)，有的数字是不断变化的(身高、体重)，有的是在一个固定的区间内变化的(心脏跳动的次数、血压的健康指数)，这些发现都成了孩子们进一步学习的兴趣点。

爸爸妈妈的加入也让这个活动的知识面一下子拓宽了很多。和孩子们一样，我们也一直处于知识大爆炸的兴奋状态。如果仅仅只依靠教师个人的力量，一定无法达到这样的效果，所以活动中一定不要忽视家庭的力量哦。

活动三　我的便便记录

活动形式

小组活动。

活动目标

1. 了解大便形成的过程，知道大便与饮食之间的关系。
2. 愿意与他人分享自己对大便的观察记录表，尝试发现其中的规律。
3. 通过记录与观察，养成良好的饮食习惯，能用积极的心态看待“便便”。

活动准备

已经完成的“我的便便记录”(提前一周发放)、白板笔、白板。

活动过程

一、导入

分享绘本《是谁嗯嗯在我的头上》。

教师提问：你们喜欢“便便”吗？

二、分享环节

请幼儿分享自己喜欢或不喜欢便便的原因。

> *活动记录与呈现*
>
> **喜欢**
>
> 赵若清：我喜欢便便，因为便便像一个冰激凌一样。
>
> 张李昀：我喜欢便便，因为我觉得便便长得特别可爱，有很多变化，有的时候胖乎乎的，有的时候像小豆子。
>
> 张北歆：我喜欢便便，因为可以讲关于便便的笑话，便便可以让我们变得开心。每次我和好朋友聊起有关便便的话题，我们都会很高兴。
>
> 季子禾：我喜欢便便，因为便便可以帮助我排出身体里的垃圾。
>
> 张懿琛：我喜欢便便，因为如果你不喜欢便便的话，便便就会很伤心，它一伤心就不想让我们见到它，想要拉便便的时候就会便秘，很不舒服。
>
> 闫皓同：我喜欢便便，因为如果没有便便，地球上的很多生物就会饿死，比如屎壳郎和苍蝇，它们都是很喜欢吃便便的动物。如果你生病了，便便就可以把病毒排出来。
>
> 谈一锦：我喜欢便便，因为如果没有便便，我们幼儿园的花该怎么办呢？(肥料)
>
> **不喜欢**
>
> 王淏晨：我不喜欢便便，也不喜欢讨论便便，因为便便太臭了！
>
> 邵嘉毅：我也不喜欢便便，因为便便太恶心了。
>
> 姜睿涵：我也不喜欢便便，因为拉便便让人有点不好意思，谈论便便也让人不好意思。
>
> 董　鏇：我不喜欢便便，因为便便先生让我很不舒服，有一次我憋了一下午，妈妈给我买药才让便便先生出来。我还拉过稀，很不舒服。

三、操作环节

幼儿自由结组，与同伴分享自己的“我的便便记录”(图 2-2-10、图 2-2-11)。

图 2-2-10 这是我完成的“便便记录表”

图 2-2-11 和好朋友一起分享我的记录与发现

活动记录与呈现

陈歆仪：我们组分享的时候，小朋友都觉得很好玩，因为我们的记录都很有意思。

李汭怡：我们组分享的时候，有小朋友说他在记录的时候还把大便扒开看看里面有什么东西。

林绍锋：我觉得太好玩了，拉便便的记录太搞笑了。

四、讨论提纲

1. 在分享的过程中关于便便你们发现了什么?

2. 关于便便你们还知道什么?

3. 关于便便你们还有什么想要了解的?

活动记录与呈现

讨论 1：在分享的过程中关于便便你们发现了什么?

李汭怡：便便的气味不是只有臭味儿，还有别的味道，如酸臭味儿，如果我吃的东西是香香的话，我的便便也可能出现香香的味道。

王逸帆：有的东西吃完很容易拉出便便来，如奶酪。有一些东西如果没有消化，就会出现在便便里，如金针菇。

吴洛嫣：便便的颜色有很多种，有棕色的、有黄色的，竟然还有红色的！这些便便的颜色和我们吃的东西很有关系，红色便便就是因为我吃了红心火龙果。

张懿琛：拉便便是有规律的，有的小朋友是每天都拉便便，有的小朋友是隔一天拉一次。

谈一锦：但是如果好几天都不拉便便，爸爸妈妈们就会很担心我们的健康。

张李昀：通过便便我们可以知道自己的身体是不是健康。

闫皓同：我们还发现了如何能拉出“不一样便便”的方法。

讨论2：关于便便你们还知道什么？

赵若清：我知道很多动物会吃便便，如屎壳郎。

李佳蔓：我们人也会吃，我知道大人会喝一种猫屎咖啡，就是雅加达的猫拉的便便制作的。

[注：雅加达的猫拉的便便制作的麝香猫咖啡(Kopi Luwak)，又称猫屎咖啡。它是由麝香猫在吃完咖啡果后把咖啡豆原封不动地排出，人们把它的粪便中的咖啡豆提取出来后进行加工而成。]

王靖涵：所有的便便都可以当作肥料施肥。

张李昀：我知道牛粪是可以当燃料的。

赵思淼：打仗的时候，人们会用燃烧便便(狼烟)发出信号。

季子禾：我看地道战的时候，发现他们会用便便来做地雷。

讨论3：关于便便你们还有什么想要了解的？

赵思淼：便便里面都有什么？

张李昀：为什么便便要叫“臭臭”，不能叫它“香香”吗？

胡曦文：为什么同一个人拉的便便每一天都不一样？

刘子立：那些便便从马桶里下去后都去了哪里呢？

五、小结

教师总结幼儿关于便便的分享。

六、延伸学习

在图书区投放与“便便”相关的图书，为幼儿的深入学习提供支持。

活动小结与反思

没想到，一坨简单的大便也能激发孩子们的学习兴趣。调查记录、深入观察、搞怪讨论……所有这些都在告诉我们：学习可以很有趣！

对于正在成长的孩子们而言，关于屎、尿、屁，他们觉得既熟悉，又十分好玩和有趣……各种各样奇怪的问题会不停地冒出来。活动从特别的视角尝试帮助孩子们与自己的身体对话，其实对孩子们来说也是一次生动的教育活动，成人眼中羞怯的话题在孩子的眼中却十分平常，这也再一次印证了儿童世界的单纯与简单。

通过这次关于便便的活动，孩子们看到了自己身体的变化，看到了自己与周围环境之间的关系，甚至看到了整个人类的发展……我们对便便的探索还会继续深入，要不要加入我们呀！

忠实记录课程的瞬间丨一坨便便和世界的对话

活动四　我会保护自己

活动形式

集体活动。

活动目标

1. 了解自己身体的隐私部位，知道隐私部位不能随便让人触摸。
2. 学会用正确、合理的方法来保护自己的隐私部位。
3. 懂得自我保护的重要性，增强保护隐私的意识。

活动准备

绘本《我们的身体》、黑板。

活动过程

一、导入

阅读绘本《我们的身体》。

教师提问："阅读绘本《我们的身体》后，对于身体你们有什么新的认识和发现？"

二、分享环节

请幼儿分享自己的新认识和发现。

活动记录与呈现

赵思淼：我身体里有很多的毛细血管。

刘子立：我发现我们皮肤的感觉也是不一样的。

唐　果：我发现女孩和男孩的身体是不一样的。

王逸帆：我知道男孩子有小鸡鸡，这是我们的隐私部位，不能给别人看。

三、讨论提纲

1. 什么是隐私部位？

2. 身体的哪些部位是隐私部位？

3. 怎样才能保护我们的隐私部位？

活动记录与呈现

讨论1：什么是隐私部位？

刘沐云：隐私就是秘密，隐私部位就是我们身体的秘密部位。

季子禾：隐私部位就是别人不能看的地方，只有爸爸妈妈可以看。

赵思淼：隐私部位就是别人不能碰的地方。

赵若清：隐私部位如果被别人看到了会不好意思的。

讨论2：身体的哪些部位是隐私部位？

有的隐私部位是男生或女生独有的

燕炳安："小鸡鸡"是男孩子的隐私部位。

赵思淼：女孩子没有"小鸡鸡"，但是女孩子有"小妹妹"，它们的作用都是一样的，它们都很重要！

刘沐云："咪咪"是隐私部位，这个是我们长大后给小宝宝吃奶的地方。

有的隐私部位是男生、女生都有的

赵思淼：肚子是隐私部位，因为肚子上有一个洞洞（肚脐眼），如果总是被人碰到，会传染病菌的。

吴徐正：屁股是很秘密的地方。

唐　果：我觉得嘴巴也是隐私部位，不能让别人随便亲自己的嘴巴，只有妈妈和自己喜欢的人才可以亲。

董　镟：小内裤和小背心盖着的地方都是隐私部位，别人没有经过我们的允许是不可以碰的。

讨论3：怎样才能保护我们的隐私部位？

马霁泽：要穿上小内裤，就可以保护它们了。

赵若清：有的隐私部位是用来排泄身体里的脏东西的，所以我们要保持它们的卫生，要每天清洗隐私部位。

张懿琛：我们在幼儿园上厕所的时候，要把帘子挂上。

唐　果：不能让别人随便亲我们，女孩也不能随便亲别人。

胡曦文：如果有人要摸的话，一定要拒绝和躲开。

四、小结

教师用思维导图的方式梳理幼儿的分享。

教师总结："在活动中我们了解了隐私部位、讨论如何保护隐私部位，你们更加准确地认识了自己的身体部位和男、女生的区别。知道了如厕要关门、不让别人摸自己的隐私部位等保护自己的方法。老师会在图书区投放很多和身体相关的绘本，小朋友们可以拿来看，了解更多保护自己的方法。"(图 2-2-12)

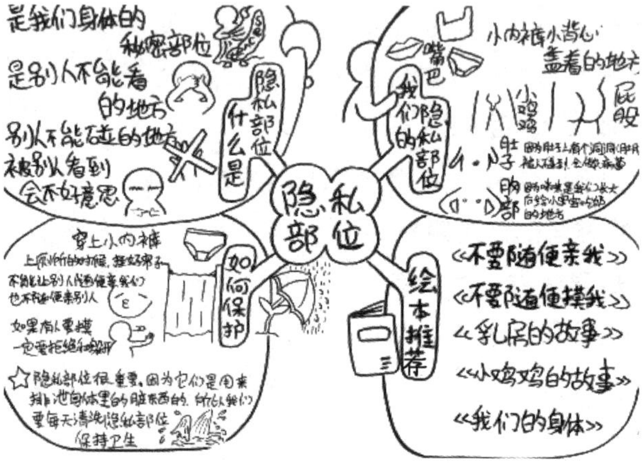

图 2-2-12　自我保护有很多小办法哦

五、延伸学习

在图书推荐区域投放关于自我保护的绘本，供幼儿阅读。

请家长和孩子一起完成一个讨论："如果有人没有经过你的同意，碰你的隐私部位，怎么办？"

活动小结与反思

在这节课中，孩子们的学习从一个关于身体的绘本开始。孩子们在阅读绘本的过程中，寻找着身体的秘密，寻找着男生、女生之间的不同。在分享中，教师发现，孩子们对于隐私部位已经有了一定的了解，这些对孩子们已有经验的了解都是组织接下来活动的基础。

孩子的安全教育，不只是锻炼身体不磕碰，注意交通安全，不发生意外……性别教育也很重要。孩子们对于性别的好奇，从他们开始询问成人自己从哪里来的时候就开始了。当孩子开始对性别差异感到好奇的时候，成人的反应和回答很大程度上会影响孩子们对于性别、对于性的看法。所以教师对于性别、对于性拥有一个积极、开放的心态和看法是组织这次活动的一个重要条件。

教师能够在一个活动中和孩子们讨论的东西很有限，所以在此次活动中，我们采用家园合作的形式共同引导孩子们掌握保护自己的方法，希望孩子们在遇到这些危险的时候，具备保护自己的能力。

守护童心

活动五　播种日

活动形式

畅游活动。

活动由来

谷雨前后，种瓜点豆。幼儿园里的一米菜园种植活动已经伴随大班小朋友两个春秋了，孩子们对一米菜园的感情日益加深，在幼儿园的最后一季播种，孩子们不仅想要种下能在毕业前收获的蔬菜，还想将自己在幼儿园参与种植的经验分享给弟弟妹妹。

这个种植日，孩子们会种下一些自己曾经种植过的蔬菜，也会将自己的种植经验和整理好的“种植攻略”做成可供弟弟妹妹们参考的标识，让小班、中班的弟弟妹妹们在种植日里了解和收获更多的种植小技巧。一起种下我们的期待，等待收获的到来！

活动目标

1. 了解自己播种的蔬菜的习性，能够根据不同植物的生长特点进行播种。
2. 认识不同劳动工具的用途。能够使用一些简单的劳动工具进行播种。
3. 尝试用符号记录自己的播种经验，愿意与他人分享。
4. 通过种植活动，体会生命萌发的神奇，感受生命成长的意义。

活动准备

适合春季播种的蔬菜种子、自制的菜地名牌、小铲子、小耙子、洒水壶。

活动过程

一、导入

教师提问：“又到了一米菜园播种的季节，今年你想种些什么呢？种的时候有哪些需要注意的事情？”

二、分享环节

请幼儿根据自己的种植经验分享自己的想法。

三、讨论环节

想种相同种子的幼儿结成小组，整理自己的种植经验以及收集来的相关数据，制作“蔬菜种植指南”(图 2-2-13)。

四、操作环节

1. 幼儿分组进行播种，在教师的带领下，翻土，挖垅，播种，浇水(图 2-2-14)。

2. 插上自己的菜地名牌(图 2-2-15)。

3. 为自己的菜地浇水。

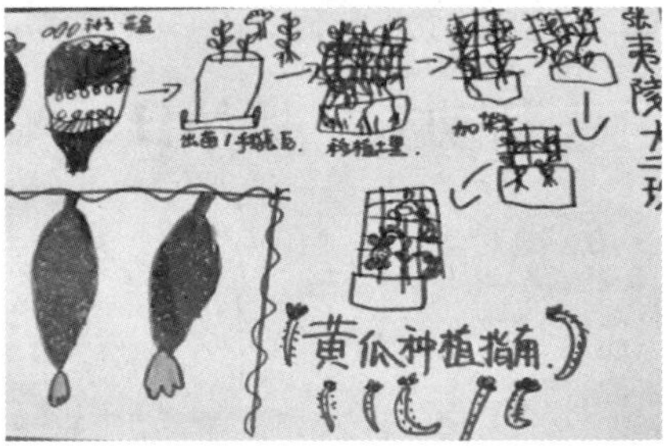

图2-2-13　这是我们制作的“蔬菜种植指南”

图 2-2-14　我来把土翻松，让小种子可以轻松地破土而出

图 2-2-15　小种子你要带着我的期待，快快长大呀！

活动记录与呈现

今年你想种什么？

吴徐正：我想种西红柿。

刘沐云：我想种小青菜，它应该在我毕业的时候就能长好了。

刘雨晨：我想种一棵果树，我想在幼儿园待到果树长大的时候。

对自己以往种植经验的整理。

胡曦文：去年我种了萝卜，种之前我想知道它会不会很好看，发芽了以后真的很好看，我很开心。而且我觉得萝卜很容易生长，我没怎么管它，它就成熟了。

张李昀：我去年种了韭菜，韭菜本来长得就慢，所以爷爷给我找了韭菜根来种，我经常给它浇水。

季子禾：我种了西红柿，大概一个月的时间就发芽了，我每天都会去看看它，终于有一天，它变成了绿色的果实，我就想我终于能吃到它了。我觉得西红柿发芽需要很长时间，而且我觉得它也喜欢太阳。 王逸帆：我去年种了菠菜，很长时间才长了一点点，我觉得是浇水少了，所以总不长。我想如果种蔬菜的话需要每天都去浇一次水。

五、小结

请幼儿分享关于本次畅游活动的收获和感受。

袁天诒：我感觉我对于播种的流程已经非常熟悉了。 胡曦文：我感觉有点伤心，这次的播种是我最后一次在幼儿园播种了。 王靖涵：我期待我的西红柿在我毕业的时候能成熟，我想在毕业前和好朋友分享。 周睿康：我期待世界上每个小朋友都有个小菜园陪他长大。

六、延伸学习

请幼儿定期观察蔬菜生长的情况，并在自己力所能及的范围内帮弟弟妹妹们照料菜园。

活动小结与反思

一米菜园的种植活动伴随了孩子们在幼儿园的三个种植季，他们在亲手播种、亲自照料菜地中体验到劳动和收获的乐趣。活动开始前，孩子们通过讨论确定出自己想要种植的蔬菜品种，在讨论中了解不同蔬菜的播种方法和生长条件，这个过程对孩子们来说也是不断学习的过程。

本周的活动从对身体的探索中来，升华到对生命的关照中去。在活动中了解生命形态的多样性，每个生命都有自己的生长规律，要尊重生命本来的状态。这是我们想传达给孩子们的，也是我们不断提醒自己的。

种植活动让孩子们对未来生活有了更多的期待，在孩子们毕业之前，一定会品尝到这些新鲜的蔬菜，这也是幼儿园送给孩子们的一份特别的礼物吧！

播种日丨哇，好一场及时雨！

教育笔记

让孩子自主地学习

晁 妍

在刚刚过去的一周里，我们在课程中继续关注、了解孩子们的学习情况，周四我参加了一次关于儿童学习的讲座。结合理论的学习和我们的活动实践，感觉自己对儿童学习有了一些新的认识和思考。

在讲座中，英国学者分享了三种教学法：教师灌输式的教学活动、以儿童为中心的教学活动、基于游戏的教学活动，也分别阐述了这些教学方法在实践中的具体操作。在听到以儿童为中心和基于游戏的教学活动时，我产生了很强烈的共鸣，因为我们正在做这两种教学活动的尝试，它们共同的指向是儿童本位，强调儿童在学习中的自主性和主导地位。对应我们最近开展的关于“身体里有趣的数字”的学习，我找到了很多与之契合的地方。

在“身体里有趣的数字”学习中，我们设计了一个小调查，调查包括三项内容。

第一项：我们能直观地看到的数字有哪些？

第二项：通过测量自己的身体，我们可以得到的数字有哪些？

第三项：自己感兴趣的，通过和家人查资料得到的有关人体的数据有哪些？

孩子们带回来的调查结果非常出乎我们的意料。它可以说包括了对身体学习的各个方面。给我留下深刻印象的有一些常识：小朋友的乳牙有 20 颗，大人的牙齿有 28 或者 32 颗，牙齿都是成对儿长的；人体的骨骼有 206 块，最小的在耳朵里；正常人的头发有 10 万根左右；人的身体上有 639 块肌肉，12 条经络；心跳在每分钟 60～100 次都算正常；还有小朋友感兴趣的是人的头发每天掉多少根，她也找到了答案：30～120 根；拉便便的频率在什么范围算正常？三天一次到一天三次都算正常。更有意思的是，有的小朋友分享了自己的调查发现：一般我们的胳膊伸展开的长度就是我们身高的高度，听到这里小朋友们都积极地现场验证，摆出了千手观音的造型，果然胳膊长的小朋友个子就高。这些有趣的数字引起了孩子们极大的兴趣，他们每个人的兴趣点都不一样，但汇聚到一起，我们就会发现生命真的是有密码的，我们就在这样寓教于乐的氛围中，完成了对人体数字的了解。

英国学者在讲座的最后提了一个问题，思考这三种教学方式的利弊。在和孩子们一起学习的过程中，我找到了答案：第一种教学方式是教师本位的，将儿童视为“大白菜”，是为应试教育的测评而存在的。在我们幼儿园的实践中这种教学方式不常用到，它的利弊端也非常明显：保证教师的权威，保证儿童发展的可测量，但限制了儿童自主的发展，在这样的学习中，儿童的最近发展区几乎被教师忽视。第二种、第三种教学方式都肯定了儿童在教育中的存在，能体现出对儿童的尊重和关注，以儿童为中心的教学激发了儿童的学习兴趣和求知欲；基于游戏的学习为儿童更沉浸于学习创造了好的氛围。在我们的课程中，我看到了孩子们在游戏化的学习中，能够进行自主学习，教师提供了一个有趣的问题，儿童展开自主的开放式的学习，再用小组学习的方式进行深度的讨论和分享，孩子们就在这样的情境中，完成了对一个问题的学习，有游戏吗？有的。在孩子们发现语言表达不适宜阐述自己的想法的时候，他们会自发地用肢体语言来说明自己的想法，同伴间兴高采烈地进行模仿和想象，游戏就贯穿于他们的学习过程之中。那么我们的教学是以儿童为中心的教学吗？我想答案也是肯定的，因为，作为教师，我所做的就是给他们一块白板、几支笔，剩下的都交给他们自己去完成。而他们带回来的学习成果大大超出我们的想象。

作为教师，我们应该思考的不是自己能否给儿童严谨科学的知识，而是如何提出有趣的问题，让孩子们在兴趣和好奇心的驱使下，自主地进行学习。

第三周　情绪加油站

周主题说明

健康不仅仅指身体健康，还包括心理健康。一个人情绪与心理健康息息相关。情绪是什么？情绪有没有好坏？如何面对各种各样的情绪？带着这些问题，孩子们开始了“情绪”的探索之旅。

本周主题“情绪加油站”，我们会通过“什么是情绪”“心有千千结”“爸妈来支着儿”“开心的‘100种’方法”“体检进行时”活动，和孩子们一起了解情绪的奥秘，探讨情绪产生的原因以及和不同情绪相处的方法，引导孩子们慢慢成为情绪的主人。结合幼儿园日常保健工作，我们把“体检进行时”活动定为本周的畅游活动，在体检过程中，孩子们会通过可视化的数字，进一步了解身体的健康状况。

周课程目标

1. 引导幼儿体察自己的情绪，思考不同情绪产生的原因。

2. 帮助幼儿掌握正确表达情绪与疏导不良情绪的方法。

3. 组织幼儿通过游戏的方式积极地表达自己的情绪，尝试接纳自己的不良情绪，提升幼儿的情绪管理能力。

活动一 什么是情绪

活动形式

小组活动。

活动目标

1. 知道情绪有不同的种类并尝试进行区分。
2. 了解自己产生不同情绪的原因。
3. 体会不同的情绪为生活带来的不同体验。

活动准备

不同表情的照片。

活动过程

一、导入

教师提问："大家知道什么是情绪吗？你知道哪些情绪？"

二、分享环节

请幼儿分享自己对情绪的理解。

> **活动记录与呈现**
>
> 林绍锋：情绪就是高兴或不高兴。
>
> 刘芊然：情绪就是我们的心情，开心或者不开心。
>
> 谢雨默：开心、兴奋、激动、伤心、难过都是情绪。
>
> 刘瀚泽：情绪就是能看见的脸上的表情，开心地笑，难过地哭，这些都是情绪。

三、讨论提纲

1. 你在什么情况下会有情绪，有什么样的情绪？
2. 你最喜欢哪些情绪？不喜欢哪些情绪？为什么？
3. 如果我们没有情绪会怎么样？

> **活动记录与呈现**
>
> **讨论1：你在什么情况下会有情绪，有什么样的情绪？**
>
> 李沐航：我参加钢琴比赛得了第一名就会很开心，如果没有拿到名次就会很难过。

徐朴一：我做了错事被批评时就会情绪不好，被表扬的时候情绪就会好。

张夷陵：很多好朋友和我一起玩，我的情绪就好；没人和我玩，我的情绪就不好。

谭惜之：如果有人不喜欢我，我就会很沮丧；能吃到好吃的东西我就会很高兴，像踩在云朵上一样高兴。

陈润孜：我不生病时就会情绪好，不能来上幼儿园我就会情绪不好。

讨论 2：你最喜欢哪些情绪？不喜欢哪些情绪？为什么？

孙熙悦：我喜欢开心、兴奋这样的情绪。不喜欢生气、伤心这样的情绪。

廉宠理：我有时候喜欢生气，因为生气的时候别人就知道我不高兴了。

王展曦：我最喜欢的是淡定和幽默，最不喜欢生气和悲伤。

黄嘉漪：我喜欢难过，因为难过也是一种表达自己的方式，眼泪流出来就会开心。

林绍锋：我有点喜欢无奈这种情绪，但我不喜欢生气这种情绪。

讨论 3：如果我们没有情绪会怎么样？

孙熙悦：没有情绪的话别人就没办法判断你喜不喜欢一件事。

周睿康：一个人没有情绪，别人就会觉得他是不正常的人。

黄嘉漪：人类如果没有情绪，那这个世界就会变得很冷漠。

马佳宜：如果没有情绪，所有人看上去就都一样了，世界就没有意思了！

孙依莲：没有情绪的话，别人就不知道我们想干吗了，妈妈就不知道我生气是为了要玩具。

四、游戏环节

教师播放不同表情的照片，请幼儿根据表情判断对应的情绪(图 2-3-1、图 2-3-2)。

图 2-3-1　开心的表情

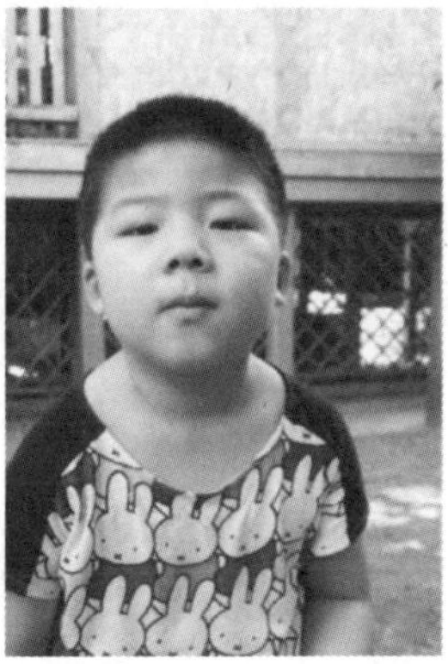

图 2-3-2　没有表情我们就猜不出来情绪啦！

> **活动记录与呈现**
>
> 薛　暖：我们在看到不同的照片的时候感觉自己的心情也会跟着一起变化。
>
> 王唯亦：我发现笑容是有魔法的，看到别人在笑，我也就会笑。
>
> 王淏晨：我觉得世界上一定要有情绪和表情，我觉得这些表情太好玩了！
>
> 谢雨默：我发现我们每天都会看到不同的表情，这些不同的表情代表了不同的情绪。
>
> 马汤彧：我还知道一种表情，别人肯定猜不到你的情绪，那就是做鬼脸的表情！

五、小结

教师梳理幼儿在活动中对情绪的认识。

教师总结："我们发现情绪的存在让我们的生活变得更有意思，当我们有积极的情绪和消极的情绪的时候都会影响身边的人。情绪没有好坏之分，但是表达情绪的方法却有好坏之分。我们可以怎样用适当的方法表达自己的情绪呢？我们会用一周的时间来学习，一起期待吧！"

六、延伸学习

1. 在图书区投放与情绪相关的图书。

2. 创设"情绪角"，随着课程的进行逐步丰富。

活动小结与反思

在孩子们的讨论中，我们发现孩子们对情绪有了一定的辨识能力，他们猜测的理由和他们自己的经历息息相关。除了高兴、开心这些积极情绪之外，也有一部分孩子喜欢生气和无奈(因为生气能够让自己看起来很有力量，难过的时候让眼泪流出来后就会开心)。这其实也说明，不管哪一种情绪都有存在的价值和必要。

情绪没有好坏之分，不同情绪的存在让我们的生活变得更有趣。我们也能够通过不同的情绪了解他人的需要。对大班的孩子们而言，管理自己的情绪和识别他人的情绪在与同伴的交往过程中都有着重要的意义。当孩子们能从他人的表情中体察到他人的需要时，他们就在社会性发展方面迈出了一大步。

活动二　心有千千结

活动形式

小组活动。

活动目标

1. 能够用流畅的语言与他人分享自己排解消极情绪的小窍门。

2. 尝试用符号写一封信来表述自己心中的烦恼。

3. 在游戏中，体验紧张和焦急的情绪，以及将“心结”打开的舒畅感和愉悦感。

活动准备

彩色卡片纸若干、彩笔、信箱、节奏感较强的音乐。

活动过程

一、导入

游戏热身——“心有千千结”。

游戏玩法：所有人手拉手围站成一个圆圈，记住自己左右手握的人。在节奏感较强的背景音乐中随意走动，音乐一停，脚步即停。找到原来左右手握的人分别握住，此时大家就形成了一个错综复杂的“手链”。尝试用各种方法，如跨、钻、套、转等(但手不能放开)，将交错的“手链”解成一个大圆圈。

教师提问：“玩这个游戏的时候你有什么感受?”

二、分享环节

请幼儿分享游戏中的感受。

活动记录与呈现

郭浩文：我觉得这个游戏特别好玩，一开始我以为很难，不知道怎么解开这个“手链”，但是我们相互配合，这个“手链”慢慢就解开了。

姜睿涵：这个游戏玩得让人有点着急，我就想快点出去。

陈乐仪：我觉得这个游戏就是不能着急，一着急就解不开了。

刘芊然：在“结”打开的时候，我觉得自己的心也突然打开了！

杨　博：玩游戏的时候，我就有一个想法：就算摔倒了也不能放开手。很开心，我们坚持住了。

郭浩文：我感到紧张、害怕。我的手都快抓不住了，我都倒在地上了，我告诉他们怎么钻，他们没有按照我的方法做，不过后来也解开了。

李泓儒：我很紧张，担心钻不过去，又担心钻过去了手可能会打结。不过，后来大家都还原后，我就很平静了。

三、讨论提纲

1. 在生活中，有哪些问题让你觉得很困扰、很难过?

2. 当你有烦恼的时候，你会怎么做?

活动记录与呈现

讨论1：在生活中，有哪些问题让你觉得很困扰、很难过?

薛　暖：夏天要来了，我总是被蚊子叮，我很烦恼。

王靖涵：我的小熊陪了我三年，但是被我奶奶给扔了。她觉得那个小熊又脏又破，可是那个小熊是我爸爸去外地出差给我买的，我想让我的小熊回来。我现在感觉心都快碎了。

贾依晨：我最担心的是爸爸妈妈吵架，他们吵架就不管我了。

张墨缘：我本来有五只小鹦鹉，后来我带小鹦鹉去游乐场玩的时候飞了一只，我很着急，希望那只小鹦鹉还能够回来。

伭子涵：我喜欢一个新玩具，我想要，又怕妈妈不给我买。

李庄睿：快要上小学了，我担心上了小学我会很想念幼儿园。

讨论 2：当你有烦恼的时候，你会怎么做？

马佳宜：我有烦恼的时候，会写进日记本里。

马汤彧：我有烦恼就会告诉我姥姥，我姥姥总会有办法解决。

闫伽安：我有烦恼的时候就发会儿呆，很快烦恼就会过去的。

林绍锋：我有烦恼的时候就会找一个角落大喊一声。

冯妙涵：我会告诉妈妈，妈妈会很耐心地帮我分析。

四、操作环节

请幼儿用图画的方式写一封信，诉说心中的烦恼，教师帮助幼儿配上文字说明（图 2-3-3至图 2-3-5）。

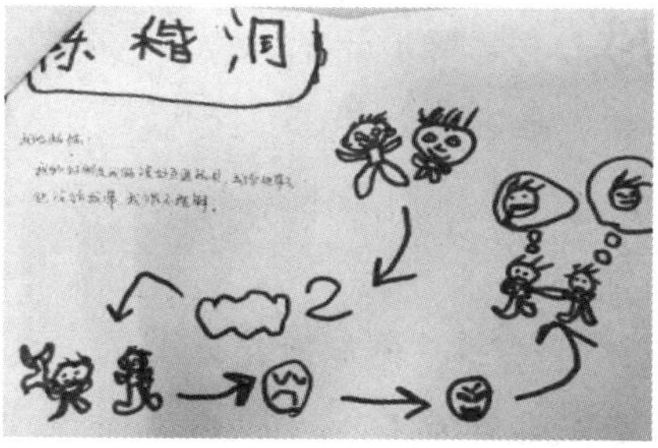

图 2-3-3 我想交到更多的好朋友

图 2-3-4 我担心上小学就见不到好朋友了

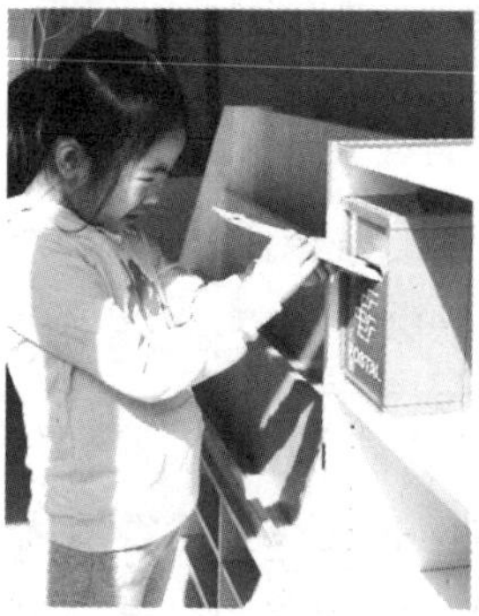

图 2-3-5 我好期待快点收到回信呀！

活动记录与呈现 郭沛元：我希望我的小烦恼能被解答。 温铎熙：我希望看到我的小烦恼的会是我的妈妈。 庞暄译：我不确定看信的人能不能读懂我的烦恼，幸好有老师帮我写了说明。

五、小结

将幼儿的“小烦恼”信件收集到一起，简要说明后续安排，鼓励幼儿耐心等待回信。

六、延伸学习

接园时，请家长随意在信箱里抽一封信，写一封回信。第二天将回信放回信箱里。

活动小结与反思

情绪虽然是一个有点抽象的话题，但对大班的孩子们来说，他们已经能感知情绪的变化，并且用具体的符号进行表示，他们知道在遇到情绪问题时该怎么调节。

活动以游戏“心有千千结”导入，还原了一个紧张、焦急的心理状态，为后面的分享做了铺垫。在活动中，我们看到每个孩子都会遇到各种各样的烦恼，有些孩子很容易就将烦恼表达了出来，有些孩子则喜欢将烦恼藏在自己的心里，不想让别人知道。所以我们设计了写信给“神秘爸妈”的方式，鼓励每一个孩子将自己的烦恼表达出来。在写信这个环节中所有孩子都非常投入，他们很期待自己的这封信得到一个真诚的回应，期待爸爸妈妈的回信。

活动三　爸妈来支着儿

活动形式

小组活动。

活动目标

1. 能认真倾听他人的回信。
2. 能够在回信中找到适合的处理自己的问题的方法。
3. 在“神秘爸妈”的回信中感受周围人对自己的爱和关切。

活动准备

爸爸妈妈的回信。

活动过程

一、导入

教师提问："昨天你和爸爸妈妈一起给其他小朋友写回信的时候，有好玩的事情发生吗?"

二、分享环节

请幼儿自由分享自己和爸爸妈妈写回信过程中的趣事。

> **活动记录与呈现**
>
> 陈乐仪：我妈妈抽到了我的信，妈妈和我一起谈心了，我觉得这个感觉很好。
>
> 黄嘉漪：我妈妈抽到了×××的信，我妈妈说要给×××妈妈推荐一家特别好的治牙的医院。
>
> 王靖涵：我妈妈抽到的是×××的信，我妈妈还和我一起商量了解决办法，最后我们觉得×××可以定一个闹铃，这样就不会担心迟到了。

三、操作环节

请幼儿自由结组，在教室的任意一个地方阅读或请老师帮忙阅读爸爸妈妈的回信(图 2-3-6、图 2-3-7)。

图 2-3-6　分享我收到的回信

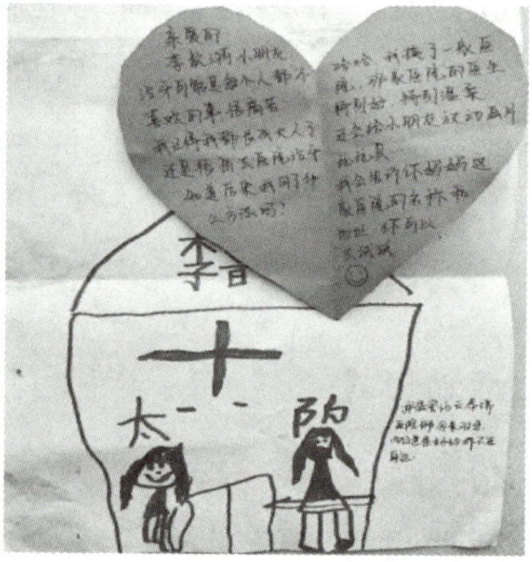

图 2-3-7　好用心的"桃心"回信呀!

> **活动记录与呈现**
>
> 王玥丹：我最害怕妈妈被妖怪抓走，而我还打不过它。
>
> 神秘家长×××回复：亲爱的王玥丹小朋友，千万不要害怕妈妈会被妖怪抓走哟！因为妈妈也是很强大的。她不仅可以保护你，也会保护好自己的。而且妖怪不全是会吓唬人的、可怕的，也有善良、幽默的。就像小朋友有时会淘气、不听话一样。可怕的样子不代表内心也是可怕的。希望你快乐！

韩子游：我最担心上小学数学考不好，老师会让我罚站。

神秘家长×××回复：对于上小学以后的数学学习，你不用太担心。回想一下，你刚学数学的时候是不是也遇到过一些挫折？只要你上课专心听讲，回家认真完成作业，就一定能学好数学及其他的课程。而且小学的老师和幼儿园的老师一样，会耐心地教导你们，不会因为成绩不好就惩罚你们的，所以，加油哦！

李泓儒：我担心妈妈生气。

神秘家长×××回复：你担心妈妈生气说明你很爱妈妈，要知道妈妈也非常爱你。虽然有时候妈妈会心情不好，但妈妈对你的爱不会减少哦。妈妈生气的时候你可以多和妈妈聊聊天，多逗妈妈笑，当然了，要争取做一个不惹妈妈生气的好孩子哟。

收到回信的感受

廉宠理：感觉特别好，因为我的问题终于解决了。

徐朴一：我很感动，爸爸妈妈很重视我的小烦恼。

李歆漪：第一次收到别的爸爸妈妈的来信，而且建议都特别好。

于沣圆：我的信只有两行字，可是我收了满满两张的回信，非常感谢。

四、小结

教师将家长在回信中提到的处理孩子们的问题的方法进行梳理，鼓励幼儿多与他人分享自己的小烦恼，寻找解决办法。

五、延伸学习

开设班级信箱，鼓励爸爸妈妈们定期与幼儿进行书信互动。

活动小结与反思

烦恼并不是成人世界的专属品，五六岁的大班孩子们也有成长的烦恼。这些烦恼和上小学相关、和交朋友相关、和家人相关。这些烦恼导致了各种消极情绪的出现。对待孩子们的情绪，引导他们学习正确表达和管理情绪，是一条路程。从根本上看到孩子们在现实中的困境也很重要。

在活动中，我们借助了“神秘爸妈”的力量。这是一次父母和孩子的隔空对话，即使不是自己孩子的问题，爸爸妈妈们也非常认真地在回复，让孩子们感受着被更多人爱着的幸福感。成长路上，烦恼一直存在，唯有沟通与爱能让我们面对烦恼时毫无惧色。

活动四 开心的“100种”方法

活动形式

集体活动。

活动目标

1. 掌握1～2种让心情变好的方法。

2. 学会用合适的方式表达消极情绪。

3. 愿意把自己的情绪告诉亲近的人，和他们一起分担烦恼，分享快乐。

活动准备

场地(心理咨询室、宣泄室、写信室)，拳击手套，水彩笔，纸。

活动过程

一、导入

教师提问：“你有不开心的时候吗？当你不开心的时候，你会做些什么？”

二、分享环节

幼儿根据自己的经验，分享让自己不开心的事情，以及疏导不开心的方法。

活动记录与呈现

不开心的事情

李泓儒：别人让我做我不喜欢的事情的时候我不开心。

沈辰宇：想爸爸妈妈的时候，我就有点不开心。

陈乐仪：妈妈催我弹钢琴，还总是大吼大叫时我不开心。

陈海睿：爸爸答应周末带我去奥森玩，结果又不出去了，我就不开心。

让自己开心的方法

张夷陵：做点自己喜欢的事情，就开心了。

黄嘉漪：到大自然中去，去发现有趣的事情。

张一铭：如果是小孩儿的话，吃个好吃的东西就会开心了 。

郭文宇：睡觉就可以忘掉不开心的事情。

徐朴一：讲个笑话，哈哈哈一笑就会开心了。

于沣圆：你不想不开心的事情就会开心了。

三、体验环节

教师带幼儿参观活动的场地，介绍场地使用的方法和需要注意的事项。幼儿自由结组，选择不同的区域，体验不同的情绪疏导方法。

心理咨询室：幼儿可以根据自己的意愿选择当心理医生或是患者，心理咨询师为来咨询的人做心理疏导，解决困惑(图 2-3-8)。

宣泄室：在宣泄室可以来一场枕头大战、戴上拳击手套击打沙袋，让自己的情绪得到释放(图 2-3-9)。

写信室：幼儿可以将自己不想与别人分享的话写在信里，放进信箱(图 2-3-10)。

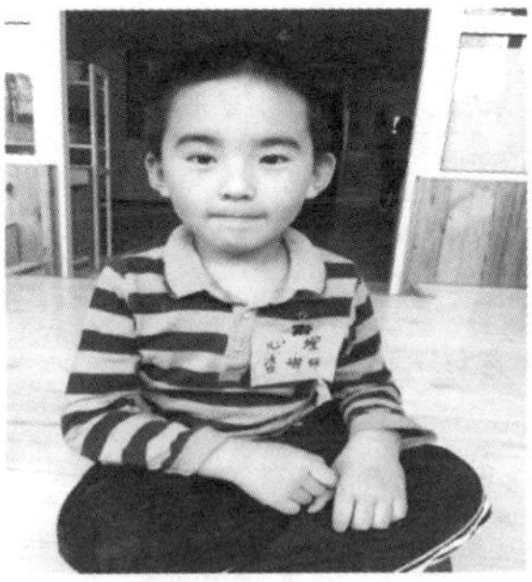

图 2-3-8　今天我来当“心理咨询师”

图 2-3-9　把不好的情绪都发泄出来

图 2-3-10　让老师帮我在信上写上说明，叠好

活动记录与呈现

李泓儒：我扮演了心理咨询室的心理咨询师，我感觉帮其他人解决困惑，他们开心，我也很开心。

刘芊然：我发现烦恼说出来就没有了，不好的心情就消失了！

郭浩文：我在宣泄区的时候，打得很用力，感觉心里的不痛快都没了。

李沐航：我在写信区把不好的事情写出来，在读给好朋友听之后我就很开心了。

马汤彧：我的信现在还不想打开，我要带回家让爸爸妈妈帮我解答。

四、小结

教师和幼儿一起总结开心的方法，绘制思维导图(图 2-3-11)。

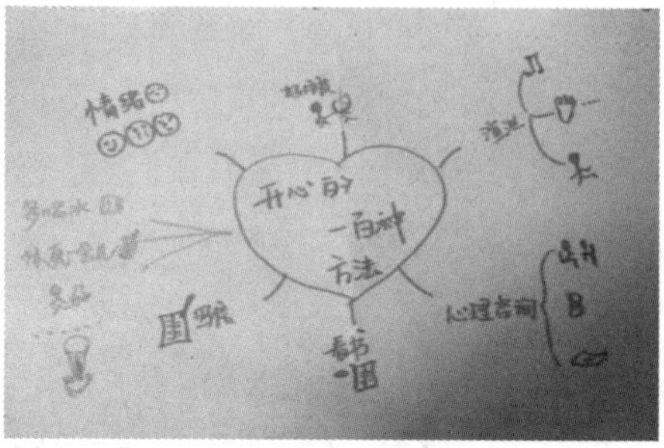

图 2-3-11　哇，原来让心情变好的方法有这么多

> **活动记录与呈现**
>
> 郭沛元：想让自己开心可以到大自然里去呼吸新鲜空气。
>
> 林绍锋：当我想让自己开心的时候，我就会找我的好朋友一起玩乐高游戏。
>
> 谢雨默：想要开心其实很简单，听一个笑话就好了啊！
>
> 涂君慈：讲个脑筋急转弯也可以让心情变好。
>
> 李庄睿：我要是想开心，我就会打开我们家的音响，放一首歌，我的心情就会很好！
>
> 姜睿涵：我一画画就会变得很开心。
>
> 薛　暖：我觉得开心的方法有很多，最简单的方法就是大笑，哈哈哈哈哈！

五、延伸学习

将活动中幼儿感兴趣的活动区域进行长期开放。引导家长跟幼儿一起尝试体验更多的情绪疏导方法。

活动小结与反思

分享了那么多表达与宣泄情绪的好方法，不如请孩子们切身体验来得更直接、更印象深刻。

活动中，在不同区域里，孩子们运用不同的方式，让自己的情绪得到宣泄。并不是所有的孩子们都愿意分享自己的负面情绪，所以教师创设了一个私密的空间——“心理咨询室”，孩子们可以放心地把自己的小秘密和小烦恼倾诉给信任的人。孩子们提供的解决方法充满了智慧和想象。教师不妨去当一回“患者”向“心理咨询师”提出你的烦恼，一定会收获一个童真童趣的回答。平时感觉自己的情绪得不到充分释放的小朋友，在“枕头大战”的区域里也体验到了恣意释放的感觉。在游戏中，孩子们掌握了更多疏导情绪的方法。

活动五　体检进行时

活动形式

畅游活动。

活动由来

每一年的体检是幼儿园保健工作的大事，也是孩子们又担心又期待的事。通过体验，孩子们能够通过直观的数据了解自己的身体。

本周的畅游活动结合全园大体检同步进行。项目分为身高、体重、听力、视力、血常规、内科六项。有时候，奇妙的成长可能就在一瞬间，抓住它便会享受无比的喜悦。我们一起走进现场，感受孩子们的体检时刻吧！

活动目标

1. 了解每一项体检项目的要求和目的。
2. 能够有秩序地完成每一项体检项目的检查。
3. 在体检中感受自己身体的变化，体会成长的神奇和喜悦。

活动准备

提供体检项目的相关照片、视力表，了解各个体检项目的时间和地点安排。

活动过程

一、导入

教师提问："我们为什么每年都要体检？你最期待哪个项目？"

二、讨论环节

幼儿就体检的原因进行讨论、分享。

活动记录与呈现

讨论1：我们为什么每年都要体检？

沈辰宇：检查身体有没有什么疾病，如果发现了疾病可以早早地治好它。

郭浩文：体检每年都会做，因为我们的身体每天都在变化，但是我们不知道它是变好了还是变坏了。体检了我就知道身体的状况了。

讨论2：你最期待哪个体检项目？

师晨皓：我期待听力，因为听力那个机器的声音特别好听。

李泓儒：我期待抽血的时候能够遇到中班、小班的弟弟妹妹们，这样我就可以把我的经验告诉他们了。

郭文宇：我很期待测视力，因为我很少看电视和iPad，妈妈说这样做我的眼睛就会很好，我想看看妈妈说的是不是真的。

三、体验环节

1. 教师用平面示意图的方式介绍体检项目的地点和需要注意的事项。

2. 幼儿分成两组，两位老师带队同时进行体检(图 2-3-12 至图 2-3-17)。

图 2-3-12　我的视力棒棒哒!

图 2-3-13　抽指血我还是有点怕

图 2-3-14　我们想看看这些数据

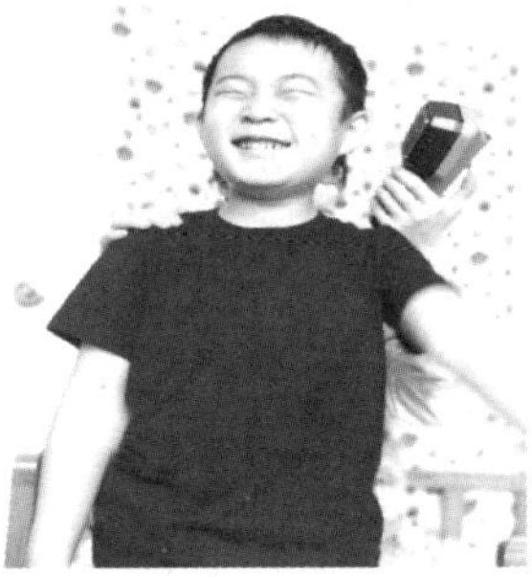

图 2-3-15　我听到的是嗡嗡的声音

图 2-3-16　我觉得抽指血一点也不疼

图 2-3-17　内科检查很有趣

四、小结

请幼儿分享自己在体检活动中遇到的趣事。

活动记录与呈现

在今天的体检过程中你遇到了哪些有趣的事情？

师晨皓：测听力很好笑，因为那个仪器测的时候如果第一次是左边，那么第二次肯定是在右边，不用听，靠猜就能通过。

杨泊安：测视力就像是用眼睛看很远很远的山，那个山有的时候很大，有的时候很小，我觉得很有意思。

王淏晨：在查内科的时候，我有点不好意思，我怕痒。

李庄睿：我很害怕采指血，我怕疼，好朋友告诉我像被蚊子叮一样，我才敢做。

在体检中你有什么新发现？

沈辰宇：抽血的时候，使劲地想开心的事情就不会那么疼了。

郭沛元：我记住了一个重要的数据，1.0，达到这个数值才是正常的视力。

郭瀞琪：我发现测听力的时候，心越静，听得越清楚，如果心里不安静，就会听不清楚。

温铎熙：我发现大多数小朋友是很健康的，体重、身高什么的都在正常范围内。

五、延伸学习

推荐更多绘本：《身体知道答案》《身体有个小秘密》系列绘本。

活动小结与反思

整个活动用时一个半小时，分为三部分：分别是体检前的说明、体检进行的体验中和体检结束之后的分享。这是一个提前预知、体验、总结提升的过程。

对于孩子们来说，体检是一件令人紧张的事情，但是在活动中我们看到孩子们用自己的方式克服着内心的恐惧。不仅如此，教师还看到了孩子们的秩序意识、分享意识以及与同伴之间的温馨互动。通过体检，孩子们收获的不仅是身体的健康，还有美好的友谊。

即使是普通的例行体检，其中也蕴含着很多独特的教育契机。

畅游日丨让两百多名幼儿园小朋友害怕激动兴奋又期待的居然是……

教育笔记

从“便便记录”到“用眼记录”

张　芬

本周五是本学期的体检日，孩子们要测量身高、体重，检查视力、听力，还要化验血常规。这些体检结果都会用数据的方式呈现出来，帮助孩子们更好地理解成长。在体检现场，很多小朋友已经能够通过数据的比较得出一些结论，比如，今年比去年长高了，但是还差一点才能够到买票的身高；虽然朵朵比果果重，但是朵朵比果果高；我的视力是1.0，这说明我的眼睛很好……但是更让老师担心的是几位视力已经到0.6的小朋友。所以体检结束后我和孩子们进行了关于“如何拥有一个好视力”的讨论。

孩子们对于这个话题的分享有两个角度。

一个角度是哪些做法可以让视力变好。

张懿琛：多吃胡萝卜可以让视力变得更好，因为胡萝卜里有维生素A。

王旭锋：不仅是胡萝卜，多吃蔬菜就会让我们的身体很健康。

董　镟：眼睛要用一会儿，休息一会儿。就像是总是做一件事就会很累，眼睛要是不休息，也会很累的。

袁天诒：上了小学，要做眼保健操，这是保护眼睛的一种操。

季子禾：光线也很重要，要在明亮的地方看书、写作业。

另一个角度是哪些做法会让视力下降。

刘咨孜：如果你总是看电脑、手机、iPad，视力就会下降。

王逸帆：现在我们要上幼小衔接的课，要写作业，坐姿很重要。如果姿势不正确就会让我们的视力变得不好。

燕炳安：还有我们不能盯着太阳看，太阳光很亮，会让我们的眼睛受到伤害。

……

看来孩子们对于如何保护自己的眼睛知道的还是挺多的。我们将这些方法进行了一个简单的梳理，和孩子们一起创编了一个“眼睛溜溜转”的操和“看近看远”的护眼练习，我觉得就差不多了。这个时候马霁泽提出了一个问题：“我们都可以对我们的便便进行观察，为什么我们不设计一张记录用眼睛情况的记录表呢?”我听完后完全震惊了，这不就是知识迁移嘛！马霁泽的问题让我犹如醍醐灌顶。对呀，孩子们已经有了持续观察便便的经验，在遇到相似问题的时候为什么不将这种持续观察的形式进行迁移，让孩子们通过观察寻找问题产生的根源呢?

虽然“用眼记录”不如“便便记录”那样特别容易观察到明显的联系和变化，但是记录、观察、探究的学习方式是值得保留和坚持的。我初步设想的是“眼睛使用情况记录表”的内容可以包括看电子产品的时长；写作业的姿势、时长；做眼睛放松练习的次数等，当时因为时间的原因没有和孩子就这个问题进行深入的讨论。以后可以抽一些时间和孩子们进行一个讨论：“如果让你记录每天使用眼睛的情况，你想记录什么内容，想怎么进行记录？”期待“眼睛使用情况记录表”的新鲜出炉！

第四周　这就是我

周主题说明

通过前三周的学习，孩子们对自己有了更多的了解。本周主题“这就是我”，孩子们将从自己眼中的“我”入手，结合同伴和家人眼中的自己，完成一份关于“我”的调查报告，在主客观交织的评价过程中形成对自己的认识。

本周，孩子们会完成“我想这样介绍我自己”的讨论，制作一份“特别的自我介绍”，参加“‘花草小学’面试了”活动，之后用“写给 20 年后的自己”的方式来想象一下未来的自己。畅游日里，来一场“地图行动”，在大自然里尽情释放自己。

周课程目标

1. 引导幼儿了解有关自我介绍的注意事项，在家人的帮助下完成一份自我介绍。

2. 鼓励幼儿用海报的形式呈现自己的自我介绍的内容，并能在集体中大方地进行分享，勇敢地展现自己。

3. 引导幼儿克服自己的紧张和胆怯，支持幼儿在“面试”活动中大方地与并不熟悉的“面试官”进行互动。

4. 引导幼儿在活动中了解自己的优点与缺点，辩证地看待自身的优点与缺点，并意识到个体的独特性，收获更多的自信。

活动一　我想这样介绍我自己

活动形式

小组活动。

活动目标

1. 知道自我介绍的基本构成部分。

2. 尝试将自己的想法进行梳理和概括，设计自我介绍提纲。

3. 能在展现自我中得到满足感。

活动准备

“花草小学”面试海报。

活动过程

一、导入

出示“花草小学面试开始啦”的海报。

教师提问：“海报中有哪些信息？为了这次面试，我们需要准备哪些东西？”

二、分享环节

请幼儿分享自己在海报中看到的信息(图 2-4-1)。

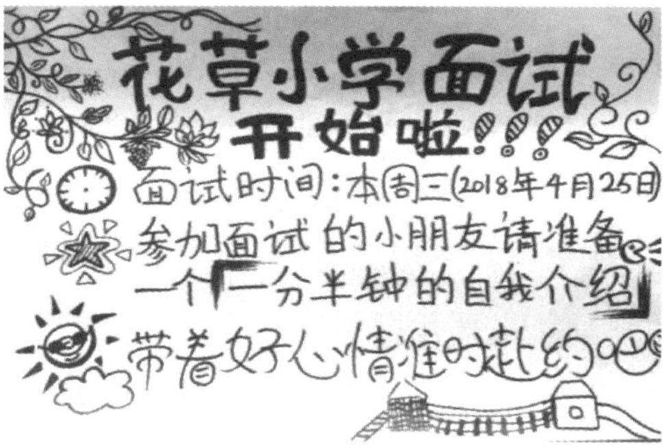

图 2-4-1 “花草小学”面试海报

> **活动记录与呈现**
>
> 燕炳安：海报里说这周三要进行“花草小学”面试。
>
> 刘咨孜：需要每个人准备一份自我介绍。
>
> 陆姿邑：自我介绍的时间是一分半钟。
>
> 张北歆：让我们带着好心情参加面试。

图 2-4-2 大家好！我是大一班李汭怡，小名汭汭

三、讨论提纲

1. 什么是自我介绍？

2. 什么时候会用到自我介绍？

3. 如果参加“花草小学”的面试，你想怎样介绍自己？

4. 请你尝试现在做一个自我介绍。

活动记录与呈现

讨论 1：什么是自我介绍？

周宸逸：自我介绍就是把自己介绍给别人认识，所以你得告诉别人你的名字、年龄，还有你的爱好。

袁天诒：自我介绍反过来说就是介绍自我。我在一次模拟面试的时候，里面的老师就对我说，先做一个自我介绍吧。

胡曦文：自我介绍就是展示自己。

讨论 2：什么时候会用到自我介绍？

柴　艺：第一次见到别人的时候就需要自我介绍，像我们刚上大班的时候还互相不认识，老师就会让我们先做一个自我介绍。

董　璇：妈妈说她找工作面试的时候，需要做自我介绍。

张李昀：我们去小学面试的时候，需要做自我介绍。

刘洛孜：还有一些特别重要的情况也需要自我介绍。而且如果这个情况很重要，你做的自我介绍也需要很认真。

讨论 3：如果参加“花草小学”的面试，你想怎样介绍自己？

季子禾：我会告诉别人我的一些信息，比如我的名字、爱好、擅长的事情等。因为自我介绍就是让别人了解我。

张北歆：我觉得我会现场表演一些我的本领，比如我觉得自己唱歌很好听，我就会唱一首歌让别人记住我。

吴徐正：我还会介绍一下我的优点和缺点，告诉他们我的性格是什么样子的，我的身高、体重。让他们更全面地了解我。

讨论 4：请你尝试现在做一个自我介绍。

陈歆仪：大家好，我叫陈歆仪。我喜欢和爸爸妈妈一起出去玩，画画和舞蹈是我最喜欢做的事情。我还有一个小弟弟，我很喜欢逗他玩，谢谢大家听我讲自我介绍。

闫皓同：大家好，我叫闫皓同，小名禾禾。我来自中国，我是个爱跑、爱跳的小男生，我最喜欢收集有关外星人的东西，我长大了要当一个外星人的研究者，如果你们也喜欢外星人就和我一起探索吧！谢谢大家。

四、小结

教师根据幼儿的分享，用思维导图的方式帮助幼儿梳理出一份自我介绍中必须要包含的内容，鼓励幼儿思考用什么样的方式介绍自己会更容易让人记住(图 2-4-3)。

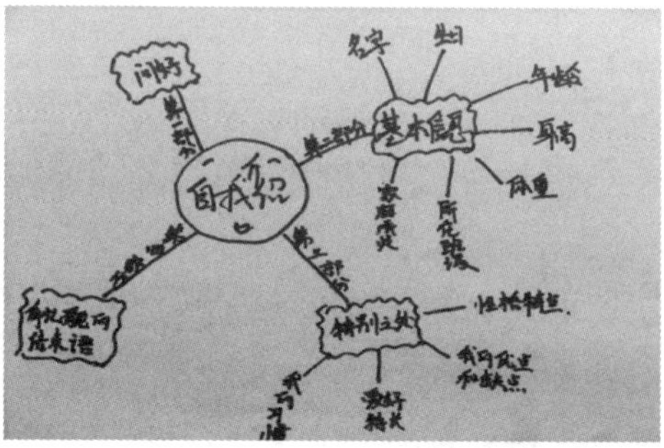

图2-4-3 自我介绍一定要有这几部分内容哦

五、延伸学习

请幼儿在爸爸妈妈的帮助下完成“自我介绍海报”，明日带来幼儿园分享。

活动小结与反思

本周是四月健康月的最后一周，经过前三周关于生命的秘密、身体的密码和情绪三个主题的学习，孩子们将在最后一周里对自己形成一个完整的认识。用怎样的方式总结前面的学习，对孩子们的知识经验进行建构，是老师们一直在思考的。最后我们决定通过让孩子们自己设计一份自我介绍的方式呈现一个“我眼中的自己”，让孩子们在更加了解自己的同时，为小学的面试做一些准备。

从孩子们在活动过程中的分享可以看出，他们对于自我介绍已经有了一些了解，大部分孩子能够即兴进行自我介绍。我们发现，孩子们的自我介绍有以下特点：一是主要集中在基本信息和爱好上。二是逻辑不是非常清晰，说到哪儿算哪儿。三是对于自己的一些问题并没有确定的答案，比如自己身上最特别的地方是什么，这也从侧面反映出孩子们对自己的了解还不是很透彻。这些发现可以作为下一次活动设计的参考条件。

活动二 特别的自我介绍

活动形式

小组活动。

活动目标

1. 在活动中对自己的优缺点、性格等方面有更多了解。
2. 能用清晰、流畅的语言向他人介绍“自我介绍”海报。
3. 通过分享自己的自我介绍、倾听他人的自我介绍，意识到个体的独特性。

活动准备

孩子们准备的“自我介绍海报”、话筒。

活动过程

一、导入

教师提问："今天的自我介绍海报分享，你们想怎样分组进行呢？"

二、分享环节

请幼儿说出自己对于分组的想法。

> **活动记录与呈现**
>
> 赵若清：我觉得可以按照我们的爱好来分组，这样我们可以通过自我介绍了解为什么我们会有相同的爱好。
>
> 林绍锋：我觉得可以按男生女生分组，男生对男生介绍自己，女生对女生介绍自己。
>
> 李汭怡：我觉得我们可以和自己的好朋友一个组，因为我很想让我的好朋友更加了解我。
>
> 尹昊岩：其实我们还可以抽签，抽到的小朋友不管是不是很熟悉，都可以向对方分享自己的自我介绍海报。

三、操作环节

经投票，得票数最高的为"向好朋友"介绍自己的"自我介绍海报"。

请幼儿自由结组，在小组里分享自我介绍提纲（图 2-4-4、图 2-4-5），并进行讨论（图 2-4-6）。

图 2-4-4 我来给你讲讲我的自我介绍

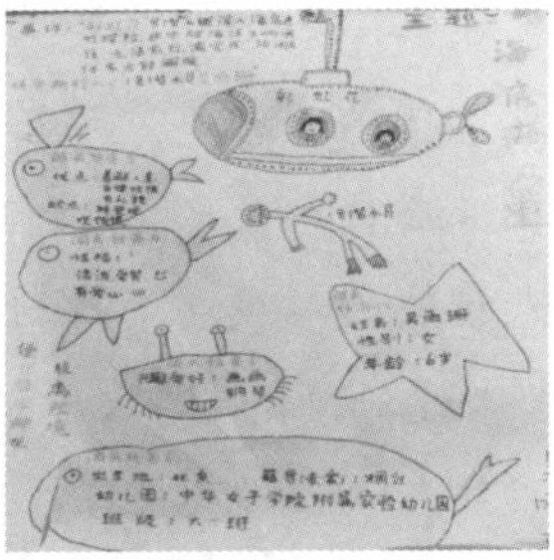

图 2-4-5 自我介绍提纲海报——海底两万里

图 2-4-6 围圈进行小组讨论

活动记录与呈现

刘沐云：我和妈妈玩了一个面试的游戏，确定了自我介绍的内容。做海报的时候我画了一个大圆圈，然后分成了不同的部分，你们看完这张海报就会更加了解我。

吴雨珊：我是一个潜水员，你们要跟着我在水下两万米的海底闯过5关，看完里面的任务，你就可以脱离险境了，当然你也会更加了解我。

王逸帆：我做的这个海报是从我的基本信息、饮食、爱好和缺点等方面来介绍自己的，我觉得比较全面了。

赵思淼：我的自我介绍，有和小朋友相同的地方也有不同的地方，我介绍了我讨厌做的事情和我的梦想。

四、讨论提纲

1. 你在准备自我介绍的时候，对自己有什么新的认识吗?

2. 别人在分享的时候，你听到了哪些让你印象深刻的信息呢?

3. 你想对自己的自我介绍提纲做出怎样的调整?

活动记录与呈现

讨论1：你在准备自我介绍的时候，对自己有什么新的认识吗?

吴雨珊：我知道了自己身上更多的小秘密。

唐　果：我知道了爸爸妈妈眼中的我是什么样子的。

高不寒：我发现很多我不知道的事情全在自我介绍里出现了，如我的血型。

王逸帆：在准备自我介绍的时候，我和妈妈一起讨论了我的优点和缺点。我知道了自己的优点和缺点，我就会改进自己的缺点，保留自己的优点。

讨论2：别人在分享的时候，你听到了哪些让你印象深刻的信息呢?

张李昀：汭汭在她的介绍里说，她在自己家的院子里养了三只兔子，我觉得很有意思，一点也不无聊。

吴徐正：赵思淼在他的自我介绍里讲了他长大之后的梦想，我觉得很特别。

周心然：朵朵在介绍的时候说了她的爸爸妈妈的名字和工作，这点都没有人介绍过。

董　镟：兜兜在自我介绍的最后问了面试老师一个问题，这个做法我觉得很勇敢。

刘子立：珊珊在介绍的时候还介绍了他名字的来历，别人一听就会记住他的名字。

> **讨论3：你想对自己的自我介绍提纲做出怎样的调整？**
>
> 季子禾：我觉得我的内容太多了，一分多钟根本讲不完，我想回去再删一些。
>
> 张懿琛：我想把我的顺序再调整一下，把长的那段放在最后，这样更有条理。
>
> 佀锦农：自我介绍的时候要很有礼貌，开始的时候要说大家好，结束的时候要说谢谢大家。

五、小结

梳理幼儿讨论的内容，请幼儿回家后在爸爸妈妈的帮助下完成提纲的修改，将提纲变成完整的自我介绍。

六、延伸学习

请爸爸妈妈帮助幼儿完成自我介绍提纲的修改，将提纲变成语句通顺的自我介绍，并辅助幼儿进行练习。

活动小结与反思

通过今天的小组学习，孩子们互相交流了各自的自我介绍中涵盖的内容。教师发现在提纲的呈现方式上，出现了很高级的方式，如饼状图、思维导图、列表法等。父母引导孩子完成提纲的方式也各有不同，充分展现了父母在陪伴孩子完成作业时不同的指导方法对孩子的影响。

对于大班的孩子们来说，他们渴望拥有更多选择的权利，所以在小组分享的基础上，如果分享的内容没有特别的指向性，都可以采用规定好人数，孩子们自由选择小组的方式来进行分组。因为是他们自由结组，所以在倾听别人讲述的时候会更加认真，效果也会更好。

在互相交流之后孩子们都开始重新修改自己的自我介绍提纲，非常期待他们明天活动中的表现！

活动三　“花草小学”面试了

活动形式

小组活动。

活动目标

1. 愿意参加“面试”活动，能清楚地进行自我介绍。
2. 能积极参与情境游戏，掌握“面试”流程和技巧。
3. 能够按照自己最舒服的方式，自信、自然地展示自己。

活动准备

人员准备：面试官。

经验准备：幼儿熟悉的自我介绍。

其他准备：幼儿自带的作品及才艺展示。

活动过程

一、导入

教师提问："马上就要进行面试了，你现在的心情是怎样的?"

二、分享环节

请幼儿分享自己"面试"前的心情。

活动记录与呈现

杨　博：我有些紧张，我很担心待会儿我会忘记要说些什么。

郭浩文：我有些想要去小便，我一般紧张了就会这样。

张一铭：我很期待面试，因为我很好奇面试老师会提出什么问题。

李歆漪：我有些等不及想要开始进行面试了，我相信自己一定能做好。

薛　暖：我很期待，我觉得我准备好了，虽然紧张，但是我准备得很充分，我带着我的作品呐！

三、游戏环节

教师介绍面试的要求和候场的秩序，请面试者放轻松。请参加面试的幼儿分组进行抽签，戴好姓名牌。面试者按照抽签顺序依次进入面试场地参加面试。面试内容包括自我介绍和即兴问答或者才艺展示两大部分(图 2-4-7 至图 2-4-12)。

图 2-4-7　我会抽到第几个呢？

图 2-4-8　我们都准备好啦！

图 2-4-9　面试中我在进行自我介绍

图 2-4-10　向面试老师展示我的作品

图 2-4-11　向面试老师展示我的拍球本领

图 2-4-12　我被"花草小学"录取啦！

四、小结

教师请幼儿分享面试中的感受。

教师总结："面试是我们展示自己，让他人更加了解自己的机会，通过面试能够更好地看待自己和他人的关系，这是我们人生中第一次自己准备的面试，希望今后你们也能够在集体中像今天一样自信勇敢地展示自己。"

活动记录与呈现

杨　博：面试之前我挺紧张的，害怕通不过，面试的时候我反而不紧张了。

李汭怡：我很开心，因为这次的面试为小学的正式面试做了准备，到时候我就不会紧张和害怕了。

刘芊然：我有点兴奋，我觉得我表现得挺好的，我还自己编了一段舞蹈。

王子墨：我太紧张了，我说我会有点疯狂，面试老师就问我为啥疯狂，我就担心自己说错了。

季子禾：我觉得面试现场特别搞笑，面试的时候我感觉很开心，但是小学生活肯定还是很严肃的。

五、延伸学习

请幼儿与家人一起分享自己在"面试现场"的趣事。

活动小结和反思

在"花草小学"面试的过程中，孩子们认识自己，了解他人，也更多地欣赏到了同伴身上的闪光点，这让老师们眼前一亮。

这是孩子们人生中的第一次面试，现场的几个细节让老师们印象深刻。一个细节是没有小朋友因为紧张而选择放弃抽签，相反几乎每一个孩子都迫不及待地想要通过抽签的方式决定自己参加面试的顺序。另一个细节是在候场区，有的孩子在临上场的前一刻还在拿着自己的自我介绍提纲练习，那股认真劲儿让人动容。

从前期的用心的准备，到现场的精彩表现，全程由孩子们自主设计、自由发挥。这次面试活动，让孩子们体验到了做自己人生的小主人的自豪感和成就感。我们也看到孩子们在面试活动中或紧张，或大方，或羞怯，或张扬，每个人都努力地在向面试官呈现自己最好的状态，这样的体验能让他们在未来面对正式面试时，少一些担忧和紧张。

忠实记录课程的瞬间丨"花草小学"面试啦!

活动四　写给 20 年后的自己

活动形式

集体活动。

活动目标

1. 愿意用图画的方式记录对 20 年后的自己的畅想。
2. 能大方自信地与同伴分享自己对未来生活的期待。
3. 在活动中感受憧憬未来带来的愉悦感。

活动准备

绘画纸、笔。

活动过程

一、导入

教师提问：“20 年后，你们会是什么样子，会遇到什么人，会发生什么故事？”

二、分享环节

请幼儿分享对 20 年后的自己的畅想。

> **活动记录与呈现**
>
> 师晨皓：我 20 年后会成为一名足球运动员，特别厉害。
>
> 郭文宇：我 20 年后正好 26 岁，那个时候我正在找工作，我可能会是一名幼儿园老师。
>
> 王靖涵：我 20 年以后就变成了妈妈，我和我的孩子生活在一起很幸福。
>
> 王逸帆：我会成为一个“码农”，每天在电脑上哒哒哒地打字，特别酷！
>
> 林绍锋：我会成为一个研究蜗牛的科学家。

三、讨论提纲

1. 你最想了解哪些 20 年后和自己相关的事情？
2. 你觉得现在需要做哪些努力才能在 20 年后成为理想中的自己呢？

> **活动记录与呈现**
>
> **讨论 1：你最想了解哪些 20 年后和自己相关的事情？**
>
> 郭浩文：20 年后我还住在现在住的地方吗？
>
> 张一铭：20 年后地球上会有多少人呢？
>
> 李鸿儒：20 年后的我会不会还像现在一样喜欢大自然呢？
>
> 黄嘉漪：20 年后的我会变得更漂亮吗？
>
> 陈凯润：20 年后我要上的大学会是什么样子的呢？
>
> **讨论 2：你觉得现在需要做哪些努力才能在 20 年后成为理想中的自己呢？**
>
> 郭文宇：我现在要好好弹钢琴，因为我 20 年后应该是一个钢琴家。
>
> 张一铭：我的英语很棒，不过我还得继续好好学习，这样 20 年后我才能更好地和更多的人交流。
>
> 李泓儒：我一直在学编程，因为 20 年后的我想开一个很特别的机器人公司。
>
> 黄嘉漪：我觉得我现在只要每天都很开心就会实现梦想，因为开心的人都很漂亮。
>
> 马佳宜：我要坚持画画，20 年后我就会成为一名画家。

四、操作环节

请幼儿写一封信给 20 年后的自己，教师帮助幼儿写上文字说明(图 2-4-13、图 2-4-14)。

图 2-4-13 20 年后的我在全球旅行

图 2-4-14 20 年后的我在送宝宝上幼儿园

五、小结

将所有幼儿的画进行展示，幼儿可自由与他人分享“20 年后的自己”。

教师总结：“20 年后的我们会是什么样的呢？每个人都会有不同的答案。希望大家都为了自己的梦想而努力，20 年后能够实现自己的梦想。”

六、延伸学习

幼儿将信带回家，请爸爸妈妈将信用信封装起来，用充满仪式感的方式记录这一时刻，并且一起约定 20 年后再次拆开这封信。

活动小结与反思

孩子们的学习不仅要聚焦当下的生活，回望过去与展望未来也必不可少。

我们希望通过这样的活动能够让孩子们展开丰富的想象，对自己未来的生活进行大胆的憧憬，同时拥有一份积极面对未来的自信和勇气。

我们都无法预知 20 年后的世界将会是什么样子的，但是生命的美丽正是因为它的不可预知。期待 20 年以后孩子们打开信的时候，他们的梦想和期待都已实现。

活动五 地图行动

活动形式

畅游活动。

活动由来

每年四月的最后一个畅游日都是幼儿园的“春游日”。在大自然中，享受春光，释放自我，为四月的学习画上句号。

针对大班幼儿的学习特点，我们为孩子们提供了一份只有起点和终点的地图。孩子们可以随手在这张地图上补充线路，记录自己的发现，让春游更加“有迹可循”。

活动目标

1. 能用符号记录行动的路线和沿途的发现。

2. 尝试与同伴进行合作，动手动脑解决行动中遇到的困难。

3. 在探索中有发现时感到兴奋和满足。

4. 体验在自然中恣意游戏的愉悦感，热爱自然。

活动准备

纸、笔、放大镜、透明收集瓶。

活动过程

一、导入

教师提问："这次春游，你们最想做什么？"

二、讨论环节

请幼儿分享本次春游的期待。

> **活动记录与呈现**
>
> 王子墨：我想去寻宝，找到恐龙的化石。
>
> 薛　暖：我想跟好朋友玩捉迷藏的游戏。
>
> 马佳宜：我想去记录公园里有多少种植物。
>
> 李庄睿：我想用我的画笔把我们路过的景色都记录下来。

三、分组活动

1. 乘大巴车到达春游目的地。

2. 全班幼儿分成两组，由教师带领沿不同路线开始探险。幼儿随时完善地图，记录沿途的发现(图 2-4-15 至图 2-4-17)。

四、主要环节

幼儿在自然里自由探索，和同伴做游戏(图 2-4-18 至图 2-4-20)。

图 2-4-15　我们到达目的地啦！

图 2-4-16　这里是我们现在的位置

图 2-4-17 把我经过的地方记录下来

图 2-4-18 我想看看能不能挖出“宝藏”

图 2-4-19 我找到了好多只蚂蚁

图 2-4-20 一起听听大树的声音

五、小结

1. 乘大巴车返园。

2. 请幼儿分享自己在春游中的困难与发现。

活动记录与呈现

你们小组的地图行动顺利吗？

林绍锋：我们组的行动很顺利，因为我们一直跟着老师走，走大路，然后有一些向左向右的标志我们都能看懂。

涂君慈：我们组不顺利，因为我们发生了分歧，我们的想法都不一样。

郭瀞琪：我们组开始不顺利，但是后来我们就投票，大多数人的想法是走哪边我们就走哪边。

尹昊岩：我们的小组地图行动很有创意，我们去了很多地方进行探险，但是我们知道不能去水边，不能去老师看不见的地方，所以我们的行动非常顺利。

薛　暖：我们小组的行动节奏有点慢，因为我们组都是女孩子，走得慢一些，不过我们的行动很顺利。

在春游中你有什么新发现？

李乐轩：我发现了一个蚂蚁王国，特别酷，蚂蚁好像都喜欢木屑之类的东西。

谢雨默：我发现当我们学会看地图的时候，就能找到方向。

尹昊岩：我发现在大自然里我们的呼吸都变顺畅了。

伭子涵：我发现几个人一起合作的时候就会非常容易找到问题的答案。

春游的感受怎么样？

郭沛元：今天玩得太过瘾了！

李庄睿：我虽然摔了一跤，但是我觉得我变勇敢了。

薛　暖：我今天用相机记录下了我看到的景色。

林绍锋：我觉得在大自然里待着特别舒服。

马汤彧：我觉得和好朋友一起探险是一件很刺激的事情。

邵嘉毅：我想把发现的小虫子带回家继续观察。

马汤彧：我觉得没玩够，我希望爸爸妈妈周末还能带我去大森林里玩。

六、延伸学习

将“地图行动”的方式延伸至日常的活动中。例如，以班级教室为起点，幼儿园另外一个地点为终点进行分组的路线设置和寻宝计划设置。

活动小结与反思

一次春游中的“地图行动”，让孩子们带着任务在自然里自由又有目标地进行探索。孩子们在教师的陪同下去探索大自然的神秘之处，用画笔、双眼、双手去描绘、观察、感受自然界中的事物，收获了探索与发现的乐趣。

我们发现孩子们对自然事物的观察与研究就是在简单地还原一个科学家在自然中的探究过程。在活动中孩子们的团队合作意识也有明显地提高，当他们被分成小组的时候，他们就变成一个个充满凝聚力的团队，每个人都在小组中贡献着自己的已有经验和发现。

孩子们在户外游戏中有更放松的状态，每个人都对身边的大自然充满探究的兴趣，一个树洞、一个蓄水池、一只突然出现的麻雀都能引起孩子们的兴趣。孩子们之间相互交流彼此的发现，教师也分享着自身的感受。在活动的整个过程中，孩子们都被新奇的事物包围着。不得不说，在大自然里，孩子们充满了灵气，同时也感染着我们。

走！春游去！

教育笔记

春游趣事

任玉英

这一天，是幼儿园的出游日。来到公园，我们兵分两路开始“地图行动”。我们一起进入公园的时候，两组幼儿相互打招呼说：“我们要出发了，希望我们能够相遇。”大立说：“老师，我们一定会相遇的吧？”我说：“应该会的。”大立说：“如果相遇了，我想要给他们一个大大的拥抱，我们多么幸运可以在中途相遇。”天天说：“如果相遇了，我要藏起来，给他们一个大大的惊喜。他们突然看到我们一定会开心的。”（虽然我们分成两队，但我们心心相念。）

片段一：

我们遇到了一个小山坡，孩子们兴奋不已。当我们冲到山坡上的时候，所有的孩子都高举着自己的小手说：“我们胜利了，我们是最棒的。”当我们要下山坡的时候，孩子们采用了各种方式，有的屁股坐在地上滑下来，有的慢慢地走下来，有的是拉着身旁的小树或小草倒退着下来的。当我们第二次冲下来的时候，天天把自己的画板放在地上，坐上去像滑沙一样滑下来。

片段二：

我们途经了一片花海，女孩子很自然地扑入了花的海洋中。豆豆、唐果……躺在那里，闭着眼睛闻着花香，她们什么都没有做，只是静静地躺在那里，但是让人感觉非常美好。这是一种想一直欣赏下去不愿去打破的美。

片段三：

路上，孩子们已经走得非常累了。大立和天天走在最前面，捡了两个树枝说：“这是我们小分队的旗帜，你们一定要跟紧我们，不能跟丢了，知道吗？”两个人冲到前面，还时不时地回头看看后面的我们。看到琛琛和小茉莉走得特别慢，天天说：“你们拿的东西太多了，要不我帮你们拿一些吧！”

在春游中孩子们和大自然融为一体，大自然中的一切事物都是他们游戏的元素，他们会调动身体的各种感官去感受它们。在这次春游中，我还感受到了孩子们之间的情感以及孩子们的任务意识。我们的“地图行动”，是孩子们选择一个参照物将自己的探索过程绘制成一张地图。我以为孩子们投入自然中就会忘记这个小任务。但在途中，孩子们时不时地就会说：“老师，我的地图还没有补充完整呢，我们要不要找个地方画一下我的地图。”我更加体会到，规则和责任意识是不能强加给任何人的，在足够的自由空间里，孩子们会自觉地制定规则并遵守它们。

五月主题　探秘小学

月主题说明

随着孩子们在幼儿园生活的最后一个夏天的到来，大班的孩子们即将开始一段新的旅程——进入小学学习。在这段日子里，我们该怎样帮助孩子们用积极的心态迎接新生活呢？

本月主题是“探秘小学”，从与孩子一起交流入学前的感受入手，收集孩子们关于小学生活的问题，引导孩子们用项目学习的方式，从不同的角度了解小学生活，对如何成为一名小学生有更加清晰的认识，为上小学做好物质、能力、心理等各方面的准备。

月课程目标

1. 引导幼儿收集有关小学生活的各种信息，能够用有序、连贯、清楚的语言表达对小学生活的期待与担忧。

2. 支持、引导幼儿用访谈等方法对升入小学后所面临的问题进行研究，并用绘画、符号、拍照等办法记录自己的研究过程与结果。

3. 在模拟小学的游戏体验中，发展孩子们制订计划、执行计划、调整计划的能力，并帮助幼儿建立初步的时间观念。

4. 帮助幼儿逐渐建立对小学生活的清晰认识，唤起幼儿对小学生活的好奇和向往，为入学做好心理准备。

第一周主题“我心中的小学”，孩子们将通过讨论对于小学生活的期待与担忧，提出有关小学生活的问题，制订学习计划。第二周主题“小学生活万花筒”，孩子们将通过分享项目学习海报，对比小学与幼儿园的相同与不同；了解小学生课间时间的管理方式，并为自己制订一份课间计划。第三周主题“成为小学生”，孩子们需要熟悉从家到小学的路径，设计一份专属的上学路线图；畅想自己成为小学生的样子，鼓励孩子们成为很棒的小学生。第四周主题“寻找彩虹小学”，孩子们需要设计一所心目中的“彩虹小学”，尝试与不同同学和老师交往，尝试进行团队合作。对不熟悉的人、事物建立一些掌控感。

我们希望这个月的活动能够帮助孩子们对即将到来的小学生活有更多的了解和正确的认识，用积极的心态去迎接一个崭新的生活！

课程树状图

夏日集市
小学社团，
招新啦！
幼儿园与小学
我想成为
这样的小学生
“新生”
夏季运动会
竞选小班长
美好的课间
文具总动员
运动会的前奏
丰富的
小学生活
课间十分钟
从我家到小学
我的小学研究计划
小学生活
万花筒
成为小学生
对话小学生
小学入学指南
小学初印象
探秘小学
我们的
《小学生宣言》
我心中
的小学
寻找彩虹小学
定下五月小目标
我心中未来的小学
寻找彩虹小学

第一周 我心中的小学

周主题说明

这个五月，大班的孩子们踏上了“探秘小学”之旅。孩子们心目中的小学是什么样子的？对于即将到来的小学生活，他们会有怎样的感受和困惑？他们会用怎样的方式来解答自己心中的困惑呢？

本周的学习，孩子们会从“定下五月小目标”开始，分享“小学初印象”，讨论“我的小学研究计划”，进行“运动会的前奏”准备，参加一场“‘新生’夏季运动会”，一起交流进入小学前的感受，确定关于目标小学的研究问题，体验小学运动会。

周课程目标

1. 鼓励幼儿用有序、连贯、清楚的语言表达对自己小学生活的期待与担忧。
2. 引导幼儿组成学习小组，通过讨论、协商等方式确定研究问题。
3. 帮助幼儿了解自己在运动方面的优势，鼓励孩子们积极主动地参与运动会的报名和准备工作。
4. 引导幼儿了解丰富的小学生活，并对自己的小学生活充满期待。

活动一　定下五月小目标

活动形式

小组活动。

活动目标

1. 愿意和大家分享自己对五月生活的期待与担忧。
2. 能够用四格漫画的形式记录自己五月希望实现的目标。
3. 对即将开始的五月生活充满期待。

活动准备

白纸、水彩笔。

活动过程

一、导入

教师提问："从今天起，我们要开启五月的学习与生活。对此，你有什么期待或者担心呢？"

二、分享环节

请幼儿分享对五月的学习、生活的期待与担忧。

> *活动记录与呈现*
>
> **期待**
>
> 于沣圆：我特别期待半日开放的时候妈妈来幼儿园和我一起玩。
>
> 王展曦：我很期待我的小种子发芽，因为我很希望在毕业之前收获自己种的菜。
>
> 师晨皓：我的架子鼓表演时间快到了，我很期待。
>
> 黄嘉漪：我期待自己跳绳的次数能再多一些。
>
> **担忧**
>
> 谭惜之：我五月时有一个小学的面试，我有些担心面试过不了。
>
> 陆姿邑：我有些担心爸爸妈妈参加不了我的半日开放，因为他们都特别忙。如果别的小朋友的爸爸妈妈能来，我会很羡慕的。

三、讨论提纲

讨论主题："如果请你为自己的五月定下三个小目标，你会定什么目标呢？"

> *活动记录与呈现*
>
> **黄嘉漪的目标**
>
> 我想跟妈妈学做饭团。
>
> 我想跟全家人一起去泡温泉。
>
> 我想在母亲节的时候给妈妈做一张爱心卡片。
>
> **廉宠理的目标**
>
> 我想为每个家人拍摄漂亮的照片。
>
> 我想爸爸妈妈都能来参加我的半日开放。
>
> 和家人一起去爬长城。
>
> **李沐航的目标**
>
> 我想跟妈妈学做比萨。
>
> 我要送给妈妈一条项链。

我想和好朋友一起出去玩一次。

张夷陵的目标

和爸爸学习至少四首古诗。

和妈妈学做点心。

能为家人收拾晒干的衣服。

四、操作环节

请幼儿将五月小目标用四格漫画的形式记录下来。

五、小结

教师倾听幼儿的五月小目标，并做好文字记录。

六、延伸学习

1. 将幼儿的目标分享给爸爸妈妈，全家人一起去实现它。

2. 将幼儿的五月小目标张贴在教室墙面的一个区域，方便幼儿进行交流和自查。

活动小结与反思

在每个月开始的时候，我们都会提前预告这个月可能会发生的惊喜，倾听孩子们对于这个月的学习与生活的期待与担忧。这样的做法能够帮助我们在制定整月活动内容的时候，设计出更适合孩子、更受孩子们喜欢的活动内容。

在这次活动中，孩子们在分享期待与担忧的基础上，还制定了五月的小目标，这些目标不仅和自己相关，还和家人、朋友相关。“给妈妈设计一张母亲节卡片”“为家人收拾晒干的衣服”“和好朋友一起出去玩”……孩子们设定的目标饱含期待和情感，让记录这些瞬间的老师也不禁动容。

开篇课的内容以讨论为主，却让孩子们对接下来的生活充满了期待。

活动二　小学初印象

活动形式

小组活动。

活动目标

1. 能够认真倾听他人的想法，并围绕有关小学的话题进行讨论。

2. 愿意和同伴分享对于小学的期待或担忧，尝试用经验帮助同伴解决问题。

3. 对小学的生活产生好奇。

活动准备

录音笔、小白板、笔、纸。

活动过程

一、导入

教师提问："这个月的课程主题是'探秘小学'。在你心中，小学是一个怎样的地方？"

二、分享环节

请幼儿分享对小学的初印象。

> *活动记录与呈现*
>
> 廉宠理：小学是我大姨工作的地方，那里很严格。
>
> 沈辰宇：小学是学知识、讲道理的地方，在那里需要遵守规则。
>
> 郭文宇：小学是个很大很漂亮的地方，有大镜子可以让你看自己。
>
> 王逸帆：小学是一个能遇到新朋友的地方。
>
> 佀锦农：小学是一个能够遇到新老师、使用新桌椅的地方。
>
> 袁天诒：小学是一个打好基础的地方，是能够学到很多新知识的地方。
>
> 赵若清：小学是学习的地方，上了小学就代表我长大了。
>
> 唐　果：小学是中学的基础，你只有上了小学才能上中学。
>
> 李汭怡：我觉得小学是一个让别人欣赏我的地方。

三、讨论提纲

1. 如果请你用颜色、声音和味道来描述小学，你会怎样描述呢？
2. 对于小学生活，你有怎样的期待和担忧？
3. 互相解答在分享中遇到的问题。

> *活动记录与呈现*
>
> **讨论1：如果请你用颜色、声音和味道来描述小学，你会怎样描述呢？**
>
> **小学的颜色**
>
> 王玥丹：我觉得小学应该是黑色，彩色就像幼儿园了。
>
> 李沐遥：我觉得小学应该是白色，因为这样看起来很安静。
>
> 张一铭：我觉得小学是蓝色，因为我喜欢蓝色。
>
> 孙熙悦：我觉得小学是红色，因为我姐姐的班服是红色的。
>
> 师晨皓：在我心中的小学是灰色的，彩色太花了，就不像小学了。
>
> **小学的声音**
>
> 陈凯润：小学里到处都是写字的声音。
>
> 李泓儒：有老师说话和走路的声音，小学生是安静的，因为小学生们都在上课。

张一铭：小学的声音是小学生下课时吵吵闹闹的声音。

周睿康：什么都没有，很安静，我们都要像猫一样走路。

小学的味道

郭文宇：小学是有点冷的味道。

王靖涵：小学有很大的空间，到处都是云朵的味道。

于沣圆：小学是很干净的味道。

讨论 2：对于小学生活，你有怎样的期待和担忧？

期待

张李昀：我很期待穿上校服，因为我觉得小学的校服还是挺好看的。

张一铭：小学会学习很多知识，比想象中还要多，我很兴奋。

刘子立：我有些着急，我急着去实现我的梦想！我想要赶快上完小学然后上初中、高中和大学，只有长大了才能实现我的梦想。

担忧

闫皓同：上小学了，就会看不见现在的小伙伴和老师们，我担心自己会很想念他们。

谈一锦：小学离家很远，我担心自己会迟到。

张懿琛：我担心自己在不认识的人面前说话会害羞。

徐朴一：我听说小学的作业很多，万一写不完作业怎么办？

吴洛嫣：我有些担心自己交不到好朋友。

其他

佀锦农：我不害怕去小学，也不是特别期待。我觉得现在就应该好好享受在幼儿园的每一天。

刘咨孜：每个人都要学会放轻松，比如很放松地面对小学生活就挺好的。

讨论 3：互相解答在分享中遇到的问题。

作业做不完怎么办？

唐　果：小学要比幼儿园放学早，一放学就先写作业，写完就可以开心地去玩了。

季子禾：我们做事情都要有计划，好好计划我们的时间，把作业做完。

马霁泽：小学的老师应该会根据我们写作业的速度来布置作业吧？

惠星童：如果实在写不完，就诚实地告诉老师，然后抽时间补上就行了。

上了小学交不到新朋友，怎么办？

谈一锦：在幼儿园的时候，老师就已经告诉我们怎么交朋友了，就是你要善良地对待朋友。

胡曦文：高高兴兴地和小学的朋友一起游戏，主动打招呼，就能交到朋友。

陈歆怡：如果你和另一个人有相同的爱好，你们会很容易成为朋友。

四、小结

教师从印象、期待、担忧三个方面帮助幼儿梳理在活动中的收获，使幼儿形成对小学的初步认识。

五、延伸学习

请爸爸妈妈和孩子分享自己上小学时候的趣事，缓解孩子们对即将到来的小学生活的紧张情绪。

活动小结与反思

在和孩子们的讨论中，孩子们积极表达了他们对过往美好的留恋和对未来的期盼，这是人类精神生活的重要内容。

在活动中，孩子们从声音、颜色和味道这三个感官层面对小学的印象进行了描述，真实地表达了自己对于小学生活的期待和担忧。和孩子们一起完成这些讨论后，教师意识到，孩子们对自己的事情有着自己的看法与见解，当他们对自己有信心的时候，一切问题都会迎刃而解。

怎样在这个月的课程中帮助孩子们用积极的心态迎接新生活，这是个值得思考的问题。孩子们带着爱奔向未来，和过去告别，这是内心的成长，这份成长依旧需要力量与勇气，也需要时间。祝福孩子们。

活动三　我的小学研究计划

活动形式

小组活动。

活动目标

1. 愿意与他人分享关于小学的已有经验。
2. 能够制订一份关于小学的研究计划。
3. 学会结合实际情况，审视自己提出的问题。

活动准备

录音笔、小黑板、笔、纸。

活动过程

一、导入

教师提问："关于小学你知道些什么？你是怎样知道这些信息的？"

二、分享环节

运用逐一回答的方式，请幼儿分享自己对小学的已有了解。

活动记录与呈现

关于小学你知道些什么？

知识方面

张一铭：小学要学习很多知识，比想象中还要多。

徐朴一：小学有考试，有成绩单。

李汭怡：小学会有课本，每门课的课本不一样。

技能方面

王靖涵：小学的时候要读很多书，要提高阅读能力。

王展曦：上了小学，我们要学会看钟表。

生活方面

廉宠理：小学没有午睡，不能随时去小便。

孙熙悦：小学的桌子、椅子前面放6个，后面放6个。因为我见过姐姐的小学。

黄嘉漪：上小学会有三天的适应时间，还可以带一个自己的小枕头。

郭浩文：上小学中午只能趴在桌子上休息一会儿，其他时间都要写作业。

唐　果：小学放学很早，上课会有固定在墙上的黑板。

周睿康：在小学，早上六点就去学校，下午三点就放学回家写作业、背课文。

规则方面

黄嘉漪：小学的每节课之间都要休息十分钟。

张墨缘：小学有班长、小队长、中队长和大队长。

杨　博：小学的上课时间比现在要长。

柴　艺：在小学，迟到是一件很严重的事情。

你是怎样知道这些信息的？

孙熙悦：这些都是我姐姐告诉我的，我还去过姐姐的学校看过。

杨　博：妈妈告诉我的。

李沐航：我采访了小区里上小学的哥哥姐姐。

三、讨论提纲

1. 关于小学你还想了解哪些问题？

2. 这些问题你想用什么方法来寻找答案？

3. 这次的项目学习，你想邀请谁和你一起进行研究？

活动记录与呈现

讨论1：关于小学你还想了解哪些问题？

日常生活

吴徐正：我想知道小学里面有什么，教室是什么样子的，教室里面有什么？

李汭怡：小学必须要穿校服吗？每个学校的校服都是什么样子的？

季子禾：我上的小学要带饭盒吗？

刘沐云：如果生病了，小学能请假吗？

活动安排

张懿琛：小学玩的时间在哪里？小学的乐趣在哪里？

吴洛嫣：小学的节日有没有活动？

袁天诒：我想知道小朋友在小学里能不能自己做饭？

惠星童：小学有没有假期？

作业

胡曦文：小学晚上留的作业多不多？

闫皓同：如果作业太多了，别人都做完了，你没有做完，那该怎么办？

上课

陈歆怡：小学每天都上哪些课？是怎么上课的？

燕炳安：小学的课程里面有没有游戏？

马霁泽：小学上课的时候，如果想要小便怎么办？

小学的人

周宸逸：小学一年级有多少个班？每个班有多少人？

赵若清：小学的小朋友好不好相处？

闫皓同：小学的老师都是什么样的？厉不厉害？

讨论2：这些问题你想用什么方法来寻找答案？

张夷陵：我想借助一些材料，比如去书上查一查关于小学的事情。

徐朴一：我想带着问题去做研究，就像我们之前做的项目学习一样。

马霁泽：我想体验一下小学的生活。

师晨皓：我想真的去小学参观一次，看一看真正的小学生活到底是什么样子的。

谢雨默：我想邀请小学的哥哥姐姐们来幼儿园和我们分享他们在小学是怎么过的。

讨论 3：这次的项目学习，你想邀请谁和你一起进行研究？

李汭怡：我想和我的好朋友小怡一起研究，因为我们会上同一所小学。

吴徐正：我要和小文一起研究，我们已经商量好了这周末就一起去查资料、做海报。

谈一锦：我本来想和琛琛一组的，但是我们俩研究的不是一个问题，一起研究就会有些困难，所以我准备邀请爸爸妈妈和我一起。

四、小结

教师根据幼儿的分享，完成研究问题的思维导图的制作(图 3-1-1)。

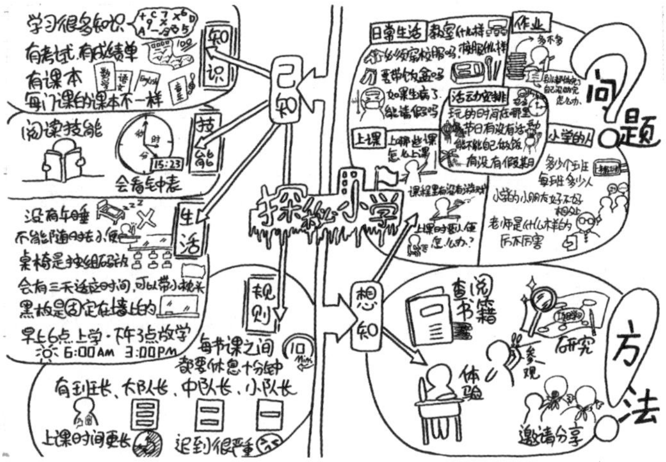

图 3-1-1　这是我们想要研究的关于小学问题的汇总

五、延伸学习

教师将各组讨论出的研究问题、研究方法和研究时间整理成表格，上传至班级微信群，让家长了解幼儿的研究思路并且辅助他们完成研究。

活动小结与反思

本次活动带给教师最大的感受就是孩子们已经逐渐成为整个项目学习的主导。研究伙伴的选择不仅仅局限于自己的家人，更多的孩子想要和朋友一起组成研究团队，甚至已经商量好做研究的时间。也有的孩子能够兼顾到现实层面的可操作性，灵活地选择自己的研究伙伴。

小组讨论的环节就是一个脑洞大开的环节，小组里的每一个人都贡献出自己的想法来将每一个大的问题细化，使之变得更加容易操作，也让原本单一的问题借助集体的智慧变得更加丰富和有层次。

研究伙伴召集完毕，研究问题已经确定，期待孩子们的项目研究报告！

活动四　运动会的前奏

活动形式

集体活动。

活动目标

1. 知道运动会的赛程和赛制。
2. 能够在讨论中表达自己关于队名、口号的想法。
3. 体会团队合作的力量。

活动准备

海报纸、黑板、队牌。

活动过程

一、导入

教师提问："你们知道小学的运动会是什么样子的吗?"

二、分享环节

请幼儿分享关于小学运动会的已有了解。

活动记录与呈现

姚成暄：我有一个认识的姐姐，现在在上小学。姐姐告诉我，小学的运动会有很多项目，比如跑步有50米跑、100米跑，还有200米跑！

田若熙：我家住在小学旁边，我听见他们在开运动会的时候会放和我们升旗一样的音乐，还有口号，喊得特别整齐。

杜安澜：小学的运动会一个小朋友可以参加好几个项目，他们胸前都有一个号码牌。

赵点乐：比赛结束还有颁奖仪式，会有奖状和礼品。

三、操作环节

1. 介绍明天运动会的赛程和赛制。

2. 将全班的幼儿分为两组，全班幼儿自主选择团队队员，两队人员均等或相差较小，在两位教师的带领下一起讨论队名、口号并且进行报名统计(图3-1-2、图3-1-3)。

3. 练习走方阵。

图 3-1-2 我们正在进行有关队名、口号的讨论

图 3-1-3 我们的口号是：彩虹二班，独一无二

活动记录与呈现

关于队名的讨论

陈刘芷蘅：我想我们的队叫“孙悟空队”，因为我很喜欢孙悟空，而且我们队男孩子很多，应该都很喜欢孙悟空。

涂墨涵：我们是一个队，所以队名得让大家都喜欢，不能起只有男孩子喜欢的“孙悟空队”，也不能起只有女孩子喜欢的“公主队”这样的队名。

杨博岩：我们选男孩子、女孩子都喜欢的动物怎么样？小猫队？

尹如凝：这个太没有气势啦！叫彩虹队呢？很幸运的意思。

崔书萌：我们就叫“一班第一”不也挺好的吗？

孙梓涵：我们可以举手投票决定叫什么名字。

最后投票结果：彩虹队当选。

确定口号：彩虹一班，绝不一般。

四、小结

两队分别进行走方阵展示，教师统计孩子们报名参加的比赛项目。

五、延伸学习

请爸爸妈妈在家帮助孩子练习运动会比赛项目。

活动小结与反思

课程的节奏是在设计课程的时候需要整体把握的一个方面，如同呼吸有快有慢，有松有弛，课程的节奏也应该是张弛有度，快慢结合的。第一天轻松开篇，第二、第三天深入讨论，今天的内容就可以相对轻松一些，把课程节奏放缓，为明天的畅游做准备，也为孩子们的项目研究留出更多思考的时间。

今天的活动主要是为明天的运动会做一些前期的准备。孩子们在讨论中学会了兼顾更多人的想法，在报名运动会项目中审视着自己的运动优势。即使只是一个畅游前的准备，也蕴含着很多教育的契机。

期待明天小运动员们的精彩表现！

活动五　“新生”夏季运动会

活动形式

畅游活动。

活动由来

这个五月，幼儿想用项目学习、去小学参观、模拟体验等方式探秘小学。这周的前三天，幼儿已经启动了新一轮的项目学习，完成了关于小学研究问题方法的确定。

周五畅游日，我们尝试用模拟体验的方式，按照小学运动会的赛制，和幼儿体验一次小学的运动会。

活动目标

1. 了解运动会的规则，在体验中感受小学生活与幼儿园生活的不同。

2. 能够在比赛中为团队的荣誉努力。

3. 学会用积极的心态看待比赛中的输赢。

活动准备

队牌、积分榜、金银铜绿四种奖牌、A4 纸、跳绳、拔河绳、圈、秒表、起始线。

活动过程

一、导入

请幼儿戴上号码牌、绑上各班主题色的丝带，抓紧最后时间练习。

二、运动会进行时

1. 运动会开幕式。

(1)四组队员伴着入场式音乐，走方阵入场，并喊出口号(图 3-1-4、图 3-1-5)。

图 3-1-4　队员们入场了

图 3-1-5　运动会即将开始

(2)奏国歌，面向国旗，行注目礼。

(3)介绍赛制，以及各个项目场地、时间的安排。

2. 分项目进行比赛。

(1)趣味运纸、跳远同时进行(图 3-1-6、图 3-1-7)。

(2)身体传圈、跳绳同时进行。

(3)两人三足。

(4)拔河。

图 3-1-6　比比谁的速度快

图 3-1-7　看看谁跳得更远

3. 颁奖暨闭幕式。

按照金牌数算出团体总分，颁发团体奖和个人奖(图 3-1-8、图 3-1-9)。

图 3-1-8　一起取得胜利好开心

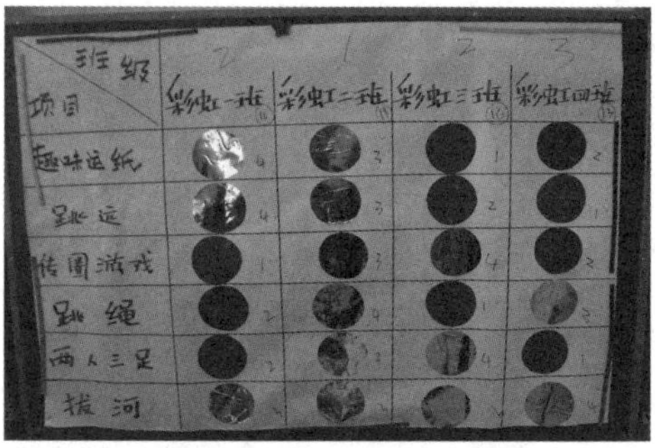

图 3-1-9　我们的奖牌榜

三、小结

对参加比赛的幼儿进行随机采访。

采访问题：

1. 参加完运动会，现在感觉怎么样?

2. 有比赛就有输赢，你们怎么看待输赢?

活动记录与呈现

问题1：参加完运动会，现在感觉怎么样？

许笑萱：我觉得很开心，因为我第一次得到了金牌。我比赛之前，没有觉得自己能够得到金牌。

胡曦文：我特别紧张，因为太想得第一了。我在玩传纸游戏的时候，紧张地手都开始出汗了！

颜妤兮：我有些遗憾。我昨天晚上在家练习了很久很久，却只得到了很多绿牌。

李美凝：我觉得这是一次很好的学习机会。别人跳得很好，我没有那么好，但是我想想别人是怎么跳的，我就可以跳得很好了。

杜安澜：我觉得很着急，在中间的时候我想小便，但是我又害怕轮到我的时候，我不在，就没有机会了。

高楠狄：我觉得很新奇。因为这次运动会很特别，我们第一次走了方阵，我们有自己的口号，有积分榜，需要提前报名，跟我们之前的每一次畅游日都不一样。

问题2：有比赛就有输赢，你们怎么看待输赢？

舒雨初：输赢还是有些重要的。你参加比赛就要尽自己最大的努力去拿冠军，因为你得冠军是为了小组的荣誉。

胡曦文：得第一没什么，得最后也挺好的，每一个勋章都有小奖品。而且不是嘴巴说赢就能赢的，没有实际行动是不会成功的。

杨博岩：一次的输赢其实并没有那么重要。比赛会有很多次，如果这一次名次不好，你可以思考怎样做才能让自己在下一次比赛中取得更好的成绩。

涂墨晗：敢参加这个比赛，你就战胜了自己内心的恐惧。努力是我可以做的事情，但是输赢我控制不了。

四、延伸学习

播放小学生运动的视频，让幼儿感受一下真正的小学生运动会是怎样的。

活动小结与反思

竞技性的活动最能够激发一个人的潜能。在运动会中，我们亲眼见证了孩子们一次又一次地突破自己，刷新项目的最好成绩。在竞争的紧张氛围中，孩子们的团结、合作、友爱、不放弃等特别优秀的品质也得到很好的展现。

前期，我们花了大量的时间和孩子们一起讨论团队的口号、练习入场式，鼓励孩子们积极报名参加自己想要参加的项目，让每一个人都有参与其中的感觉。比赛项目的选择也尽量考虑到个人赛与团体赛相结合、竞争性和趣味性相平衡。其中包括与传统奖项不同的金、银、铜、绿四个奖项的设置，也是想最大限度地鼓励孩子们去参与运动会。赛后的采访再一次将孩子们在运动会中获得的感受夯实，孩子们对于胜利与失败的看法让教师叹服。

我们也希望孩子们在面对人生的胜利与失败的时候，同样能够用一颗平常心去对待。

畅游日 ｜ “彩虹小学”室内运动会

教育笔记

关于五月第一周课程的思考

张 芬

这个月大班的课程主题是“探秘小学”，孩子们将会借助课程，提前了解自己的目标小学，做好上小学的心理准备和实际准备。本月的课程，依然是从了解孩子们对于小学的感受开始的。

在孩子们的心中小学是一个怎样的地方呢？是能遇到新朋友的地方（王逸帆）；是打好基础的地方，是学到很多新知识的地方（袁天诒）；是个值得期待的地方（赵思森）；是个令人紧张的地方（胡曦文）；小学是中学的基础，你只有上了小学才能上中学（唐果）；是一个让别人欣赏我的地方（李汭怡）；上了小学就代表我长大了（赵若清）……新朋友、新老师、很多知识、让别人欣赏自己、长大、紧张……孩子们对于小学的印象更多的是积极的印象，这一点真是让人欣喜。

对于上小学这件事，孩子们会有怎样的心情呢？是紧张还是期待？有的小朋友有担心，他们担心会和比自己大的同学吵架（张北歆）；担心遇到不认识的人会紧张（王旭锋）；担心迟到会被老师批评（马霁泽）；会担心没做好功课被老师罚站（董镟）；会因为要离开幼儿园而伤心（闫皓同）……有的小朋友有期待，他们期待穿上校服（张李昀）；期待交到更多的好朋友（陈歆怡）；期待快快长大实现自己的梦想（刘子立）……也有的小朋友认为面对即将到来的小学生活应该放轻松（刘咨孜）；享受在幼儿园的每一天（佀锦农）。虽然孩子们对于小学的印象很多都是很积极的，但是还是会有一些小担心。这些担心一是因为对即将进入的小学不了解，二是在日常生活和他人的交谈中，获取了一些让自己担心的信息（比如老师很严厉，会有罚站等）。

孩子们关于小学到底有了哪些了解呢？

胡曦文：有的小学的女生必须得剪短头发。

谈一锦：小学的老师会很严肃。

唐　果：小学有食堂，可以去专门的学生食堂吃饭。

李汭怡：小学会有课本，每门课的课本不一样。

王逸帆：小学没有午睡，如果你想睡觉只能趴在桌子上。

唐　果：小学放学很早，上课会有固定在墙上的黑板。

张懿琛：小学有很多作业，你需要做到很晚很晚。

赵思淼：小学有显微镜，上课禁止大小便。

董　镟：小学必须要穿校服，没有玩具，上课不能聊天。

柴　艺：上课迟到是一件很严重的事情。

唐　果：小学有专用的不同的桌子，小学老师上课用粉笔写字。

马令仪：小学有六个年级。

……

看来，孩子们对于小学还是有一些了解的。但是这些了解是完全正确的吗？即将进入的小学真如孩子们描述的那样吗？幼儿园和小学的区别有哪些？每个学校之间的区别有哪些？这些都是接下来我们开展课程的方向，可能课程开展到最后，会有很多张思维导图出现，比如小学和幼儿园的对比图、每个学校简介式的思维导图、每个小学的对比图……孩子们会从中提炼出一些共性和区别，从而更有针对性地了解自己的小学。

本周末，孩子们将在爸爸妈妈的陪同下，实地去看一看即将要进入的小学，通过访谈、网上查资料等方式了解自己即将进入的小学。期待孩子们下周的调查报告。

第二周　小学生活万花筒

周主题说明

小学的学习与生活到底是什么样子的？本周，孩子们带回了关于目标小学的项目研究海报，相同小学的孩子们会聚在一起共享信息，形成对目标小学的完整认识。除此之外，还有关于“课间”“跳蚤市场”等体验式的活动等着孩子们。

通过这一周的课程学习，孩子们会通过“丰富的小学生活”“课间十分钟”“美好的课间”“幼儿园与小学”和“夏日集市”活动，深入了解小学与幼儿园生活的不同，体验丰富多彩的小学生活。

周课程目标

1. 组织幼儿在小组中有重点地讲述关于小学的项目学习海报的内容。
2. 鼓励幼儿通过访谈家人、与同伴讨论等方式，了解小学的课间。
3. 帮助幼儿在实施课间计划的基础上，审视制订的计划，并做出合理的调整。
4. 引导幼儿学会用表格的方式对比小学生活与幼儿园生活的异同。
5. 帮助幼儿了解集市中“以物换物”的交易原则，体验旧物换新物带来的乐趣。

活动一　丰富的小学生活

活动形式

小组活动。

活动目标

1. 了解如何使用柱状图进行统计。
2. 在小组中能够有重点地向他人介绍自己的项目研究海报。
3. 对小学的学习和生活充满期待。

活动准备

幼儿带来的关于小学的项目研究海报、黑板、彩笔。

活动过程

一、导入

教师提问：“你知道自己的目标小学是哪个吗？”

二、分享环节

幼儿通过逐一回答的方式，分享自己的目标小学。

活动记录与呈现

袁天诒：我可能会去A小学，因为爸爸妈妈说那是个很好的学校。

胡曦文：我会去B小学，跟我的好朋友在同一所小学。

刘子立：我们家快搬家了，我要去西城区上小学。

王逸帆：我可能会去C小学，因为这是离家最近的学校，以后我会自己走路上学。

三、讨论环节

幼儿按照不同的小学分组，小组内进行“我的目标小学”海报分享，可随机提问(图 3-2-1、图 3-2-2)。

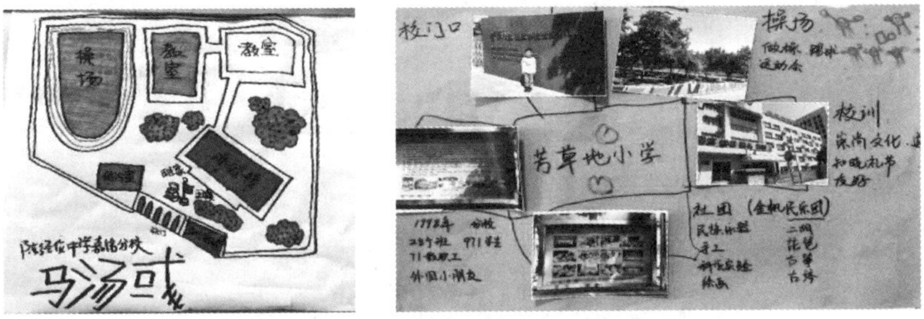

图 3-2-1 这是我们完成的项目学习海报

图 3-2-2 在户外，我们正在小组内进行项目学习海报的分享

活动记录与呈现

赵思淼：我要上的小学是 D 小学。这个小学有很多的社团，比如英语、戏剧、魔方、跆拳道、创意画、武术，我感觉和幼儿园差不多。每天上午有四节课，下午有两节课，然后就可以放学了，会比幼儿园放学早一些。在学校也会有牛奶、水果和蔬菜可以吃。

李汭怡：我想上的小学是 A 小学。这个学校除了小学还有初中和高中。从我家走过去大概需要 25 分钟，坐 120 路和 484 路公交可以直接到。

张北歆：我要上的小学是 E 小学。从我家走到小学大概需要 15 分钟，比幼儿园要远一些。上了小学，每个小朋友都会有自己的桌椅。在幼儿园的时候我们很多的时间都是用来玩的，但是上了小学，很多时间都会被用来学习。小学和幼儿园不同的地方有：需要遵守更多的规矩；需要学习更多课本上的知识；每天都需要写作业……我们会在小学学习六年，六年之后我们就可以小学毕业啦！

四、小结

用柱状图的方式统计全班幼儿目标小学的分布(图 3-2-3)。

请幼儿观察图表后分享自己的发现。

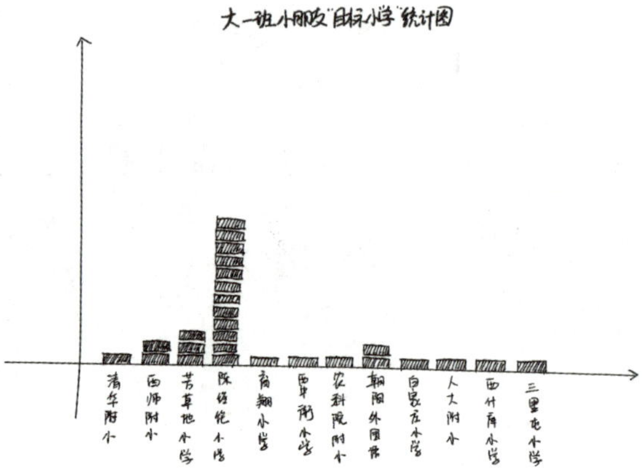

图 3-2-3　这是我们班小朋友目标小学的统计图，你能看出哪个小学是最多的吗？

> **活动记录与呈现**
>
> 赵思淼：我和我的好朋友在一个小学，好高兴！我一定会在课间去找大立玩的。
>
> 季子禾：和我一样在C小学的小朋友是全班最多的。
>
> 唐　果：都没有小朋友和我在同一个小学。
>
> 李汭怡：好想快点上小学！

五、延伸学习

发放“课间十分钟”调查表，请调查后次日带来，一起分享。

活动小结与反思

每一次的项目学习海报分享都是一次信息大爆炸，有了前几次项目学习的经验，孩子们对于研究内容的把握越来越好。研究问题的选择已经不仅仅局限在某一个方面，而是力求全面了解目标小学。学校的历史、从家到小学的路程、课程的设置、小学的课余生活……这些内容的研究远比教师期待的丰富，也为接下来的课程提供了很多线索。

对于组织小组教学的教师来说，如何对孩子们进行分组是需要仔细思考的一个问题。拿今天的活动来说，至少可以有三个分组的依据，一是孩子们自由结组；二是按照各自研究的问题进行结组；三是按照各自的目标小学进行结组。从信息共享的有效性来考虑，第三种分组方式无疑是最好的选择。其他的小组活动可根据活动内容来选择分组方式。

在活动中，听到孩子们感叹：“这就是我要上的小学呀！”看来，孩子们与目标小学的联结已经建立，这真是再好不过啦！

活动二　课间十分钟

活动形式

小组活动。

活动目标

1. 知道“课间十分钟”是小学生活的一个重要组成部分。
2. 能大方地向他人介绍“课间十分钟”的调查结果。
3. 对课间生活充满向往。

活动准备

幼儿已完成的“课间十分钟”调查表。

活动过程

一、导入

教师提问：“你们知道什么是‘课间’吗？”

二、分享环节

请幼儿分享自己对课间的理解。

> **活动记录与呈现**
>
> 李庄睿：课间就是小学生的休息时间，幼儿园没有，但是在幼儿园随时都可以休息。
>
> 尹昊岩：课间是让小朋友自由决定自己做什么的时间。
>
> 王逸帆：两节课之间的那段时间就是课间。
>
> 张懿琛：课间和我们吃完加餐要出去户外中间的那段时间很像，就是准备要做下一件事了。
>
> 赵思森：课间是很自由的一段时间，你可以休息，玩游戏，自己决定怎么过。
>
> 谈一锦：小学上课、下课都有铃声，铃声一响就上课了，铃声再一响就下课了。
>
> 侣锦农：一般小学的课间都是十分钟，所以叫课间十分钟。

三、讨论提纲

请幼儿自由结组，分享“课间十分钟”调查表(图 3-2-4、图 3-2-5)。

1. 在分享调查表的过程中你有怎样的发现？
2. 课间十分钟可以做什么？
3. 课间十分钟，你最想做什么？

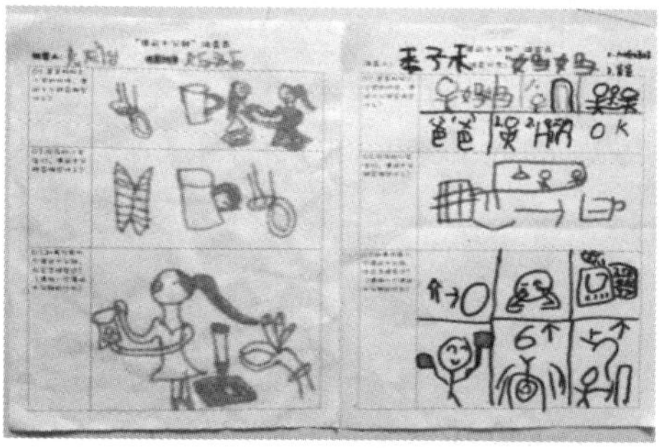

图 3-2-4 这是我们做的“课间十分钟”调查表

图 3-2-5 一起来分享我们的调查表

活动记录与呈现

讨论 1：在分享调查表的过程中你有怎样的发现？

张李昀：我发现课间虽然只有十分钟，但是却可以做很多事情。

胡曦文：我发现爸爸妈妈的课间十分钟和现在小学生的课间十分钟很不一样。爸爸妈妈的课间是“动起来”的，现在小学生的课间是“静下来”的。这是为什么呢？

董　镟：可能是因为现在的小学生人太多，地方太小，没有地方动起来吧。

吴洛嫣：也有可能是因为老师们越来越担心小学生的安全，就不让小学生动了。

陆姿邑：还有可能是因为小学生的作业太多了，课间十分钟都用来写作业了。

讨论 2：课间十分钟可以做什么？

按照孩子们认为重要的程度排序如下。

为下节课做准备

邵嘉毅：可以为下一节课做准备。比如，完成没有写完的作业。

季子禾：整理一下文具，把下节课需要的书拿出来。

解决生理问题

王唯亦：可以去小便、洗手、喝水。

薛　暖：如果你饿了还可以吃一点儿零食。

游戏

涂君慈：可以去找自己的好朋友玩。比如，不在一个班的小朋友在课间十分钟可以一起玩。

刘芊然：还可以玩跳皮筋、下棋、画画……

讨论 3：课间十分钟，你最想做什么？

全班孩子按照票数的高低，想在课间做的事依次为：

画画、跳绳(4 票)；

丢沙包(3 票)； 下棋(2 票)； 看书、写作业、捉迷藏、玩魔方、手指谣、爬楼梯、压腿(分别 1 票)。

四、小结

教师将今天活动的讨论内容按照“什么是课间”“课间可以做什么”“最想在课间做什么”三个部分进行梳理，制作完成思维导图(图 3-2-6)。

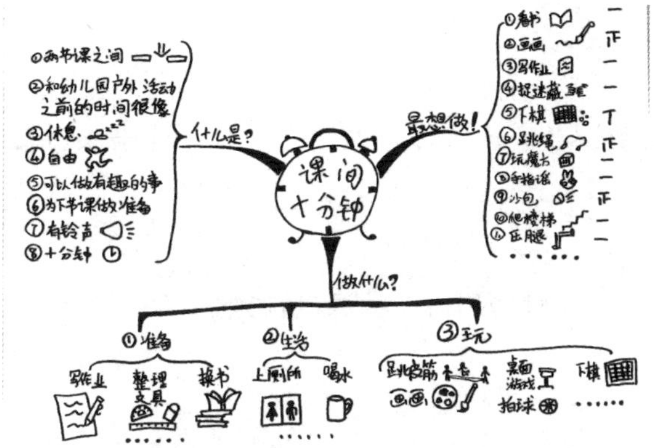

图 3-2-6　“课间十分钟”的思维导图

五、延伸学习

请幼儿按照自己制订的课间计划，准备相应的游戏材料，为明天的体验活动做准备。

活动小结与反思

在今天的活动中，孩子们对于课间的学习运用到了调查、统计和排序的方法，这些都是科学素养中很重要的能力。这些方法也帮助孩子们更好地从宏观的角度了解了课间。

在孩子们的分享中，可以看出他们对时间是有规划意识的，喝水和游戏是不同重要等级的事情，他们会根据自己的实际情况进行安排，这是否也可以从另一个侧面说明，对于大班下学期的孩子们来说，大部分孩子已经具备了结合实际情况对生活中的问题进行排序的能力？在前期调查中，爸爸妈妈和孩子分享了自己儿时的课间是如何度过的。家长的经验分享扩展了孩子们对于课间的理解。

在明天的活动中，孩子们将会体验一次完整的课间，在实际体验中对自己的课间计划进行审视和修改，一起期待！

活动三　美好的课间

活动形式

小组活动。

活动目标

1. 能够听懂铃声传递的上下课信息。

2. 学会结合实际，审视自己制订的计划，及时做出调整。

3. 可以根据自己的计划进行课间十分钟的体验。乐意参加课间十分钟的体验与游戏。

活动准备

课间十分钟计划、课间铃声音乐、沙包、足球等幼儿自带课间所需物品。

活动过程

一、导入

教师提问："今天我们要一起来体验课间十分钟，你带来了哪些游戏材料，打算怎样度过这个课间?"

二、分享环节

请幼儿分享带来的游戏材料和自己的课间计划。

活动记录与呈现

孙依莲：我今天带来了沙包，一会儿想和好朋友玩踢沙包的游戏。

林绍锋：我带了水壶，一会儿一打下课铃，我就要解小便、洗手、喝水。

王淏晨：我向老师要了一支粉笔，一会儿准备在地上画格子，玩跳格子的游戏。

闫伽安：我带了跳绳，课间的时候准备和好朋友一起数数谁跳得多。

薛　暖：我想在课间的时候去找其他班的好朋友，不知道时间够不够。

尹昊岩：我们都准备好了，就等下课铃声响起来，就可以开始啦!

三、体验环节

1. 教师介绍上、下课铃声，请幼儿熟悉。

2. 教师播放"下课音乐"，幼儿开始自由游戏。以铃声为信号，铃声再次响起，请幼儿回到原来的集合地点(图 3-2-7 至图 3-2-10)。

图 3-2-7　课间时间到，解散!

图 3-2-8　我最喜欢滚铁环的游戏

图 3-2-9　我们一起来看书吧！

图 3-2-10　和老师一起跳皮筋

四、讨论提纲

1. 课间十分钟你做了哪些事情？感觉怎么样？

2. 总结经验，你会怎样制订下一个课间计划？

活动记录与呈现

讨论 1：课间十分钟你做了哪些事情？感觉怎么样？

王逸帆：课间的时候我一直在教小朋友们玩魔方。

季子禾：我在和小朋友们玩跳格子。听到铃声我特别担心自己会迟到，赶紧结束游戏，我们还约好下次一起再玩跳格子。

冯妙涵：我的课间十分钟玩了跳皮筋的游戏，和好朋友轮流玩，时间刚刚好。

李庄睿：我的课间十分钟一直在练习跳绳，我感觉自己的本领又提高了。

袁天诒：上课的时候我迟到了，因为我玩得太高兴，没有听到上课铃声。

讨论 2：总结经验，你会怎样制订下一个课间计划？

吴徐正：如果再给我一个课间十分钟我会先去上厕所，喝些水。

王唯亦：我觉得最重要的还是要先上厕所，这样后面的事情可以慢慢安排。

谈一锦：我可能需要一个手表，这样我就能看到时间很好地安排自己的课间十分钟了。

闫皓同：我想下次有机会再尝试一些新的游戏，这次课间十分钟我体验的游戏太少了。

涂君慈：我觉得我可以修改一下我的计划，努力按计划安排自己的课间十分钟。

刘子立：如果上课铃响了，也没关系，因为那些没做完的事情可以等有时间的时候再做。

五、小结

教师与幼儿共同对本次活动做一个总结，鼓励幼儿对已有计划进行修改，制定出关于课间十分钟时间分配的最优方案。

六、延伸学习

幼儿和爸爸妈妈们一同完成幼儿园与小学的对比表格，第二天带来幼儿园。

活动小结与反思

在对课间十分钟可以做的事情进行了分享和讨论之后，孩子们制订了自己的课间十分钟计划。孩子们制订的计划有一个共同点，就是想要尽可能地在十分钟之内体验完所有想要体验的游戏。孩子们自己制订的计划可以实现吗？在今天的课程中，教师设计了一个课间十分钟的体验环节。以巴赫的小步舞曲为铃声，第一次听到铃声时课间开始，第二次听到铃声时课间结束，两次铃声间隔十分钟，孩子们可以带来自己想要在课间十分钟时使用的任何物品。

第一次铃声响起，孩子们特别高兴地拍着手拿出课间想要玩的玩具，三五成群地开始度过课间十分钟。看书的、分享新玩具的、玩跳格子的、拍球的、跳绳的、找蜗牛的、喝水的、上厕所的……还有一位坚定地坐在自己椅子上不出去玩的小朋友，因为他要坚守阵地，也真是可爱极啦！这十分钟，教师都惊呆了，没想到孩子们会把十分钟玩出让人目不暇接的惊喜感，每一个人都沉浸在这十分钟里，做着自己喜欢做的事情，特别想感叹一声：真是美好的课间呀！

短暂的十分钟，给了孩子们一场新奇的体验，这对他们来说意义非凡。体验之后，孩子们对自己的课间计划重新进行了审视，这是厘清事情主次关系的过程。在一次次体验、审视的过程中，孩子们会慢慢地找到度过课间十分钟的最优方案。

忠实记录课程的瞬间｜探秘小学之“美好的课间”

活动四　幼儿园与小学

活动形式

集体活动。

活动目标

1. 愿意与他人分享自己发现的小学与幼儿园的异同。

2. 能借助图表对幼儿园和小学的异同进行分类。

3. 通过对比幼儿园和小学的异同，产生对小学生活的向往之情。

活动准备

项目学习报告、黑板。

活动过程

一、导入

教师提问：“你们是和谁一起完成幼儿园与小学生活的异同对比表的？完成过程中遇到了哪些困难？是如何解决的？”

二、分享环节

请幼儿分享“幼儿园与小学生活对比表”完成情况。

> ### 活动记录与呈现
>
> 李歆漪：我和爸爸一起完成的。我的问题，爸爸也回答不出来，后来我们一起上网提问，其他人帮忙解答的。
>
> 黄嘉漪：我和姐姐一起完成的，姐姐回答，我来记录的。
>
> 李佳蔓：我是和爸爸妈妈一起合作完成的，困难是有的问题爸爸妈妈的答案和我知道的答案不一样，后来我们就去问了小区里的小学生们。

三、讨论提纲

请幼儿分组进行调查表的分享，每组选出一名记录者和一名面向集体分享的人（图 3-2-11、图 3-2-12）。

1. 你们是怎么在规定时间内完成分享和记录的？

2. 幼儿园和小学有哪些异同？

3. 了解完这些以后，你对小学又有了哪些新的认识？

图 3-2-11　一起来分享我们发现的幼儿园和小学的异同吧！

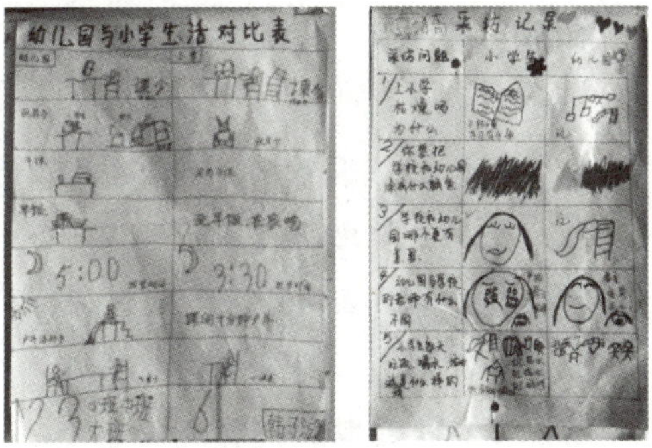

图 3-2-12　这是我和爸爸妈妈一起完成的幼儿园与小学生活对比调查表

活动记录与呈现

讨论 1：你们是怎么在规定时间内完成分享和记录的？

孙熙悦：我们组是如果你的调查结果有很多，就先讲一半，给其他人留些时间分享。

黄嘉漪：我们是通过手心手背的方式来决定顺序的。

张墨缘：我们是相互推荐，谁得的票多，谁就可以先开始。

李沐遥：没有写的人先听别人说，然后帮忙对别人的分享进行补充。

陈凯润：因为我们的内容都很少，所以小组长给我们排了顺序，我们就按照顺序来了。

讨论 2：幼儿园和小学有哪些异同？

相同点

时间

陈润孜：幼儿园和小学都是周一到周五上学，周末休息。

贾依晨：幼儿园和小学都有很多好玩的活动和自由的活动时间。

设施

周睿康：幼儿园和小学都有午餐，有保健室和图书馆。

王靖涵：幼儿园和小学都有监控，我去过哥哥的小学。

张夷陵：幼儿园和小学门口都有一个牌子，上面写着学校的名字。

贾依晨：幼儿园和小学都有食堂。

校园生活

孙熙悦：幼儿园和小学都需要写日记。

周睿康：幼儿园和小学都上课，都会升旗。

贾依晨：幼儿园和小学都会开展各种各样的活动，如春游、秋游这样的活动。

陈凯润：幼儿园和小学都有毕业典礼。

不同点

时间

黄嘉漪：上幼儿园和上小学的起床时间不一样，小学的作业要当天完成。

周睿康：小学比幼儿园放学早，小学三点放学。

管盈钧：幼儿园和小学在校时间的长短不同。

设施

郭文宇：小学教室里没有床。

李沐航：小学的建筑面积比幼儿园的建筑面积大。

廉宠理：幼儿园的厕所不分男生女生，小学有男厕所和女厕所。

周睿康：小学的桌椅有固定的位置，一排一排的。

牛亦菲：小学没有滑梯。

校园生活

李沐航：幼儿园有加餐，而且有水果吃，小学没有水果。

张墨缘：小学每天都会有作业。

王静涵：小学可以不用家长接，可以自己回家。

周睿康：小学还会开班会。

徐朴一：小学考试后会有成绩单。

贾依晨：小学会发红领巾。

其他

陈乐仪：小学的图书馆和幼儿园的不一样，小学的书放在窗台上。

张夷陵：幼儿园和小学的上课内容不一样，上小学每天都必须背书包。

廉宠理：犯错后的惩罚方式不一样，小学犯错误后要去找班主任聊聊。

陈润孜：上小学要穿校服，幼儿园没有校服。

讨论3：了解完这些以后，你对小学又有了哪些新的认识？

张夷陵：我发现小学不是完全陌生的，也有很多和幼儿园一样的东西，这样我就不会那么紧张了。

周睿康：我听到大家说了很多在小学能做的事，很想都去试一试。

王展曦：我们竟然找到了这么多相同和不相同的地方，看来大家的力量真的很大。

四、小结

全班合作完成幼儿园与小学的异同对比思维导图(图3-2-13)。

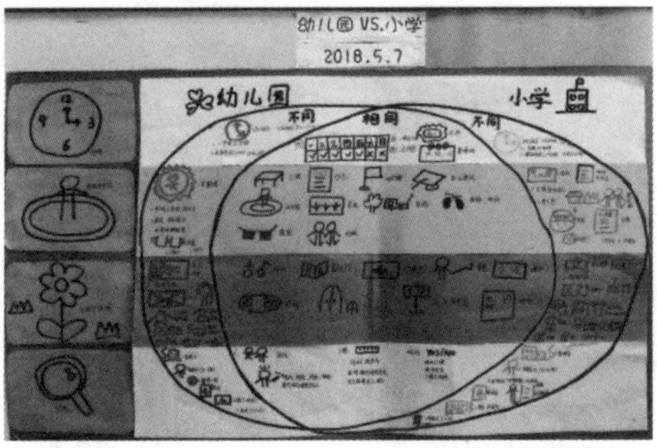

图3-2-13　幼儿园与小学异同对比思维导图

五、延伸学习

1. 准备明天夏日集市上准备置换的物品。

2. 为自己的摊位制作一个招牌。

活动小结与反思

当教师抛出的话题足够开放、孩子们关于这个话题的已有经验足够丰富时，孩子们的学习越是容易呈现出主动性和差异性。这是在本次活动中教师最大的感受。在活动中，孩子们的已有经验非常丰富，他们有良好的学习习惯，善于从自己的观点入手寻找幼儿园和小学的异同，观点清晰，表达流畅，很多观点都是教师也没想到的。在这些观点的碰撞中，教师看到了孩子们视角的独特性。

在设计这节课的思维导图时，出现了很多“第一次”，第一次应用小组制定思维导图再到教师整合信息的“分—总”模式，第一次试着用彩色来区分设计导图等，最后整合概念时竟然画出了一个四层导图，我们惊讶于孩子们超强的学习能力。这样一种全新思维导图的尝试也给了教师很多信心，希望教师能够继续保持学习的状态，得到更多可以运用到课程中的新技能。

在关于小学的项目研究中，孩子们用观察、讨论、对比的方式，表达了对小学生活的期待与担忧；用发散的思维展开对小学生活的联想；用项目学习的方式分享自己获得的对于小学的认知。整个过程中，朋友之间、亲子之间的相互陪伴也很有效地帮助孩子们化解了对不确定与未知的担心。

忠实记录课程的瞬间 ｜ 小学，我们来啦！

活动五　夏日集市

活动形式

畅游活动。

活动由来

五月正值初夏，当夏天遇到小学生活体验，我们用一场夏日集市来迎接夏天的到来！孩子们需要挑选能够代表夏天的物品，制作摊位的照片，练习吸引顾客的吆喝，掌握以物换物的本领，学习充满夏日气息的手工……还等什么，一起来逛夏日集市吧！

活动目标

1. 知道什么是“以物换物”。

2. 至少学会一种充满夏日气息的手工。

3. 在活动中，感受以旧物换新物带来的喜悦感与成就感。

活动准备

准备用来交换的物件、野餐垫、“跳蚤市场”和“夏日手工”社的标志、彩纸、吸管、白糖、洗洁精、小碗等。

活动过程

一、导入

教师：“你选择了哪些代表夏天的东西来参加夏日集市？为什么？”

二、分享环节

请幼儿分享带来的与夏天相关的物品。

> **活动记录与呈现**
>
> 周睿康：我带了水枪和风扇，这是夏天必须要有的两样东西。
>
> 师晨皓：我带了能在水上漂浮的卡车，如果有小朋友要去海边肯定能用得上。
>
> 陈乐仪：我带了冰棍模具和一个游泳圈。
>
> 王玥丹：我带来了美丽的漂流瓶。
>
> 黄嘉漪：我带了很多漂亮的裙子，还有凉鞋。希望和我交换东西的小朋友能够美美地度过夏天。

三、游戏环节

1. 跳蚤市场。

幼儿轮流进行摆摊，可以随意走动，用手中的物品进行置换(图 3-2-14 至图 3-2-19)。

2. 夏日手工社。

在这里，幼儿可以学习怎样来调制泡泡液，学习制作夏天必备的手工扇子和“冰激凌”(图 3-2-20)。

图 3-2-14　快来逛夏日集市咯！

图 3-2-15　这是我们带来的和夏天相关的物品

图 3-2-16 火爆的现场

图 3-2-17 欢迎光临我的漪漪小铺

图 3-2-18 走过路过，不要错过

图 3-2-19 老师们也来逛夏日集市啦！

图 3-2-20 还可以来夏日手工社制作泡泡液、制作“冰激凌”哦！

四、小结

采访逛完集市回来的孩子，请他们谈谈关于参加夏日集市的感受。

活动记录与呈现

唐　果：我在跳蚤市场看到了很多很新奇的东西！原来小朋友家里夏天的东西都那么有意思。

吴雨珊：集市真的是一个很神奇的地方，东西很多，我的眼睛都看不过来了。

李悦潼：超级开心！我觉得我像发大财了一样，和特别多的小朋友换了玩具。

董　镟：我觉得很开心。我本来准备让妈妈买一双新鞋，但是换了一双，这样我就不用再买新鞋啦！我觉得自己好棒！

刘子立：我本来很舍不得带东西来，因为那些玩具有我很多美好的回忆。但是我看到它们都找到了一个好的主人，我还得到了一个新的玩具，我就很开心。

王靖涵：我今天做了泡泡液，还做了“冰激凌”，我感觉到了夏天真好，可以有这么多好玩儿的。

王展曦：我觉得跳蚤市场太好玩啦，我的小风车都卖完了，大家都喜欢我的东西，我觉得特别高兴。我感觉这个夏天非常温暖。

五、延伸学习

可以定期在班级中组织跳蚤市场的活动，让孩子们的旧物流通起来。

活动小结与反思

在畅游活动中孩子们觉得好玩的事情有很多。有的小朋友觉得交换东西最好玩，感觉有了新玩具很开心、很兴奋；有的小朋友因为大家都喜欢他的东西而幸福；有的小朋友仅仅是看看也觉得这样的热闹真好。很多教师也是第一次参与孩子们的跳蚤市场活动，被孩子们现场进行物品交换时的情形触动，看到每一件物品都能够重新拥有珍视它的主人，这种感觉真好。

通过这次活动，孩子们不但初步了解了买卖与交换过程中的规则与方法，体验到了公平交换的乐趣，还培养了他们的语言表达力、计算能力、社交能力等一系列的社会性发展能力。看到孩子们交换的场景，老师们也忍不住参与进来，但孩子们并不会因为你是老师而改变交易原则哦！这也体现了一种平等意识吧。

畅游日　|　我们用泥坑、镜头、夏日集市……迎接夏天！

教育笔记

美好的课间十分钟

张　芬

大班五月第二周的主题是“小学生活万花筒”，孩子们会在这一周对“课间”进行调查与展望、计划与实施、调整计划。我们一起来看一看，孩子们是怎样一步一步对“课间”进行深入学习的。

一、调查与展望

1. 课间初印象：什么是课间？

王逸帆：课间就是两节课之间的那段时间。(顾名思义)

赵思淼：课间是很自由的一段时间，你可以休息，玩游戏，自己决定怎么过。(休息、放松、自由、自己决定，这些都是课间的关键词哦)

胡曦文：课间就跟我们去户外活动之前的那段时间一样，我们要小便，拿水壶，站队，去做下一件事情。(和自己的已有经验相联结，棒棒的！)

侣锦农：一般小学的课间都是十分钟，会有铃声提醒是上课还是下课。(时长、铃声，很重要)

听了孩子们的分享，我发现孩子们对于课间十分钟已经有了很多已有经验，这也为接下来的调查奠定了很好的经验基础。

2. 调查：爸爸妈妈的课间与现在小学生的课间。

在对“课间”有一个大致的了解后，孩子们带着一张“课间十分钟调查表”回家对爸爸妈妈和小区里的小学生进行了调查。调查结果显示如下。

(1)课间虽然只有十分钟，但是却可以做很多事情。(统计孩子们调查得出的课间可以做的事情，一共有 20 多件)

(2)爸爸妈妈的课间十分钟和现在小学生的课间十分钟很不一样。用孩子们的话描述就是：爸爸妈妈的课间是“动起来”的，现在小学生的课间是“静下来”的。孩子们猜测的原因有：现在的小学生人数太多，地方太小，没有地方动起来；老师们越来越担心学生的安全，不让动；小学生的作业太多了，课间十分钟都用来写作业了……

(3)课间可以做的事情可分为三类，按照孩子们的投票、重要性排序依次为如下。

第一，为下节课做准备，如准备下节课需要用到的书本、削铅笔、写没有完成的作业……

第二，解决生理问题，如上厕所、喝水、饿了可以吃一点儿零食……

第三，游戏，如果上面两类事情都做完了，就可以玩游戏放松放松。全班小朋友列举了一共 12 项想要体验的游戏，其中排在前几位的游戏为跳绳、画画、做手工、跳格子。

对于孩子们把为下节课做准备和解决生理问题排在游戏之前这个结果我还是很吃惊的，这是否可以从另一个侧面说明，对于大班下学期的孩子们来说，大部分幼儿已经具备了结合实际情况对生活中的问题进行排序的能力。

二、计划与实施

在对课间十分钟可以做的事情进行了分享和讨论之后，孩子们制订了自己的“课间十分钟计划”。孩子们制订的计划有一个共同点，就是想要尽可能地在十分钟之内体验完所有想要体验的游戏。孩子们自己制订的计划可以实现吗？在第三天的课程中，我们设计了一个课间十分钟的体验环节，以巴赫的小步舞曲为铃声，第一次听到铃声时课间开始，第二次听到铃声时课间结束，两次铃声间隔十分钟，孩子们可以带来自己想要在课间十分钟使用的任何物品。第一遍铃声响起，孩子们特别高兴地拍着手拿出课间想要玩的玩具，三五成群地开始度过课间十分钟。我看见端端、朵朵还有泱泱在看书；顺顺和好朋友在玩魔方的游戏；达达带来了数字华容道，在和好朋友们分享这个新玩具；熊猫、大麦还有好几位大三班的小朋友画了一个格子，一起在玩跳格子；赵思淼和珊珊在玩自制纸片；还有拍球的、跳绳的、找蜗牛的、喝水的、上厕所的……大三班还有一位坚定地坐在自己椅子不出去玩的小朋友，因为他要坚守阵地，也真是可爱极啦！这十分钟，我都惊呆了，没想到孩子们会把十分钟玩出让人目不暇接的惊喜感，每一个人都沉浸在这十分钟里，都在做着自己喜欢做的事情。特别想感叹一声：真是美好的课间呀！

美好时光总是很短暂，听到上课铃声响起，课间结束，孩子们回到了“教室”。有一个小插曲就是，有三个小朋友迟到啦。哈哈，那我们的课间总结就从小插曲开始吧。

1. 为什么会迟到？

袁天诒：因为我的游戏还没有结束，我想等我的游戏结束再回班。

吴徐正：我没有听到铃声。

周宸逸：我听到铃声才去上厕所，上完厕所出来就晚了。

小朋友来支着儿。

游戏没玩够怎么办？侣锦农：上课更重要，我们还有下一个课间十分钟呀！

没听到铃声怎么办？吴洛嫣：你看小朋友在往教室里走，你就跟着走就对啦！

听到铃声才去厕所呢？张懿琛：下次一下课你就先去厕所吧！

2. 课间十分钟，你做了什么事情？感觉怎么样？

王逸帆：课间的时候我一直在教小朋友们玩魔方。（交换技能）

季子禾：我和熊猫还有大三班的几个小朋友在玩跳格子。听到铃声我特别担心自己会迟到，赶紧结束游戏，我们还约好下次一起再玩跳格子。（交到新朋友，相约下一次）

三、调整计划

结合这个课间的经验，你会怎样制订下一个课间计划？

闫皓同：我想尝试一些新的游戏。

吴徐正：我会先去上个厕所，喝些水。

谈一锦：我可能需要一个手表，这样我就能看到时间了。

刘子立：如果上课铃响了，也没关系，因为那些没做完的事情还可以在下一个课间的时候再做。

以上就是孩子们这周关于“课间十分钟”学习的记录。

第三周 成为小学生

周主题说明

从幼儿园生活到小学生活的过渡，了解小学生活的日常只是第一步，深入的体验能够更好地帮助孩子们了解和适应小学生活，顺利完成过渡。

这一周里，孩子们会通过探索“从我家到小学”的不同路径，来一场“文具总动员”，参与“竞选小班长”，思考“我想成为这样的小学生”以及畅游“小学社团，招新啦！”活动，深入了解小学的生活，通过描绘理想中的小学生的形象，激励自己成为最棒的小学生！

周课程目标

1. 引导幼儿学会看地图，尝试运用数学的方法解决现实中的问题。

2. 帮助幼儿掌握安全使用文具的方法，一起讨论制定班级文具使用公约。

3. 鼓励幼儿在竞选中积极展示自己，引导幼儿思考权利与义务的关系。

4. 帮助幼儿找到心中崇拜的小学生形象，描绘自己成为小学生的样子，从精神上引导幼儿成为最棒的小学生。

活动一 从我家到小学

活动形式

小组活动。

活动目标

1. 了解地图上的主要标识及功用，感知家与小学在地图上的位置关系。

2. 能根据沿途特色建筑和十字路口来描述路径。

3. 体会运用数学方法解决问题的乐趣。

活动准备

孩子们提前完成的“从我家到小学”的路线图、幼儿园附近区域地图、彩色铅笔若干。

活动过程

一、导入

出示幼儿园附近区域的地图(图 3-3-1)。

教师提问：“今天老师带来了一张地图，请你仔细看，你能在地图上发现什么?”

二、问答环节

幼儿通过逐一回答的方式，确定幼儿园在地图上的位置及幼儿园附近的主要街道、建筑。

图 3-3-1　手绘周围社区地图

> *活动记录与呈现*
>
> 李歆漪：我看到了味多美蛋糕店，我每天回家都经过这里。
>
> 黄嘉漪：地图上有我家的小区和幼儿园，我认识字，一下子就看到它们了!
>
> 师晨皓：还有一个银行，我和爸爸妈妈去过那里。
>
> 杨　博：我看见了离我家很近的宠物医院。

三、讨论提纲

相同小区的幼儿为一组，在地图上找到从家到幼儿园的路径，记录沿途经过的建筑或者特色参照物，然后与同伴进行讨论。

1. 从家到幼儿园有几条路？哪条路是你最常走的，为什么?

2. 你是怎样判断哪条路是最近的?

3. 你希望从家到小学的路只有一条还是有很多条？为什么?

> *活动记录与呈现*
>
> **讨论 1：从家到幼儿园有几条路？哪条路是你最常走的，为什么?**
>
> 谭惜之：从我家到幼儿园有两条路，一条路是过邮局门口的；一条路需要绕过去坐车的。我最常走的路是我家小区门口的这条路，因为这条路宽，爸爸开车送我比较方便。
>
> 张一铭：从我家到幼儿园有三条路，第一条是出门向下走的，经过味多美，然后

第一个十字路口转弯直走就到了；第二条路是出门沿着马路向上走，过马路经过稻香村和紫薇公园再转弯走两个十字路口再转弯走一会就到了；第三条路是出门向下走然后遇到公交车站过马路，经过市场和紫薇公园，然后向下转再向右转就到了。最后一条路我经常走，因为爸爸说只过一次马路比较安全。

张夷陵：我最经常走的是经过妹妹的幼儿园的路，因为这样我和妈妈可以接了妹妹一起回家。

讨论 2：你是怎样判断哪条路是最近的？

李佳蔓：十字路口少的路线就比较省时间，因为不用等红灯。

张夷陵：我觉得应该把每条路都走一遍，记录时间，走哪条路用时最短，哪条就是最近的路。

李泓儒：有的路只能走路，有的路可以坐车，坐车比走快，所以可以开车的路就是最近的路。

沈辰宇：可以用导航看哪条路最近，因为导航会直接显示最近的路或者不堵车的路。

讨论 3：你希望从家到小学的路只有一条还是很多条？为什么？

孙熙悦：我希望有很多条。因为路多了，会很方便，你想走哪里就走哪里，这样才自由。

黄嘉漪：我觉得路多好，因为这样机动车、行人、自行车都可以分别走，会更安全。

张墨缘：我觉得路多点好，因为每条路都有不一样的风景，有时候还会见到小猫、小鸟什么的，你还可以跟它们玩一会儿再回家。

陈乐仪：我觉得路多了也不好，容易迷路。

王玥丹：我觉得一条路好，因为那样的话妈妈在路上接我就不会走岔了。

牛亦菲：我想每天都走不一样的路，这样像逛迷宫一样多有趣啊。

张夷陵：我知道了这么多条路以后，我想可以根据天气不同走不同的路，比如，天气热，我们走阴凉的路；天气冷，就走阳光多的路；如果下雨就走小区里的路，因为有水坑车又少，还可以玩一会儿。

四、分享环节

请幼儿拿出与爸爸妈妈一同完成的“从我家到小学”的路线图，进行分享（图 3-3-2）。

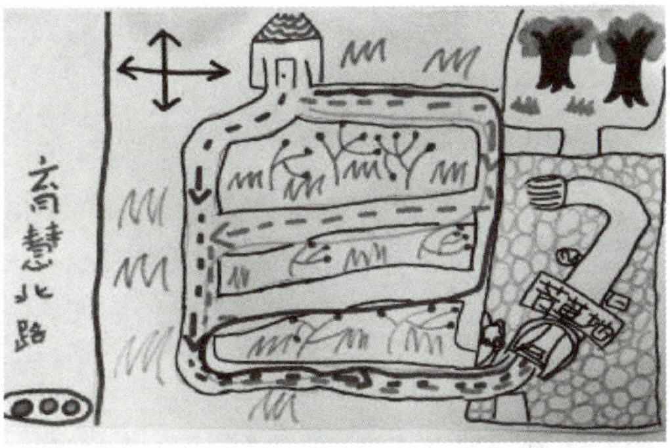

图 3-3-2　你能看出从我家到小学的路有几条吗？

五、小结

教师梳理幼儿今天的课后感受，试着用标记参照物的方法帮助幼儿表达常用路线。

六、延伸学习

1. 在活动区域投放“哪条路最近”的游戏卡，帮助幼儿练习找出从起点到终点的路线。

2. 请爸爸妈妈带着幼儿实地体验每一条路。

活动小结与反思

对于大班的孩子们来说，走迷宫是他们在日常生活中非常喜欢做的一件事情。从起点到终点，中间有很多条路，但却不是每条路都能够顺利地从起点走到终点。当我们通过地图寻找从家到幼儿园或者到小学的路线时，就会发现其实每一天我们都在走迷宫。

本次活动从孩子们的生活经验出发，运用以沿途建筑物和十字路口为参照物来描述路径的方式，先在地图寻找从家到幼儿园的路线，然后进行经验迁移，在地图上寻找从家到小学的路线。在活动中，孩子们想象着不一样的路拥有不一样的风景，也体验着“条条大路通罗马”的神奇。

如果爸爸妈妈能够带着孩子实地走访每一条路，孩子一定会有更深的体会和更多的收获。

活动二　文具总动员

活动形式

小组活动。

活动目标

1. 掌握安全使用文具的方法。

2. 能够通过协商的方式，制定出班级文具安全使用规则。

3. 乐意与他人合作进行游戏。

活动准备

各自的文具盒、黑板。

活动过程

一、导入

请幼儿将自己带来的文具盒打开进行展示，幼儿可随意走动，进行参观。

教师提问："大家在参观文具盒的过程中，有怎样的发现？"

二、分享环节

请幼儿分享自己在参观中的发现。

> **活动记录与呈现**
>
> 王靖涵：我发现大家都带了铅笔、橡皮。
>
> 陈海睿：A是班里带铅笔最多的小朋友，他一共带了5支铅笔。
>
> 张夷陵：我发现有的小朋友的铅笔很短，有的小朋友的铅笔很长。
>
> 周睿康：大家的橡皮和铅笔都不太一样，有的有很多图案，有的什么都没有。
>
> 郭文宇：我发现有人还带了转笔刀、握笔器。

三、讨论提纲

1. 你知道这些文具的使用方法吗？

2. 假如你是一个文具，你(不)喜欢什么样的主人？

3. 如果你的文具会说话，你觉得它会和你说什么呢？

4. 在使用文具的时候，有哪些是需要注意的？

> **活动记录与呈现**
>
> **讨论1：你知道这些文具的使用方法吗？**
>
> 王靖涵：铅笔就是写字的，橡皮是用来擦写错的字的。
>
> 陈乐仪：转笔刀是用来削铅笔的，要朝着刀刃方向转才行。
>
> 沈辰宇：尺子是用来测量东西的，有时候它不结实就会断。
>
> **讨论2：假如你是一个文具，你(不)喜欢什么样的主人？**
>
> 徐朴一：我喜欢对我好的主人，比如不在我的身上扎洞，也不咬我的主人。
>
> 谭惜之：我喜欢爱干净的主人，不会舔我，把口水弄到我的身上。
>
> 张夷陵：我不喜欢主人在我身上乱画，因为我不想做脏兮兮的橡皮。
>
> 孙熙悦：我不喜欢被主人扔来扔去，这样会很疼，我会很伤心。

牛亦菲：我不喜欢主人总是拿着我戳别的小朋友，因为我是文具又不是武器！

讨论 3：如果你的文具会说话，你觉得它会和你说什么呢？

李沐遥：我觉得它会对我说："主人，我挺喜欢你的。"因为我特别爱惜自己的文具。

郭浩文：我的文具会说："主人，你要是给我换个大点的文具盒，我就可以跟更多兄弟在一起玩了。"因为我的文具盒实在太挤了。

徐朴一：我的文具会不会生气不和我说话？因为我太喜欢咬它们了。

讨论 4：在使用文具的时候，有哪些是需要注意的？

李沐航：使用文具的时候要坐端正，不能离书太近。

陈乐仪：不能咬文具，更不能吃文具。

牛亦菲：要保持文具的干净，有时间就收拾一下文具盒。

师晨皓：好好拿铅笔，不要用铅笔对着别人，这样很危险。

四、游戏环节

"文具总动员"游戏规则：全班围成一个大圈，听音乐自由动起来。一个人来当文具盒的小主人，负责说出口令，如"1 个文具盒，3 个文具"，听到口令的小朋友则需要 2 人拉手变成"文具盒"，里面有 3 个小朋友是"文具"。没有配对成功的小朋友则暂停游戏，其他人继续(图 3-3-3)。

五、小结

将幼儿提到的使用文具时需要注意的事项汇总，制定《班级安全使用文具规则》。

活动记录与呈现

《班级安全使用文具规则》

我希望成为文具的好主人。

我保证在使用文具时，

坐姿端正，正确用笔。

不吃不咬文具。

不用笔尖对着自己和他人。

不用笔在皮肤或衣物上乱画。

用完文具收拾整齐。

希望我能和文具成为好朋友！

图 3-3-3　我们是 1 个"文具盒"，2 个"文具"

六、延伸学习

设立铅笔头回收站，合作制作"和文具做朋友"主题海报，鼓励孩子们运用废旧铅笔橡皮等材料进行再创造。

活动小结与反思

文具是孩子们进入小学后每天都会用到的物品，是孩子们最熟悉的伙伴，但是文具的安全使用也是比较容易被忽视的。所以我们设计了这样一个活动，和孩子们一起通过讨论、游戏的方式熟悉文具，让孩子们爱上文具，学会正确使用文具。

在活动中，借助身份的转换，孩子们变身成文具大吐苦水。在“吐槽”中，孩子们也在慢慢思考文具的正确使用方法。文具总动员的游戏其实是孩子们现场想出来的点子，教师只是将其加以完善，使其可以顺畅进行。孩子们在游戏中，变身成文具盒、铅笔、橡皮……享受着游戏的快乐。

课程的设计应该是见微知著，从孩子们生活的点滴细节出发，逐渐使其丰满。这个活动就是一个很好的例子。

活动三　竞选小班长

活动形式

集体活动。

活动目标

1. 了解班长的权力和职责。
2. 能够辩证地思考权力与职责的关系。
3. 愿意尝试参与班长的竞选，并且积极展示自己。

活动准备

幼儿为竞选小班长准备的自我介绍。

活动过程

一、导入

教师提问：“你们知道什么是班长吗？”

二、分享环节

请幼儿分享自己对班长的理解。

活动记录与呈现

谢雨默：班长就是帮老师管着小朋友的人。

尹昊岩：小班长就是什么都能做得很好，给其他小朋友当示范的人。

温铎熙：小班长就像值日生一样，每天为小朋友服务。

郭瀞琪：小班长只有一个，不是每个人都能当小班长。

三、讨论提纲

1. 什么样的人可以成为班长？

2. 班长可以做什么？

3. 班长要为大家做些什么呢？

活动记录与呈现

讨论1：什么样的人可以成为班长？

郭沛元：能够把什么事情都做好的小朋友就可以当班长。

薛　暖：班长得很愿意去帮助别人，会想很多办法。因为老师不在的时候，你就要去解决一些问题。

刘芊然：如果一个人在班里有很多好朋友，他就可以成为班长，因为这些好朋友都会听他的。

伭子涵：不管是男生还是女生都可以当班长，重要的是他愿不愿意为大家服务。

讨论2：班长可以做什么？

郭沛元：班长说话大家都得听，因为是大家选出来的。

王子墨：班长可以安排大家做一些事情。

郭瀞琪：班长还可以每天和老师聊天，因为得告诉老师今天班里发生了什么。

讨论3：班长要为大家做些什么呢？

刘芊然：当小朋友遇到困难的时候，可以去找班长。

谢雨默：班长还有责任保护小朋友的安全。

李庄睿：班长要提醒小朋友哪些事情能做，哪些事情不能做。

邵嘉毅：班长还要帮助老师完成一些工作，比如整队去户外，送一些小东西。

四、竞选环节

1. 请有意愿竞选小班长的幼儿进行自我介绍和才艺展示（图3-3-4、图3-3-5）。

2. 请全班幼儿进行投票，并阐述理由，选出今天的“每日班长”。

活动记录与呈现

竞选小班长的自我介绍

谢雨默：如果我当选小班长，我会提醒小朋友们认真洗手，多喝水，少生病。

李乐轩：我对每一件事都有自己的判断，遇到事情不慌张，我可以当小班长。

薛　暖：我很会照顾小朋友，而且很善良，希望小朋友们都为我投票。

王淏晨：我很勇敢，很正义，你们遇到危险的时候我都会第一个跳出来保护你们！

孩子们进行投票并阐述理由

刘芊然：我要把票投给 A，因为他长得高，能保护小朋友。

伭子涵：我要投给 A，因为他是我的好朋友，他是我觉得最棒的小班长。

郭沛元：我要投给我自己，因为我今天的表现很棒，没有怯场。

谢雨默：我要投给 B，她平时表现就很好，我相信她当小班长也会很照顾小朋友。

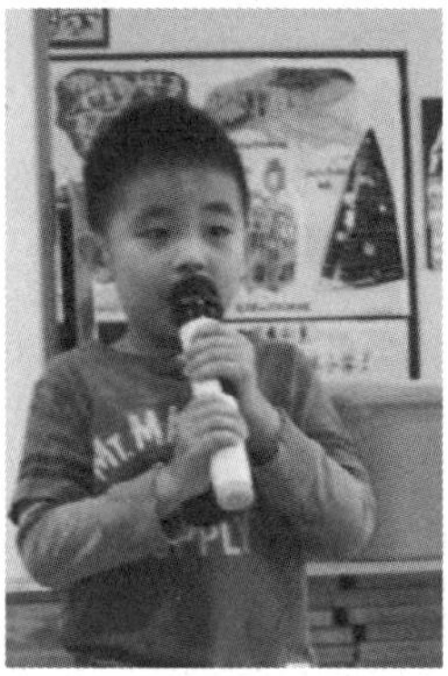

图 3-3-4 勇敢地参加班长竞选

图 3-3-5 让我用一首好听的钢琴曲来拉票

五、小结

教师肯定幼儿在活动中的表现，将竞选结果进行公示，鼓励当选小班长的小朋友积极为其他小朋友服务，做好小班长。

六、延伸学习

“小班长轮流制”请有意愿做小班长的幼儿轮流体验当小班长。

活动小结与反思

班干部的竞选是孩子们上小学以后绕不开的一个话题。怎样去争取班干部的职位，怎么来看待班干部的权力与职责，怎样去面对竞选的失败，这些都是我们想引导着孩子们去体验、去思考的。

通过孩子们在活动中的讨论，我们不难发现，孩子们对于“班长”的理解已经不仅局限在“班长能管着大家”这样的想法，更多的是提出了“示范”“帮助”“服务”这些与职责相关的词，还提出“我们之所以要听班长的，是因为班长是大家选出来的”，很佩服孩子们的想法。

面对未知的小学生活，孩子们总能以积极的心态去对待。虽然只是一次体验，但在竞选的过程中，孩子们积极参与竞选的样子和竞选失败后互相鼓励的场景，让人看到了比输赢更重要的品质和小朋友之间的情谊。

活动四　我想成为这样的小学生

活动形式

集体活动。

活动目标

1. 愿意与他人分享心目中的榜样小学生。
2. 能够用绘画的形式将自己“心目中的小学生”的样子表现出来。
3. 尝试用“我心目中的小学生”的样子来激励自己。

活动准备

黑板、白纸、彩笔。

活动过程

一、导入

教师提问：“你有喜欢的上小学的哥哥姐姐吗？你为什么喜欢他们？你觉得他们是最棒的小学生吗？”

二、分享环节

通过逐一回答的方式，请幼儿分享他们喜欢的小学生的样子和原因。

> **活动记录与呈现**
>
> 姚成暄：我们小区有一个上小学的姐姐，我很喜欢她。上次我做项目研究的时候还采访了她。她给我讲了很多很多关于小学的事情。
>
> 刘旭冉：我认识一个一年级的哥哥，也是我们幼儿园毕业的。他踢足球踢得很棒，还参加了校队。
>
> 武妍辰：我很喜欢小区里的一个小学生哥哥，因为他懂得很多，而且吃饭的时候坐得很端正，很有小学生的样子。

三、讨论环节

讨论主题：“你想要成为一个怎样的小学生？”

> **活动记录与呈现**
>
> 韩逸姮：我想成为一个爱学习、很认真的小学生。
>
> 姚润霖：我想成为一个很有力量，所有科目都得第一，考试总得一百分的小学生。
>
> 李治渔：我想成为一个很漂亮、穿着校服、很爱运动的小学生。
>
> 武妍辰：我想成为一个不着急、每天都能得到老师表扬、很能干的小学生。

吴梓敬：我觉得我可能会是一个想拿金牌的小学生。 尹如凝：我想成为比幼儿园时还高、还美的小学生。 崔书萌：我想成为穿着校服和长袜子、很美、学习很好、受大家欢迎的小学生。 刘旭冉：我想成为一个帅气的、有风度的、优秀的小学生。

四、操作环节

为幼儿提供白纸和彩笔，请幼儿将自己“心目中的小学生”的样子画下来。

五、小结

教师将幼儿的自画像粘贴在一张纸上，完成“我们想成为这样的小学生”的制作(图3-3-6)。

对幼儿心目中的小学生的形象做一个小结，鼓励幼儿向着自己的目标努力。

图 3-3-6　我们想成为这样的小学生

六、延伸学习

鼓励每一位幼儿都找到一位心目中认为最棒的小学生，用“偶像”的力量鼓励他们前行。

活动小结与反思

其实当孩子们知道自己马上就要成为小学生的时候，他们的内心就已经开始想象自己成为一个小学生的时候可能会是什么样子的。我们可以发现，在孩子们分享的这些形象中，学习好、运动好、形象好、受欢迎这四项是被提及次数最多的，这也从另一个方面说明，在孩子们心目中学习好并不是衡量一个学生好坏的唯一标准，全面发展才是孩子们的愿望。

活动从现实生活中自己引以为榜样的小学生谈起，再到想象自己成为小学生后会是什么样子的，最后将这些头脑中的想象通过绘画的形式记录下来，使之具象化。具象、抽象、再具象的步骤也是在组织活动时经常会使用到的线索之一。

当孩子们为自己找到一个榜样的时候，他们的前进也会更有方向。

活动五　小学社团，招新啦！

活动形式

畅游活动。

活动由来

“社团”是小学课余生活非常重要的组成部分。小学生们需要根据自己的兴趣来选择加入什么样的社团，并在社团里学习新的本领。今天的畅游日，我们不妨和孩子们一起体验一下“社团”的魅力！

结合夏天、即将到来的毕业典礼和孩子们的兴趣等多种因素，本次进行招新的社团分别有朗诵社、舞蹈社、话剧社、小主持人社、昆虫社、运动社，孩子们会选择哪个社团呢？一起去招新现场看一看吧！

活动目标

1. 能够根据自己的兴趣选择一个社团进行学习。
2. 可以坚持一个社团项目的学习，在与同伴的互动中获取有益的经验。
3. 在活动中感受专注当下的美好和喜悦。

活动准备

各社团招新海报、跆拳道服、放大镜、昆虫标本、昆虫捕捉器、毕业诗文稿、舞蹈音乐、话筒、话剧社道具等。

活动过程

一、导入

介绍今日畅游的六个社团。

教师提问：“你最想参加哪个社团？为什么？”

二、分享环节

请幼儿分享自己选择的社团以及选择的理由。

三、介绍环节

教师介绍今天社团的活动区域，提出畅游的要求。

四、体验环节

幼儿自由选择想要体验的社团，确定后在招新海报上签上自己的名字，然后在社团里进行学习(图 3-3-7)。

1. 朗诵社：深情地将《毕业诗》朗诵给花草园。
2. 舞蹈社：让《隐形的翅膀》变成美妙的舞姿(图 3-3-8)。

3. 话剧社：再现经典《大话西游》(图 3-3-9)。

4. 昆虫社：寻找幼儿园各个角落的昆虫，对其进行观察，画出昆虫图鉴(图 3-3-10)。

5. 运动社：精神抖擞，跆拳道练起来！(图 3-3-11)

6. 小主持人社：练习主持人的站姿和笑容，学习流畅地说绕口令(图 3-3-12)。

图 3-3-7 在招新海报上签上自己的名字

图 3-3-8 舞蹈社团里舞姿翩翩

图 3-3-9 话剧社：再现经典《大话西游》

图 3-3-10 昆虫社：在各个可能有昆虫出没的角落里探索、等待

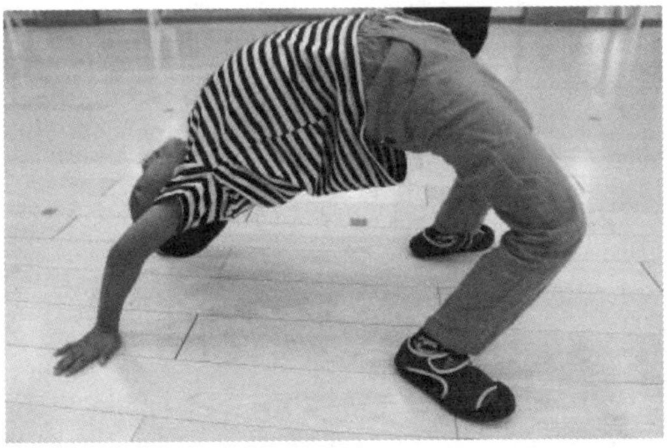

图 3-3-11　加入跆拳道社之前展示一下自己的功夫

图 3-3-12　我们是未来的小主持人

五、小结

请幼儿分享今天参加社团活动的感受。

活动记录与呈现

孙熙悦：我觉得挺好玩的，我特别喜欢朗诵，毕业诗读起来很好听。

郭瀞琪：我在昆虫社里，我想用瓶子捞一只小昆虫，我用放大镜挡着杯口，可还是没捞上！

温铎熙：我觉得昆虫是属于大自然的，观察完了还应该让它回去。

张李昀：我在话剧社，我觉得最好玩的是单脚压腿，特别开心。

胡曦文：原来主持人不仅要能说会道，还要有很好的气质，让别人看起来觉得你很精神。

牛亦菲：社团活动太好了！我都不想离开舞蹈社团，我们下次还要约着一起跳舞。

季子禾：穿上跆拳道服装的时候，我心里开始期待自己的毕业典礼了……

六、延伸学习

将活动剩余的材料投放到对应的区域中，供幼儿进行持续性的学习。

活动小结与反思

设计这个活动的时候，在教师脑海里出现的第一个画面是大学新生社团招新的火爆场景。新生们看着琳琅满目的社团，仔细斟酌，社团招新的同学卖力吆喝。不知不觉中，我们已经把孩子们等同一个大学生，因为他们具有同样自由的选择权和对所做选择的坚持。

在本次畅游中有几个很重要的设计。一是社团海报，海报的设计除了标明这是哪个社团，还有一个重要的功能就是加入的孩子需要将自己的名字写在海报上，很有仪式感。二是选择权，在畅游的前半小时，我们设计了一个环节是孩子们可以尝试不同的社团，找到最适合自己的社团，半小时结束之后，孩子们就需要做出最终的决定，并在海报上签上自己的名字。在活动中，的确有一些孩子会在前期有所摇摆，但是一旦选定，都能够坚持到最后。

孩子们在畅游中体验着社团的魅力，不知道孩子们上了小学后会选择哪个社团呢？请一定要遵从自己的兴趣哦。

畅游日丨1个绘本，3个实验，6个社团，这个畅游不一般！

教育笔记

社团招新啦

甄 珍

结合孩子们对小学生活的研究和提出的问题，周五的畅游活动选择了“社团”这个主题。经过讨论，在结合孩子们的兴趣的同时我们想把毕业典礼中的一些内容融入社团的畅游中，初步成立了“小主持人社”“运动社”“舞蹈社”“话剧社”“昆虫社”及“朗诵社”。我作为“昆虫社”的带队老师，也跟着孩子们体验了一把社团生活。在昆虫社的社团活动中孩子们是怎样进行学习的呢？

片段一：

孩子们在一米菜园中寻找昆虫进行观察，小海兴奋地拉着我说他发现了一个很特别的昆虫，当我走过去发现它确实是一个很特别的虫子，但是仔细观察后发现它并不是昆虫。我在想孩子们对昆虫的认识到底有多少呢？于是，我组织孩子们开始了一场寻找昆虫大行动。不一会儿，德宝大声呼喊大家来看，他发现了一只昆虫。没一会儿孩子们都围了上来，有的用手碰一碰，胆小的瞪大双眼注视着，胆大的干脆把它抓起来。我看孩子们这么有兴趣，就走过来说：“我们一起来看一看它长得什么样？”郭浩文说：“它有翅膀呢！”小海说：“它有腿！”德宝说：“它有两只眼睛呢！”这时，我拿起虫子，告诉大家，这是一种昆虫，它有两只触角，六条腿，两对翅膀。听了我的话，孩子们似乎胆子更大了，更仔细地观察起来，这时牛牛小朋友突然说：“啊，老师，这只虫子刚才还在爬，怎么现在死了？”小朋友们听他这么一喊，都跑过来了。我拿起来一看，它的触角轻轻动了一下，原来在装死呀，我高兴地告诉大家：“它是害怕了，以为我们不喜欢它，会伤害它，它就装死！我们把它放在一边，别打扰它，看看会怎样。”孩子们出奇地安静，终于奇迹出现了，它真的突然从一动不动到飞快地爬起来了。孩子们更兴奋了，大声地喊起来：“活了，活了！”看到孩子们的样子，我真高兴，我下决心，一定去收集资料，和孩子们一起科学地认识昆虫。

片段二：

昆虫社招新啦！畅游活动中，孩子们从家里带来了收集昆虫的瓶瓶罐罐。在简单地说明昆虫社团招新的要求之后，孩子们开始了在院子里收集昆虫的行动。不一会儿谢雨墨就举着他的瓶子和放大镜来到我跟前说他找到了一只特别的昆虫。他说：“这是一只蜗牛，不过它的壳不见了，我再去找一个壳，这样一会儿它们有可能会接到一起。”看着他兴趣浓厚的样子，我没有纠正他对昆虫的错误理解。不一会儿我又发现一个女孩儿把瓶罐放在爬山虎丛下面，她说她想到了一个办法，这个瓶子可以把昆虫吸引来。还有一个孩子用网在雨水花园里“打捞”昆虫，他希望能够有昆虫喜欢在雨水花园里。很快，孩子们带着自己的“战利品”来到社团招新海报跟前。当我问到什么是昆虫时，孩子们给出的定义基本是不符合昆虫的定义的。我原本以为孩子们已经对昆虫很了解了，但看来还是有必要和孩子们继续了解昆虫的。在对昆虫进行思维导图结构化的初步了解后，孩子们展开了对蜗牛的认识和了解。

一场昆虫的收集行动以研究蜗牛而告终，跟随孩子们的兴趣点不断进行延伸学习也是不设限的一种体现吧。在此次的观察中，我发现了孩子们对自然界中的虫子都非常感兴趣。教师放下预先的设想，等待孩子们自己去发现、去探索比由教师告知孩子一个知识点更加重要。

活动结束后，孩子们对于今天的社团畅游有很多的感受，“社团活动太有意思了”“我觉得社团挺好的，可以选择自己喜欢的事情”“不知道小学的社团活动是不是这样的，如果是，那我觉得小学的生活应该也挺有趣的”。对于小学生活表现出担忧的同时，孩子们对小学的生活也是充满期待和向往的。我们的课程就是要为孩子们进入小学做好各方面的准备。

第四周 寻找彩虹小学

周主题说明

经过前三周的学习，孩子们对于目标小学和小学生活已经有了一定的了解，同时也对即将开始的小学生活充满了期待。进入小学到底还需要做哪些准备？幼儿园有《儿童宣言》，进入小学后可以有《小学生宣言》吗？未来的小学会是什么样子的呢？这些问题都能在这一周的学习中找到答案。

本周，孩子们会通过“对话小学生”，制定“小学入学指南”，讨论“我们的《小学生宣言》”，畅想“我心中未来的小学”和畅游“寻找彩虹小学”活动，完成一次对本月课程内容的回味之旅。

周课程目标

1. 鼓励幼儿大胆地与已从幼儿园毕业的哥哥姐姐们进行交流，解开心中对于小学生活的疑问。

2. 帮助幼儿梳理进入小学之前需要做的物质准备和心理准备。

3. 引导幼儿辩证地看待规则，思考每条规则的合理性，并尝试提出适宜的修改建议。

4. 与幼儿一同畅想未来小学的样子，让幼儿对未来的小学生活充满期盼和向往。

活动一　对话小学生

活动形式

小组活动。

活动目标

1. 对小学的作息时间、课程设置、课余生活等方面有更多的了解。

2. 能够大方地与小学生进行互动，提出自己的问题。

3. 在活动中感受小学生活的丰富多彩，能用积极的态度面对小学生活。

活动准备

联系已经从幼儿园毕业的孩子返园开展交流活动；返园小学生准备的有关小学生活的照片和相关物品。

活动过程

一、导入

教师提问：“如果你有一个采访已经上小学的哥哥姐姐的机会，你想向他们了解关于小学生活的哪些问题?”

二、分享环节

幼儿分享想要向哥哥姐姐了解的关于小学生活的问题。

> ***活动记录与呈现***
>
> 刘瀚泽：我想问哥哥姐姐们，小学的作业多不多。
>
> 郭沛元：我想知道小学有没有舞蹈课。
>
> 林绍锋：我特别想问哥哥姐姐们小学的老师凶不凶。
>
> 李庄睿：我想问小学食堂的饭好不好吃。
>
> 李悦潼：我想知道小学的考试难不难。

三、互动环节

1. 教师向班级幼儿介绍来做分享的小学生。

2. 全班的幼儿根据返园小学生的数量分成不同小组。

3. 在小组中，小学生可用多种方式(如幻灯片展示、情境体验等方式)，分享自己的小学生活，并与同一小组的小朋友进行互动(图 3-4-1 至图 3-4-4)。

图 3-4-1 小学的哥哥为我们介绍小学生活

图3-4-2 跟着小学的哥哥一起学习做眼保健操

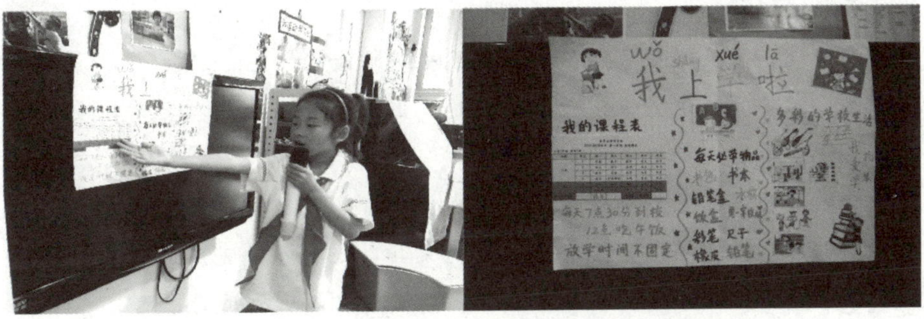

图 3-4-3 一年级的姐姐准备了小学生活的思维导图

图 3-4-4 姐姐向我们展示作业本

四、采访环节

在聆听小学生分享的基础上，幼儿可对小学生进行深入采访。提出疑问，请小学生进行解答。

活动记录与呈现

林绍锋：请问什么是少先队员？

小学生：少先队员是一个很光荣的称号。平时表现很好的、学习好的、对其他小朋友好的小朋友才有可能成为第一批加入少先队的学生，少先队队员就是小学生里最优秀的一些小朋友。

王淏晨：什么是桌长？

小学生：桌长就是告诉小朋友们什么时候能吃饭了，他喊一声指令“开饭”，小朋友才能开始吃饭。

涂君慈：哇，桌长好厉害啊！桌长说能吃饭才能吃饭呢。

小学生：对，桌长说开饭，大家才能吃。但是桌长在管别人之前，要先服务大家，桌长要先给小朋友们把饭端到座位上。

李乐轩：你的书包里都有什么，能给我们看看吗？

小学生：可以！我的书包里有上课用的文具，还有各种完成的作业，还有当天上课要用的书，如果放学了要去兴趣班，还要带着兴趣班要用的东西。

五、小结

集体向小学生们表示感谢，赠送“感谢卡”，拍合照留念。

六、延伸学习

与爸爸妈妈讨论进入小学需要做的准备，为明日的课程做准备。

活动小结与反思

小学生活是什么样子的？小学的桌椅会比幼儿园的高吗？小学每天有很多活动吗？小学每天都要穿校服吗？……孩子们对于小学生活的点点滴滴都很好奇，这些好奇里有他们的不安、紧张，还有些许期待。

我们邀请已经从幼儿园毕业的哥哥姐姐们再次回到幼儿园，大孩子们和小孩子们都很兴奋。在活动中，哥哥姐姐们胸有成竹地分享着自己的小学生活，大班的孩子们全神贯注地倾听，时不时会流露出羡慕的神情。活动中最让人动容的是，作为“过来人”的哥哥姐姐们毫无保留地分享自己初入小学时的紧张、不安和现在的变化，耐心回答弟弟妹妹们提出的问题，叮嘱他们需要注意的地方。

整个活动结束，留在教师脑海中的就两个字“传承”，这也是我们这么多年一直在坚持的东西。刚开学，大班和小班的“大手拉小手”；这次的毕业生返园做分享的活动……我们通过这些活动把根植在幼儿园每一个幼儿心中的幼儿园精神传承下去，把这些“种子”留住，这就是我们的希望。总有一天，孩子们会离开幼儿园，有的孩子会被环境改变，但是只要有这些种子在，他们的内心总是会开出花儿的，这是我们留给孩子们最宝贵的财富。

活动二　小学入学指南

活动形式

小组活动。

活动目标

1. 了解进入小学前需要做的物质准备和心理准备。

2. 能够用自己的方式记录小组讨论的结果。

3. 学会放松心情，逐步完成进入小学的各项准备。愿意了解关于小学的各种信息，对小学生活充满期待。

活动准备

黑板、讨论纸、彩笔。

活动过程

一、导入

教师提问：“经过前三周的学习，现在在你心中，小学是一个怎样的地方？”

活动记录与呈现

李汭怡：我对于小学不像以前那么害怕了，它就是一个有很多精彩，但是比较严肃的地方。

陈歆仪：小学是一个要认真学习的地方，每个小朋友都会有一个自己的目标，比如当桌长或当班长。

王旭锋：小学是一个让人很开心、很幸福的地方。

惠星童：小学和幼儿园有很多不同，我们都会慢慢适应的。

吴雨珊：我们要去小学学习很多知识，打好基础，才能够“建高楼”。

二、讨论环节

讨论主题：“上小学之前，小朋友们需要做哪些准备，为什么?”

请幼儿在小组内完成讨论，并做好记录。

活动记录与呈现

物质准备

刘雨晨：我们需要准备一个饭盒，因为有的小学需要自带饭盒。

谈一锦：我们要买一个新的书包和铅笔盒，还有买铅笔、转笔刀和尺子，这些都能用得上。

吴洛嫣：我们还要买运动鞋，上了小学有很多运动课，皮鞋就不能穿了。

季子禾：我要想着水壶也要记得带上，渴的时候能接水喝。

技能准备

刘沐云：我要学会看时间，上学不能迟到。

惠星童：我还要练习整理自己的小书包，不能让小书包乱七八糟的。

李汭怡：小学的运动会有跳绳和拍皮球的比赛，我们可以先抓紧时间练习练习。

习惯准备

胡曦文：我们注意要不挑食、不浪费。

袁天诒：吃饭的时候要保持安静，不打扰别人。

张懿琛：在上学和放学的路上，需要注意安全，看路灯、看车。

周宸逸：学会听上、下课的铃声，不能像在幼儿园这样靠老师们提醒了。

唐　果：我们还要养成举手回答问题的好习惯，不然对上课的老师不礼貌。

赵若清：每天都要有写作业的时间，最好写完作业之后再玩。

精神准备

张李昀：要很乐意和别人交朋友。

季子禾：放轻松，相信自己，如果有担心可以跟爸爸妈妈说。

三、小结

教师用思维导图的形式按照物质准备、技能准备、习惯准备和精神准备四个方面进行梳理。

四、延伸学习

请幼儿和爸爸妈妈一起列一份开学物品的购置清单，一起完成物质准备。

活动小结与反思

当所有的经验被整合，最后能够成为一条一条具体的、可以被执行的条目时，会让人行动起来更具目的性。这节课的初衷就是：希望能够通过整合经验，细化准备条例，让孩子们更加有目的地进行入学准备。

活动以小组讨论的形式进行，孩子们在贡献自己智慧的同时也倾听他人的经验。孩子们的记录也很有趣，内容涵盖了从物质准备到技能准备，从习惯准备到心理准备，孩子们记录的内容比教师的考虑要更加全面，这就是集体的智慧吧！

在延伸学习部分，教师留下的建议是“和爸爸妈妈一起列出一份开学物品的购置清单”，这也是一次促进亲子关系以及“理论联系实际”的绝佳机会，不妨一试。

活动三　我们的《小学生宣言》

活动形式

小组教学。

活动目标

1. 能够辩证地看待规则。
2. 思考每条规则的合理性，尝试提出适宜的修改建议。
3. 对自己将来的小学生活有信心。

活动准备

彩笔、白纸、《儿童宣言》。

活动过程

一、导入

教师提问：“你们喜欢幼儿园的《儿童宣言》吗？为什么？”

《儿童宣言》

上了幼儿园，我知道，我长大了！

长大是一件美好的事情：

长大意味着有能力去做很多事情；

长大意味着开始知道有很多事情是不能做的；

但真正地长大，是学会了对自己和他人负责任！

我开始知道：

在哪里，和谁一起，吃饭都是一件美好的事情。

我们要做到：

吃多少，取多少；

细嚼慢咽；

打喷嚏与咳嗽时要说“对不起”；

自己的垃圾自己处理；

要对所有人的付出表示感谢。

我应该知道：

上厕所是件私事；

如厕时关好门；

不便溺于外；

厕后要冲水；

要时刻想着不给别人找麻烦。

要试着体会：

朋友是一生的财富，与他们相处时：

倾听与尊重他们的想法；

自己有好的表现时不炫耀；

他人有好的表现时要替他高兴。

一起游戏时，即使输给了别人也没必要生气。

收到别人的礼物，应该感谢，不应嫌弃。

与大人相处，应该做到：

有礼貌、有分寸；

交流时，眼睛要看着他们的眼睛；

如果他们问问题，要马上回答；

收到礼物，应该双手接过，表示感谢；

能为家人制造一些惊喜，爸爸妈妈一定会更开心。

在幼儿园里：
见到每位老师都要问好；
发言时要起立；
有问题尽量自己解决；
有小便或者喝水时，请从别人后面悄悄绕过去；
走在前边的小朋友要为后边的人提供便利；
老师批评小朋友时不要围观；
老师和家长谈话时不要打断。
外出时：
在公共场所应保持安静；
随身准备一个垃圾袋，做到垃圾不乱扔；
乘坐车辆时不打扰司机；
要感谢所有为我们服务的人。
走楼梯、搭乘电梯或乘坐公共交通工具时：
要先下后上；
尽量站在右边，请赶时间的人走左边。
做任何事情：
都应守时；
安心、条理最重要。
每天都应思考：
今天我过得怎么样？
今天的事情完成了没有？
哪些是让自己满意的事情？
改正错误要及时。
自己的理想：
一定要坚持；
无论如何，都要诚实；
坚持信念更重要。
无论在哪里，都应谨记这些要求。
只有这样，我们才能成为最好的“我自己”！

二、分享环节

请孩子们分享对于《儿童宣言》的理解。

> **活动记录与呈现**
>
> 胡曦文：我很喜欢《儿童宣言》，因为当我不知道自己做得对不对、好不好的时候，看一看《儿童宣言》就知道了。
>
> 季子禾：我也很喜欢，因为《儿童宣言》告诉了我们哪些是可以做的事情，哪些是不可以做的事情。
>
> 谈一锦：我虽然很喜欢《儿童宣言》，但是里面有一些说法我觉得是有问题的，比如说“打喷嚏与咳嗽时要说对不起”，你有说对不起的时间为什么不把头转过去，不咳在别人身上呢？
>
> 董　镟：我很喜欢，因为《儿童宣言》是我们自己的宣言，这是很特别的。
>
> 闫皓同：我有些不喜欢《儿童宣言》，因为里面的很多规则并不是很好，我觉得可以做一些改变，让它变得更好。

三、讨论提纲

请参与小组学习的幼儿选择自己熟悉的一章《儿童宣言》进行朗读，分章节进行讨论，最后形成《小学生宣言》。

1. 你觉得这一章有哪些内容需要修改？

2. 这一章有没有需要增加的内容？

> **活动记录与呈现**
>
> **讨论1：你觉得这一章有哪些内容需要修改？**
>
> **需要修改的内容**
>
> 张懿琛：“打喷嚏与咳嗽时要说对不起”修改为“打喷嚏与咳嗽时要捂住口鼻”，因为你有说对不起的时间还不如把头转过去或者捂住口鼻呢。
>
> 唐　果：收到礼物应该双手接过，并且表示感谢。应该在朋友那一章也这么说，因为小朋友和大人们都一样。
>
> 吴洛嫣：“在幼儿园里见到每个老师都要问好”修改为“在小学里，见到每一个人都要问好”，因为向老师问好是表示你很有礼貌，向同学们问好很有可能让你新获得一个朋友。
>
> 李汭怡：“老师和家长谈话时不要打断修”改为“老师和任何人讲话时都不要打断”，因为老师们也会和小朋友们聊很重要的事情！

讨论 2：这一章有没有需要增加的内容？

需要增加的内容

张北歆：厕后要冲水的后面需要加上“有特殊情况需要自己用刷子将厕所清理干净”。

胡曦文：增加几条与小学生活相关的内容：“当天的作业当天完成。”“考试时，即使没有拿到高分也不要生气，多想一想为什么。”

在讨论中有争议的地方

关于准备垃圾袋

闫皓同：如果我没有背书包，还要随身携带一个垃圾袋吗？这不会很麻烦吗?!

张李昀：《儿童宣言》里说的是外出的时候，一般我们外出的时候都会背一个包的。

关于改正错误要及时

吴徐征：我觉得改正错误要及时这个不是很合理，因为有的错误是可以立刻就改正的，有的错误要改正就需要很长时间。

季子禾：及时的意思就是不拖沓，没说要你立马就把错误改过来。

关于坚持自己的理想

谈一锦：如果我们发现自己的理想已经实现不了了，但是还在坚持，这不是一件很傻的事情吗？

老　师：那你觉得可以怎么做呢？

谈一锦：我觉得应该是尽力去做，如果到最后也没有实现也是可以放弃的，因为你可能会发现一个更适合自己的梦想。

四、小结

请幼儿举手表决是否同意做删减，教师做好标注，形成《小学生宣言》。

五、延伸学习

可以请幼儿在区域活动时间来到美工区，将讨论出的《小学生宣言》用绘画的形式表现出来，教师帮其配上文字说明，方便幼儿理解。

活动小结与反思

幼儿园里的《儿童宣言》已经渐渐成为孩子们心中一个隐形的行为标准，规范着孩子们日常生活中的一举一动。对于即将要进入小学的孩子们来说，是否可以拥有一份《小学生宣言》，来帮助他们更好地适应小学生活，使之成为一名更好的小学生呢？

在活动中，孩子们在《儿童宣言》的基础上，完成了关于《小学生宣言》的讨论。我们发现在教师眼中完美无瑕的《儿童宣言》原来还有那么多可供和孩子们一同商榷的空间，我们也很欣慰地看到孩子们敢于对这些已经习以为常的东西提出自己的疑问和解决方案。我们发现，经孩子们修改后的宣言，更具有包容性，也体现了他们对于小学生活的理解以及对于良好行为习惯和意志品质的期待。

当孩子们用辩证的思维去审视每一条规则的时候，他们也就拥有了精神的自由。

活动四 我心中未来的小学

活动形式

集体教学。

活动目标

1. 能用清晰的语言描述出自己心目中未来的小学的样子。
2. 尝试用符号、图形、文字等方式记录自己的设想。
3. 愿意畅想未来的小学生活。

活动准备

黑板、A4 白纸。

活动过程

一、导入

教师提问："整个五月我们都在研究小学，你们还记得我们做了哪些和'了解小学'相关的事情吗？做那些事情的时候，你有怎样的感受？"

二、分享环节

请幼儿逐一分享本月与"了解小学"相关的记忆和感受。

活动记录与呈现

王逸帆：我们一起做了和小学相关的项目学习，对我们要去的小学有了更多的了解。

李汭怡：老师统计了全班小朋友会去的小学，我和豆豆在一个小学，我很高兴。

刘子立：我采访了爸爸妈妈，知道了他们的课间十分钟是怎样度过的，我还制订了一个课间计划，最后我的计划几乎都实现啦！

陆姿邑：还有上小学的哥哥姐姐们来幼儿园和我们分享他们的小学生活，我觉得他们都好厉害！

胡曦文：我们还竞选了小班长，我鼓起勇气参加了，虽然最后没选上，但是我也觉得自己挺棒的。

季子禾：我和姥爷一起从家走到小学，尝试走了好几条路，我们还找到了最近的那条路！

三、讨论环节

讨论主题："如果你是一个小学的校长，你希望建造一所怎样的小学？"

活动记录与呈现

外观

唐　果：我希望小学的面积可以很大，这样小朋友们课间的时候可以有更多游戏的地方。

闫皓同：我希望这所小学可以是在地下的，就像是《地下一百层的房子》那样，每一层都有不同的学习内容。

胡曦文：我希望这所小学门口可以一直有彩虹，小朋友们进门看到彩虹的那一瞬间就会心情很好。

课程

赵思淼：这所小学一定有很多的科学实验课，因为我的目标是让小朋友们得到诺贝尔奖。

谈一锦：这所小学也要学习数学、语文和英语，还要有音乐和美术，因为这会让小朋友的生活更有趣。

马霁泽：这所小学的小朋友主要是学习怎么玩，在玩中可以学到很多的知识。

生活

张懿琛：在这里的小朋友的生活很简单，他们可以不用着急去做很多事情。

吴徐正：这里的小朋友还可以像我们在幼儿园一样，中午吃自助餐，想吃什么吃什么，吃多少取多少。

燕炳安：每个小朋友都要认真学习，每个老师都要认真工作。

董　镞：我觉得小学的老师有的时候温柔有的时候严厉的。大部分时候很温柔，但是如果小朋友犯错误了，也要严厉地指出来。

四、操作环节

请幼儿用绘画的形式记录下心目中未来的小学的样子(图 3-4-5 至图 3-4-8)。

图 3-4-5　这是星星月亮小学

图 3-4-6　我心中未来的小学是一所树屋小学

图 3-4-7　这是彩虹小学

图 3-4-8　这是一所上天入地的小学

五、小结

将幼儿的画进行集中展示。幼儿可穿梭其中，向他人讲述自己对未来的小学的设想，同时倾听他人的设想。

> *活动记录与呈现*
>
> 董　镟：我的小学是星星月亮小学，在最上面的彩虹上可以喝咖啡，还可以吃意大利面。透过星星和月亮的窗口可以学习天文知识。学校里有很多很多的绿色植物，小朋友的主要课程就是研究大自然。
>
> 张李昀：我的小学建在树屋上，树屋上有个楼梯可以通向太阳，有一个窗户可以通向月球。学校的门是彩虹色的，校园里也有游泳池，可以从树屋上滑下来游泳，还有建在地下的房子，太热了可以去地下避暑。

六、延伸学习

1. 将幼儿的“我心目中未来的小学”绘画作品分享到班级群，请家长一起了解幼儿的奇思妙想。

2. 向幼儿预告明日畅游的内容，按照幼儿的意愿，将畅游的小组提前分好。

活动小结与反思

如果每一周的课程中，都至少有一节让孩子们思想遨游的课，不管是对思想自由飞翔的孩子们来说，还是有幸听到这些奇思妙想的老师来说，都是一件很幸福的事情。

在今天的活动中，孩子们畅所欲言，分享了自己对未来的小学的不同期待。他们期待未来的小学拥有独特的，让人心情好的外观；希望小学的课程可以是很有趣的；期待小学的生活是拥有更多自主权的；期待小学的老师是温柔与严厉并存的……在孩子们表达的同时，教师也在对照着孩子们的想法回看幼儿园和自己是否做到了孩子们期待的样子。

多希望小学的校长们也可以来听一听孩子们的想法，或者期待着未来的某一天，孩子们真的亲手建造了一所他们梦想中的小学。

活动五　寻找彩虹小学

活动形式

畅游活动。

活动由来

在幼儿园的三年，我们一直在帮助孩子们为进入小学甚至是进行更长远的学习与生活做着准备。这些准备不仅仅是知识的准备，更多的是能力的准备。总有一天知识会随着时间的流逝而被逐渐忘记，但是能力却可以一直相随。在幼儿园三年的学习与生活中，孩子们做好这些准备了吗？孩子们的状态会带给一起参加畅游的爸爸妈妈们怎样的力量？让我们一起出发，去寻找彩虹小学吧！

活动目标

1. 愿意向爸爸妈妈展示自己的进步与成长。

2. 活动中能够与小组成员进行分工合作，遇到困难能够一起克服。

3. 享受与同伴、与父母一同完成任务的成就感。

活动准备

1. 找到云朵姐姐和彩虹姐姐的扮演者。

2. 手绘任务单。

3. 六种颜色的丝带各 12 根、N 手 N 脚题卡、野餐垫、印有圆圈的纸、加餐、云朵姐姐的标志、彩虹姐姐的标志、印章笔、彩虹小学签字板。

活动过程

一、导入

用一首有趣的手指谣欢迎爸爸妈妈进班。

二、分组环节

孩子们自由组合成 6 个小组，系上不同颜色的丝带，确定小组名字和口号，进行小组亮相(图 3-4-9)。

图 3-4-9　戴上丝带，准备出发啦！

三、挑战环节

各组成员根据任务单内容，进行各个项目的挑战。项目挑战的顺序不分先后(图 3-4-10)。

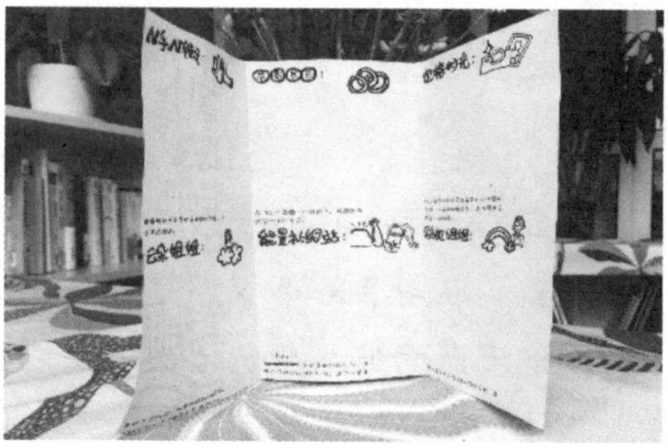

图 3-4-10 寻找彩虹小学任务单

1. N 手 N 脚：根据题卡出示的手与脚的数量，小组合作完成挑战(图 3-4-11)。

2. 圈圈圆圆：在 30 个空白圈上进行创作，使空白圈变成有意义的事物(图 3-4-12)。

图 3-4-11 你能猜出来我们是几手几脚吗？

图 3-4-12 圈圈在我们手中变乌龟、变太阳、变小花

3. 定格时光：找到幼儿园中自己最爱的角落，拍照留念，并将照片传至班级微信群(图 3-4-13)。

图 3-4-13 和我们最爱的大滑梯合影

4. 云朵姐姐的问题墙：找到云朵姐姐，帮助她解答她遇到的困难，给出至少三个解决方案(图 3-4-14)。

5. 能量补给站：9：40—9：55 这个时间段，幼儿回到班级进行能量补充。

6. 彩虹姐姐：寻找身上有彩虹标志的老师，获得最终集合的地点(图 3-4-15)。

图 3-4-14　帮云朵姐姐解决困难

图 3-4-15　找到彩虹姐姐，获得彩虹勋章

四、小结

1. 彩虹小学入学礼。

(1)在彩虹小学签到处，亲手签下自己的名字(图 3-4-16)。

(2)升国旗，唱响园歌《大大的梦想》(图 3-4-17)。

(3)全体彩虹小学“小学生”和爸爸妈妈合影留念(图 3-4-18)。

2. 在班级集合，请家长和幼儿分别分享参加活动的感受(图 3-4-19)。

图 3-4-16　在彩虹小学写下自己的名字

图 3-4-17　具有仪式感的升旗仪式

图 3-4-18　和爸爸妈妈一起留下我们在彩虹小学的合影

图3-4-19　一起来分享今天畅游的感受吧！

五、延伸学习

爸爸妈妈可以和幼儿交流上小学的经验，分享一些小学时期好玩的事情。

活动记录与呈现

孩子们的畅游感受

张夷陵：我觉得今天是最幸福的一天，因为我和妈妈还有小伙伴们一起找到了彩虹小学。

李汭怡：我都舍不得眨眼睛，害怕错过很多精彩。我和妈妈在今天留下了很多美好的回忆。

赵若清：我们这一组的任务完成得很不顺利，因为天天与和和都想拿着任务单，都想当小组长，但是他们都没有征询我们的意见。

袁天诒：今天我看到爸爸就像是一个和我们一样的孩子，特别高兴。

家长们的畅游感受

王子墨妈妈：今天的小组和集体活动看上去是孩子们的活动，但对于我而言是一个体验"跟随者"的过程。一早听完老师的提示，我便开始思考"跟随者"是什么样子，我需要怎样去体验它。活动中，四个孩子没有确定领队人，中间也出现了多次分歧，但孩子们最终都将它们解决了。在这个过程中，我一直站在孩子们的"外围"去观察和陪伴。我看到自己通过平时的学习已经可以稳稳地享受在"跟随者"的状态中。面对待解决的事情，我没有急于给出答案、没有急于做出判断、没有担心出现问题，而是给予孩子满满的信任，坚定地做一个"跟随者"。那种体验，真实、踏实、安稳。我更加坚信以一个"跟随者"的姿态给予孩子充分的信任，一定可以让孩子变得更加独立、自信！

张北歆妈妈：一转眼就迎来了幼儿园最后一次的家长开放日了，这也应该是孩子们心中非常开心和重要的一天。在这次开放日活动中，我看到了孩子们身上的很多亮点，看到孩子们的成长，我感到由衷的自豪。

其实不光是孩子，通过这三年的锻炼，我们家长的成长也是飞速的。从刚入园时对孩子的各种不放心和对自己的不自信，到现在我们和孩子一起积极参与幼儿园的各项活动，这一变化体现出家长和孩子在一同成长。尤其是家长学校的设立，让我学到了很多东西，让我真正地学会了以孩子的视角看待他们的世界，也正是因为有了如此专业的老师们，我在陪伴孩子成长的过程中才有了一往无前的勇气和自信。

陈润孜妈妈：总而言之，我们真的非常幸运，选择了如此优秀的幼儿园，孩子的童真在幼儿园得到了最大限度的庇护。感谢幼儿园，感谢老师们，不舍说再见！今天的半日开放让我对幼儿园“成为我自己，我们在一起，按自己的节奏呼吸与思考”倡议又一次产生了共鸣。家长真的需要好好扮演“跟随者”的角色，驱除焦虑，慢慢地培育孩子的信心。因为每个孩子的每一时刻、每一面都是与众不同的，他们的独一无二和内心的思考不是我们单纯地按照某一时刻发生的行为就能粗暴地进行干预的。

活动小结与反思

“寻找彩虹小学”是大班经典的畅游内容。在游戏情境中，孩子们可以最大限度地向爸爸妈妈展示自己的团队合作能力、时间管理能力、社会交往能力、观察与逻辑推理能力、语言表达能力，而这些能力恰恰是孩子们进入小学阶段生活和学习所必备的。

在这几年中，我们和孩子们一起发现自己、了解自己、认同自己、喜欢自己、相信自己。在今天的“寻找彩虹小学”活动中，孩子们展现出来的良好的学习品质、积极的情绪很好地为焦虑的家长们注入了镇静剂，也让教师感到欣慰自豪。

希望孩子们能记住：无论走到哪里，幼儿园都是他们最初梦想开始的地方。请小朋友们带着在幼儿园积蓄的力量，向前进发吧！

寻找彩虹小学——大班半日开放 & 家长学校纪实

教育笔记

一种状态，一个方法，一段时光

张　芬

大班组的半日开放在本周五落下帷幕，整体的感觉还是很顺畅的。不管是老师的状态、孩子的状态还是家长的状态，都是很投入的、积极向上的。这篇教育笔记，我想从“一种状态”“一个方法”和“一段时光”三个方面对这次的半日开放做一个小结与反思。

一种状态：开放

这一次的半日开放使我对“开放”这个词有了更多的体悟。以前我理解的半日开放就是敞开空间(如整个班级、幼儿园都对家长开放)展示老师和孩子们互动的状态(老师的状态是积极的、孩子的状态是真实的)，但是这一次，我觉得半日开放还应该提供一些契机把孩子们的思想展现在家长面前，通过家长与孩子的思想碰撞，让家长们的思想变得更加开放。

第一个问题：如何让孩子们的思想通过简单的活动展现在家长面前?

虽然连续好几年大班下学期的半日开放都叫"寻找彩虹小学"，但是每一年需要完成的任务都不一样。今年，大班组的教师依然保持开放的心态，结合当下孩子们的学习特点，创新了挑战的内容。今天挑战内容中最大的变化就是增加了微微老师提出的"云朵姐姐的问题墙"和"圈圈圆圆"这两个能够展现孩子们思维特点的项目。

"云朵姐姐的问题墙"这个项目，孩子们会抽取装有一个问题的信封，信封中的问题可能是"爸爸妈妈吵架了，我该怎么办?""上小学迟到了，怎么办?""我想和别人交朋友，但是总是被拒绝，我该怎么办?"……这些问题都来源于孩子们的日常。这个项目设计的精巧之处在于小组成员需要想出至少三种解决方案才算过关，家长在倾听孩子们讨论的过程中就能感受到孩子们已经具备了怎样的解决问题的能力。"圈圈圆圆"这个项目，每组孩子会得到30个大小不一样的圆圈，孩子们需要用画笔把这些圆圈变成不一样的东西，结果这些圆圈在孩子们笔下变蜗牛、变螃蟹、变星球、变宇宙……孩子们丰富的想象力得以展现在家长面前。

两个具有很高开放度的项目，展示了孩子们开放的思维，让家长真真切切地感受到孩子的成长与变化。这两个项目也是在家长学校分享的时候，家长印象最深刻、点赞最多的项目。保持开放，依然是我们的坚持。

第二个问题：如何让家长们的思想变得更加开放?

解决这个问题的方法之一就是把自由表达的权利交给家长。上学期半日开放感受的分享借鉴了微微老师采用的小组分享的方式，我们觉得这样的形式很好，所以这次半日开放前半段家长分享感受时依然还是沿用了小组分享的模式。

在这个过程中，家长们的讨论具有三个特点，一是轻松性；二是相互影响；三是很开阔性。

轻松性：家长们自由分成了三组，因为人少，所以每一个人都有表达的机会，大家在一起就像是闲话家常一样分享着关于今天半日开放的感受，氛围是很轻松的。老师也可以自由地穿梭于各个小组之间，了解各组分享的重点，也可以一对一地与家长进行沟通和交流。

相互影响：每一个家长在表达的时候，有相同感受的家长会点头肯定，有不同感受的家长会提出自己的看法，在来回摇摆的过程中，家长们最终会找到一个平衡。更可贵的是，心中存在疑惑的家长，可能会在交流的过程中找到问题的答案，或者找到

“同盟”，不再因为自己孩子的问题属于少数情况而感到焦虑。

开阔性：在交流的过程中，家长们分享的不仅是今天看到的孩子的变化，还分享了观察到的有关班级环境的细节，分享了孩子这一年来的变化。家长们不仅看到了自己孩子的变化，还看到了不同孩子的变化。

最后我需要做的就是对家长的分享进行一个小结，提出我在半日开放中发现的一些好的方面，如孩子们学习的方式和状态，家长一直跟随的状态、把决定权交给孩子、对自己孩子和小组其他孩子的接纳、细心的观察……和一些可以拿出来和大家讨论的问题，如“孩子成长的节律”“争执对于幼儿成长的重要性”“如何定义一次小组活动的成功”等。我的作用就像是一个熨斗，熨平小组讨论结束后遗留在家长心中最后的那些小褶子。

一个方法：调试

这一次我们还用到了一个方法，计算机术语叫作调试。在我们从头到尾捋顺所有的环节后，一起来想一想可能会遇到的问题。比如，微微老师提出以前有家长会提出孩子的饮水量不够；不愿意细细去看去跟随的家长看到的可能就是孩子一通瞎跑；小组合作会出现争吵的情况，家长怎么看……班级内部讨论的时候，提出了户外蚊子多、家长喝水的情况怎么解决等问题。针对这些问题我们也想出了相对应的措施。例如，家长饮水的问题会在前一天在班级群中告知第二天的流程，提醒家长做好饮用水的准备；孩子们上午的摄水量和小组合作的问题会在开始前的说明会上跟大家说明情况，请家长自行提醒孩子及时补充水分，班级就不像平时那样组织孩子集体饮水；小组合作发生争执，提前说明，打好“预防针”。针对看不出“门道”的家长，我们设计了小组分享环节，请孩子们分享今天的感受、遇到的困难，让家长能够直观地感觉到孩子们的思考。任务单的设计、制作的视频小片、家长证书的制作、正式颁发证书的典礼，都是希望能够让家长们更好地理解教师们背后的用心，更好地享受最后一次半日开放。

一段时光：永恒的记忆

这可能是毕业典礼之前大家最后一次聚在一起，也是幼儿园的最后一次半日开放，家长们都很珍惜，在分享感受的时候也表达了很多的不舍和感激。最让我感动的是最后孩子们为爸爸妈妈颁毕业证书的环节，孩子们双手捧上毕业证书，向爸爸妈妈90度鞠躬，有的孩子还会说：“谢谢爸爸妈妈，你们辛苦了。”那个画面一下子就触动了我的心，也戳中了很多爸爸妈妈的泪点。“三年前，孩子们还哭着不舍和爸爸妈妈分离，转眼间，孩子长得这么快，这么好，超出了我们的想象。”(刘子立妈妈语)祝福家长们完成了三年家长学校的学习，欣喜于你们的变化，祝你们家长学校毕业愉快！接下来，我们要全力为孩子们的毕业典礼做准备了，期待孩子们在这个他们最熟悉的幼儿园实现最美的绽放。

六月主题　再见了，我的幼儿园

月主题说明

“当夏天又一次来临，当鲜花又一次绽放”，幼儿园大班的小朋友们即将毕业，告别朝夕相处的老师和小伙伴们，步入新的人生阶段，迎来小学生活。

本月主题“再见了，我的幼儿园”，孩子们的学习会从时间和情感两条线索入手，从回顾“我在幼儿园的这三年”生活的点点滴滴开始，共同品味成长的自豪感。讨论和计划“毕业前，我想做的 $N+1$ 件事”，珍惜离别前的日子。畅游日中，孩子们将尝试用自己的方式、有计划地去实现自己想要做的一些事情。我们希望，这个月的学习，不仅能够引导孩子们对身边的人、事、物怀有感恩之心，也能够使孩子们对未来始终保持一份热切的期盼。

月课程目标

1. 鼓励幼儿通过寻访、追溯、记录等方式，回顾自己在幼儿园这三年的生活，品味成长的自豪感。

2. 引导幼儿制订一份与幼儿园告别的计划，并能够按照计划，根据自己的节奏，与幼儿园的人、事、物进行告别。

3. 帮助幼儿感知成长中那些温暖的力量，引导他们用多种方式，勇敢地表达自己的感恩与感谢。

4. 引导幼儿乐观地面对离别，通过一场仪式，对过去说再见，开始新的旅程。

第一周主题“一起走过的日子”，孩子们会回忆幼儿园三年的活动片段，讨论毕业前想做的 $N+1$ 件事。第二周主题“送给幼儿园的礼物”，孩子们会梳理自己在幼儿园的足迹，并送上用心绘制的花墙、独特的井盖作为礼物，向幼儿园表达满满的爱。第三周主题“感恩的心”，孩子们会通过制作卡片的方式表达对小伙伴和老师的感谢，并在幼儿园的各个地方大声告白，幼儿园里的“奇妙一夜”也会成为孩子们幼儿园时代最闪亮的记忆。第四周主题“快乐向前走”，孩子们会和老师一起朗诵《毕业诗》，制作毕业纪念册，体会离别也可以是欢乐的。最后在一场隆重的毕业典礼上，展现自己，完成在幼儿园最美地绽放。

童年是一段“快乐来得多，忧愁去得快”的纯真时光，也是一个我们长大成人之后，眷恋不已的寻梦园。分开并不意味着分别。相信孩子们能带着在幼儿园三年所积蓄的力量，大步往前走，勇敢面对未来的生活。

课程树状图

第一周 一起走过的日子

周主题说明

六月，是孩子们在幼儿园的最后一个月，他们即将告别生活了三年的幼儿园。在这个月的课程中，孩子们会回顾自己在幼儿园的三年生活，共同品味成长的自豪感，珍惜离别前的日子。

本周我们会和孩子们一起回顾“我在幼儿园的这三年”的点点滴滴，把这些美好用自己的方式收集在“甜蜜回忆盒”中，形成自己的“专属的记忆”，讨论“毕业前，我想做的 $N+1$ 件事”，在畅游日“毕业总动员”里用实际行动完成自己毕业前想做的一些事情，回顾与感恩一起走过的日子。

周课程目标

1. 引导幼儿回顾自己在幼儿园三年的生活，制订毕业前的生活计划。

2. 鼓励幼儿和家长一起用不同的方式(照片、视频、PPT)回顾幼儿园的生活，完成有关幼儿园精彩瞬间的分享。

3. 支持幼儿按照自己的想法在幼儿园内各个角落收集自己的美好回忆。

4. 与幼儿一同感受并分享成长的喜悦。

活动一　我在幼儿园的这三年

活动形式

小组活动。

活动目标

1. 对幼儿园三年的生活有概括的认识，能讲述自己在幼儿园三年中印象深刻的事。

2. 尝试用丰富的符号语言表达自己难忘的事。

3. 感受并分享成长的喜悦。

活动准备

幼儿在幼儿园三年的成长纪录片、白纸、水彩笔。

活动过程

一、导入

教师提问："你还记得自己第一次来幼儿园时是什么样子吗？"

二、分享环节

请幼儿分享自己第一天来到幼儿园时的情景。

活动记录与呈现

李歆漪：我第一天到幼儿园的时候穿着领口有白花边儿、身上有白点点的衣服，那时候我还披着头发，没有扎小辫。

黄嘉漪：我那时候还是个很小的小朋友，想妈妈了忍不住就哭了起来。我是短发，还有头发帘。

李沐瑶：我第一天上幼儿园的心情很好，大概就哭了一次，其他时候就没哭过了。我一来就在班里找到了好多认识的小朋友。

张夷陵：我第一次来幼儿园的时候，心情还是可以的。虽然有点儿陌生，但是很快就好了。

王靖涵：我那时候没有头发帘，第一次来到幼儿园我还哭了呢。是老师抱着我进班的。

沈辰宇：我第一天来幼儿园的时候哇哇大哭，也不吃饭。

三、讨论提纲

教师播放幼儿的成长纪录片，幼儿跟随视频内容回顾自己在幼儿园的成长(图 4-1-1 至图 4-1-4)。

1. 在幼儿园的三年你有什么变化，你的好朋友有什么变化？

2. 这三年里发生了哪些让你难忘的事情，遇到了哪些让你难忘的人？

图 4-1-1　第一次在幼儿园过六一

图 4-1-2　第一次跟小朋友一起去秋游

图 4-1-3 第一次在幼儿园做娃娃

图 4-1-4 和好朋友们一起在公园过生日

活动记录与呈现

讨论 1：在幼儿园的三年你有什么变化，你的好朋友有什么变化？

孙熙悦：我的变化就是我现在比以前更自信了，我的好朋友变得更愿意回答问题了。

张夷陵：我的变化是能知道更多的知识了，我的好朋友们和我一样都换牙了。

杨 博：我比以前画画好了，我的好朋友现在总愿意给我们当小老师上课。

讨论 2：这三年里发生了哪些让你难忘的事情，遇到了哪些让你难忘的人？

师晨皓：我记得我和一个小朋友打架，老师帮助我俩解决了矛盾，后来我们成了好朋友。

沈辰宇：我记得有一次我掉进了户外的小池塘，老师立刻把我抱了出来。

廉宠理：我印象最深的是那次我们在院子里发现了一只受伤的麻雀，后来我们给它做了一个窝。

郭浩文：我印象最深的是园长妈妈给我带来了好吃的柿子，我们还做柿饼、用柿子皮煮水做扎染。

四、操作环节

请幼儿用四格漫画的方式将自己幼儿园三年生活中最难忘的回忆画下来(图 4-1-5、图 4-1-6)。

图 4-1-5 每年都有难忘的事情

图 4-1-6 和好朋友在一起是最开心的事情

五、小结

教师梳理、记录幼儿在幼儿园三年的变化和成长，鼓励幼儿继续用自己的方式进行回顾。

六、延伸学习

请幼儿与家人利用闲暇时间一同收集有关幼儿园生活的照片，一同回忆在幼儿园度过的美好时光。

活动小结与反思

本次活动是为了让孩子们能更直观地看到自己的成长与变化，教师找到了孩子们三年幼儿园生活中的一些特别经典的镜头，和孩子们一起观看三年成长纪录片。孩子们与同伴互相讨论各自的变化的时候，教师发现他们的视角非常独特，每个孩子表达的最难忘的事情都不同，比如自己曾经和哪个小朋友打架了，老师对自己说了哪句话，一顿好吃的饭菜等。我们还发现孩子们不仅关注到了自己外在的变化，变高了、脸变瘦了、变得更好看了，而且还关注到了自己内在的一些变化，比如，更自信、更能表达自己、知道更多知识了。

对孩子们来说，成长可能是一个潜移默化的过程，他们通过一些细小的变化来感知自己的成长。这些非常生活化的事情，因为与他们的生活经验相关，与他们的情感经历相关，所以显得异常珍贵。

活动二 甜蜜回忆盒

活动形式

小组活动。

活动目标

1. 能够根据照片内容讲述照片背后的故事。
2. 享受回忆带来的美好，感知成长带来的喜悦。

活动准备

幼儿在家找到的与自己幼儿园生活相关的照片、收集盒。

活动过程

一、导入

教师提问：“你们在家里找到了自己的哪些照片？做了哪些记录？”

二、分享环节

请幼儿自由分组，分享自己的照片和记录(图 4-1-7)。

图 4-1-7　和好朋友交换分享照片集

> ***活动记录与呈现***
>
> 王玥丹：我在妈妈电脑上找到了我和爸爸在半日开放时的照片，我把这些照片都收集到了一起，还在上面做了标记。
>
> 张一鸣：我在爸爸手机里找到了在庙会上吃糖葫芦的照片，我把我们逛庙会的时间写上去了。
>
> 谭惜之：我在妈妈手机里找到了我和爸爸一起做项目学习、研究长城的照片，我把它们做成了一个册子。
>
> 廉宠理：我找到了一个大相册，妈妈每年会把我在幼儿园的一些照片打印出来放进相册，我把这些照片上的老师都找到了，请她们帮我写了一些毕业祝福。

三、讨论提纲

1. 你在家里找到的照片和做的记录的背后都有哪些故事?
2. 翻看这些照片的时候你们有什么感觉?
3. 你认为这些回忆是什么样的?

> ***活动记录与呈现***
>
> **讨论 1：你在家里找到的照片和做的记录的背后都有哪些故事?**
>
> 张墨缘：我们翻出了我和爸爸妈妈一起逛庙会的照片，那天我们家全家总动员，那是我们全家在幼儿园最美好、最精彩的回忆!
>
> 孙熙悦：我也是和妈妈一起完成的记录，我们记下了半日开放那天我们跳绳跳了 100 个。
>
> 郭浩文：我和妈妈一起完成了记录，我画的画，妈妈帮我写上的文字。
>
> **讨论 2：翻看这些照片的时候你们有什么感觉?**
>
> 廉宠理：看到这些照片我觉得心里很温暖，感觉我做了很多事情。
>
> 黄嘉漪：翻看这些照片我感觉那些事情就像又发生了一样。

李歆漪：我觉得那些事情像是昨天刚发生的一样，可是我们这么快就长大了。

讨论 3：你认为这些回忆是什么样的？

张墨缘：这些回忆是甜蜜蜜的感觉，就像闻到花香。

李泓儒：我感觉这些回忆是五彩缤纷的，每个人的都不一样，但一般都是很美好的。

王玥丹：我觉得这些回忆是很美好的，回忆能够让我们感觉到我们都长大了。

四、操作环节

请幼儿携带收集盒在幼儿园的各个角落收集自己最难忘的、最想收集的东西(图 4-1-8、图 4-1-9)。

图 4-1-8　幼儿园的院子里有我们的美好回忆

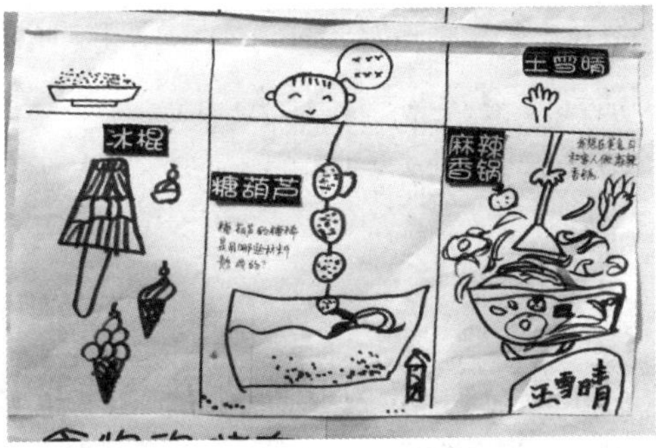

图 4-1-9　主题墙上也有我们的生活记录

五、小结

教师对幼儿分享照片和记录时的感受进行梳理，鼓励幼儿继续在幼儿园中收集具有代表性的充满回忆的事物。

教师总结："我们的回忆盒里可以装很多很多东西，三年的幼儿园生活中有很多回忆，好的、不好的、开心的、伤心的，这些都是我们回忆盒的一部分，我们今天特别用心地收集了很多甜蜜的回忆，装进了我们的回忆盒。"

六、延伸学习

请幼儿与家人一起完成爸爸妈妈关于幼儿园生活的甜蜜回忆盒。

活动小结与反思

本次活动是孩子视角的幼儿园回忆，孩子们通过在家里寻找自己在幼儿园生活的照片，再进行同伴之间的相互分享，最后再在幼儿园用收集盒的形式收集。孩子们在此过程中很好地做到了信息的收集和处理，还能与同伴分工合作，对不同的工具进行利用，做到了"人尽其力，物尽其用"。

孩子们把信息处理和资源整合方面的能力都已经融入生活中，相信在小学阶段的学习中，这些能力也会帮助他们更好地成长！下次活动，我们将把活动的实施部分交给家长，孩子们则负责分享和转述家长的记录。期待孩子们的表现！

活动三　专属的记忆

活动形式

小组活动。

活动目标

1. 能够有条理地讲述和爸爸妈妈一起在幼儿园经历过的事情。
2. 尝试对爸爸妈妈在幼儿园最难忘的事情做初步统计。
3. 感受爸爸妈妈在幼儿园生活中的陪伴，给自己的成长带来的力量。

活动准备

家长绘制的难忘的幼儿园活动海报。

活动过程

一、导入

教师提问：“通过采访，你们了解到爸爸妈妈在幼儿园经历的有趣的事情都有哪些？”

二、分享环节

请幼儿分享自己的采访记录(图 4-1-10、图 4-1-11)。

图4-1-10　妈妈说她最难忘的是来幼儿园给小朋友做美食

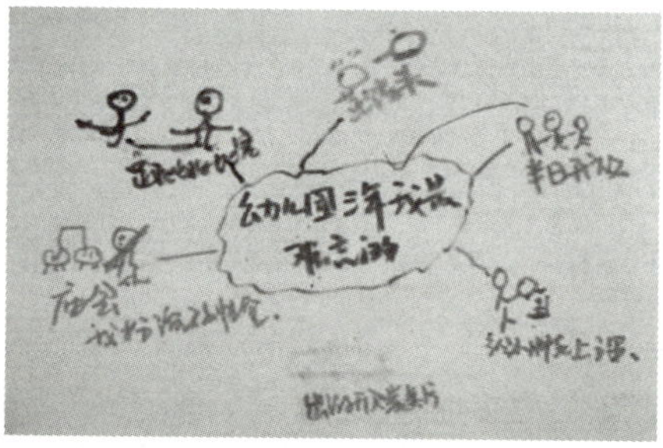

图4-1-11　爸爸妈妈们在幼儿园最难忘的事情海报

> **活动记录与呈现**
>
> 韩子游：我采访了我妈妈，我妈妈觉得最有趣的事情是来幼儿园和小朋友一起蒸馒头。
>
> 廉宠理：我采访了我爸爸，他说最有趣的就是给班里的小朋友上课。
>
> 师晨皓：我妈妈说最有趣的是半日开放时比赛男生跑得快还是女生跑得快。
>
> 李泓儒：我爸爸觉得最有趣的事情是庙会的时候扮演的孙悟空。

三、讨论提纲

1. 爸爸妈妈提到最多的最难忘的事情都有哪些？

2. 看到爸爸妈妈画的这些有关难忘瞬间的海报，你们有什么感受？

3. 你有什么话想对爸爸妈妈说吗？

活动记录与呈现

讨论 1：爸爸妈妈提到最多的最难忘的事情都有哪些？

黄嘉漪：我发现爸爸妈妈最难忘的事情提到最多的是庙会，有 20 个家长都提到了庙会。

陈乐仪：我发现半日开放有 18 位家长提到了，半日开放好玩的事情有很多。

陈润孜：我发现有 15 位家长提到了春游、秋游。

张夷陵：我发现十二月美食月有 19 位家长提到。

讨论 2：看到爸爸妈妈画的这些有关难忘瞬间的海报，你们有什么感受？

陈海睿：我发现爸爸妈妈难忘的事情跟我们不一样，他们难忘的事情大都是一些全幼儿园小朋友一起参加的活动，我们难忘的事情有很多都是小的活动。

李泓儒：他们难忘的事情都是那几件，没有我们的多，也没有我们的精彩！

黄嘉漪：爸爸妈妈难忘的事情都是和我们在一起的。

张夷陵：我们认为最难忘的可能爸爸妈妈并不这么认为。

张一铭：我觉得爸爸妈妈能和我们一样有在幼儿园难忘的事情很难得。

讨论 3：你有什么话想对爸爸妈妈说吗？

孙熙悦：我想感谢我的爸爸妈妈陪我来幼儿园参加那么多次活动，我们有很多一样的难忘的事情。

杨泊安：我感谢我的妈妈把我送到这么好的幼儿园，我们做了这么多好玩的事情。

沈辰宇：我想对我爸爸妈妈说以后让妹妹也来这个幼儿园，这样很多事情还能再做一遍。

四、小结

教师与幼儿回顾在分享中的新感受，梳理活动中的收获。

教师总结："爸爸妈妈们的难忘事情有一些是和我们一样的，也有一些是和我们不一样，但对他们来说很难忘的。不管怎样，我们一起把它们装进我们的回忆盒里，这样我们的回忆盒里越来越满了。其实这些美好就是一点一点发生的，我们一点一点记录，一点一点回头看，就会有特别丰富多彩的回忆。"

五、延伸学习

请幼儿与家人一起打印在园活动时的照片，或将绘制的回忆照片进行装饰，收集在回忆盒里。

活动小结与反思

在本次活动中孩子们作为爸爸妈妈回忆的转述者，体验了一次不一样的海报分享。

在活动中，我们发现家长们都能从自己和孩子的共同经历出发，认真地绘制回忆海报。有的海报非常写实，参与的每一个事件和时间都标注得很清楚；有的海报还非常翔实地记录了参与的活动和感受。正像孩子们在活动中说的那样：“爸爸妈妈难忘的事情都是和我们的幼儿园生活有关系的。这些在幼儿园的专属记忆，也是我们共同的美好回忆。”这些记录反映出在幼儿园的三年里家长与自己的孩子、与幼儿园都产生了深深的情感联结，和孩子一起完成了一次又一次的成长。

活动四　毕业前，我想做的 $N+1$ 件事

活动形式

集体活动。

活动目标

1. 能够用图画或者符号记录自己毕业前想做的 $N+1$ 件事。
2. 能够有条理地与同伴分享自己毕业前想做的事情的计划。
3. 懂得珍惜毕业前在幼儿园的幸福时光。

活动准备

日历、A4 白纸。

活动过程

一、导入

教师提问：“说到毕业，你们会想到什么?”

二、分享环节

请幼儿分享自己对“毕业”的理解。

活动记录与呈现

王靖涵：毕业代表要上小学了，代表我们又长大了。

周睿康：毕业就是从一个阶段到另一个阶段。

李沐航：毕业就是代表跟一个地方永远分开，其他时候不能再回去。

于沣圆：毕业就是你长大了。

郭浩文：毕业就是从幼儿园切换到小学。

徐朴一：毕业就是要离开一个地方。

李泓儒：毕业不是不能回去的一个地方，因为毕业了也可以回来给弟弟妹妹分享小学生活。

三、讨论提纲

1. 为什么我们要从幼儿园毕业？
2. 毕业前的这段时间你有哪些期待？
3. 在毕业前的最后一个月，有哪些事情是你特别想去做的？

活动记录与呈现

讨论1：为什么我们要从幼儿园毕业？

尹昊岩：因为从幼儿园毕业才能上小学。

师晨皓：人只有毕业才知道应该好好珍惜好朋友。

李泓儒：因为毕业后可以去更远的地方。

讨论2：毕业前的这段时间你有哪些期待？

沈辰宇：毕业前我期待每天开开心心地来幼儿园。

贾依晨：我想每天都开心地做早操，和老师问好。

王靖涵：毕业前我期待和我的好朋友每天都在一起。

李佳蔓：我期待这个月得全勤奖，每天都来幼儿园。

谭惜之：我期待在这个月能做一些平时在幼儿园没做过的事情。

王玥丹：我期待幼儿园能够有一些新的好玩儿的东西。

孙熙悦：我期待花草园六月份的花儿能够开得更多、更茂密、更鲜艳，葡萄架的葡萄能够结果。

师晨浩：我期待六月的幼儿园能够更帅气。

李沐瑶：我期待幼儿园六月能有一个化装舞会。

讨论3：在毕业前的最后一个月，有哪些事情是你特别想去做的？

吴洛嫣：我想给幼儿园来一次大扫除，让幼儿园更整洁；我想在幼儿园看电影；我想和好朋友躺在星空下看星星；我想在幼儿园放一次氢气球。

王逸帆：我想在幼儿园捉一只知了；我想在幼儿园游一次泳；我想在幼儿园做更多的折纸作品；我想练好情景剧。

马令仪：我想我的黄瓜快快结果；我想在雨水花园玩水；我希望我可以好好保护我的作品栏。

胡曦文：我希望能够在幼儿园里住一次帐篷；我希望能在雨水花园踩水；我希望给老师们和小朋友们送贺卡；我希望我可以在毕业前收获自己种的西红柿，做西红柿炒鸡蛋吃。

张北歆：我希望能在幼儿园看一次电影；我还想再吃一次汉堡；我想在幼儿园里的每一个美丽的角落拍照。

刘咨孜：我希望在毕业前都不淘气；我希望可以和东东一起玩25天；我希望我种的小苗可以长出来；我希望能把日记都写完。

赵若清：我希望可以和小朋友们好好相处；我希望可以在幼儿园看29小时的电视；我希望我可以保护我作品栏里的东西，不被人拿走。

李汭怡：我希望在幼儿园撒下很漂亮的花种子；我希望能够在小池塘边的树上挂上我的毕业愿望；我希望幼儿园里可以有我的印记；我还希望我能够按照幼儿园的时间认认真真地度过一天。

闫皓同：我希望我可以给幼儿园所有的井盖都穿上衣服；我希望每一次玩翻瓶盖都不输；我希望可以种下一颗时间胶囊，这样我就可以随时随地回到幼儿园。

四、操作环节

请幼儿将自己想做的事情，用绘画的形式呈现出来，教师帮助幼儿统计毕业之前想做的$N+1$件事(图4-1-12、图4-1-13)。

大一班的孩子们在毕业之前想做的$N+1$件事。

排名前10的依次为：

1. 一米菜园收获(30票)。
2. 夜宿幼儿园(29票)。
3. 雨水花园踩水(28票)。
4. 拍摄毕业照(26票)。
5. 来一次打水仗(25票)。
6. 在幼儿园看一次露天大电影(23票)。

7. 了解更多的幼儿园(22 票)。

8. 一场毕业典礼(22 票)。

9. 为幼儿园、老师们、小朋友们送上毕业礼物(21 票)。

10. 在幼儿园的一个角落留下自己的印记(20 票)。

图 4-1-12　毕业前我想去看看一米菜园

图 4-1-13　毕业前我想在幼儿园睡一觉

五、小结

教师将幼儿想要做的事情进行梳理和归纳，运用海报的形式展示出来(图 4-1-14)。

教师总结："我们一起分享了自己毕业前想做的事情，有的小朋友想玩曾经玩过的游戏，有的小朋友想制作礼物，有的小朋友想再在幼儿园收一次菜，有的小朋友想制造更多美好的回忆。我们每个人都有自己想要在毕业前去做的事情，希望大家都能在毕业之前完成所有想做的事情。让自己的幼儿园生活不留遗憾。"

六、延伸学习

教师设置"毕业前，我想做的 $N+1$ 件事"主题区域，请幼儿将自己的表格展示在区域内，及时增添自己想做的事情并标注已做完的事情。

图 4-1-14　毕业前，我们最想做的 10 件事

活动小结与反思

还有一个月孩子们就毕业了，每一个孩子都有想在毕业前完成的事情。孩子们毕业前想完成的事情都特别可爱，有很强烈的个人色彩，如"不淘气""看 29 小时的电视""按照幼儿园的时间认认真真地度过一天""和好朋友一起玩 25 天""种一颗时间胶囊"……当幼儿园的活动与孩子们的情感相联结，他们就会将活动铭记于心并且在活动过程中融入自己的思考和期待。这些期待关于当下，也关于未来。回忆过去，留住现在，展望未来，这样的计划和安排使孩子们能够在生活化课程中感受到恰到好处的节奏感。

在接下来的一个月里，我们将按照这个清单，一点一点地帮助孩子们完成和幼儿园的告别。有了这样一份毕业前想做的 $N+1$ 件事的清单，孩子们对接下来的日子就会满怀期待。

活动五　毕业总动员

活动形式

畅游活动。

活动由来

当孩子们讨论毕业前想做的 $N+1$ 件事时，会发现这些事都是为了让自己三年的幼儿园生活更加完满。因此，在这个畅游日，孩子们将结合前期讨论中的分享，自由选择想要去实现的那件“大事”，并用实地探访的方式对相关活动进行准备，优先完成可以实现的部分，其他的留到下周再继续。

这个畅游日里孩子们可以拥抱自己的好朋友，去菜园收菜，用“最后一次收菜”来开启毕业季的相关告别活动。

活动目标

1. 能够依据实际情况对即将开展的事情做出适宜的选择。
2. 愿意与同伴合作、商量，共同完成相同的小心愿。
3. 感受实现小心愿的快乐、满足。

活动准备

户外场地、楼顶菜园。

活动过程

一、导入

教师提问：“今天的畅游我们可以做毕业前想做的 $N+1$ 件事中的前 10 件中的哪些事情呢?”

二、讨论环节

幼儿讨论在本次畅游中有哪些愿望可以实现。

> **活动记录与呈现**
>
> **今天的畅游我们可以做毕业前想做的 $N+1$ 件事中的前 10 件中的哪些事情呢?**
>
> 李泓儒：我们的第一个愿望可以实现，楼顶菜园的菜已经成熟了，我们可以去收一次菜。
>
> 黄嘉潲：我觉得我们可以去找幼儿园最美的角落拍照片。
>
> 陈凯润：我们可以玩小时候玩的游戏。

谭惜之：我们可以去踩水，因为小水渠的水刚刚好，天气温度也刚刚好。

李沐航：我们还可以做手工，准备为幼儿园、老师们、小朋友们送上毕业礼物。

三、操作环节

1. 幼儿寻找和自己有相同愿望的伙伴，自由组合。

2. 按照自己的计划去探索、实现自己想做的那些事情(图 4-1-15 至图 4-1-20)。

图 4-1-15　毕业前，我要抱抱我的好朋友

图 4-1-16　我想再给小石头洗洗澡

图 4-1-17　我们想在幼儿园再爬一次大树

图 4-1-18　我们想在每个角落都拍一张合影

图 4-1-19　在楼顶菜园收一次菜

图 4-1-20　和小朋友一起玩最爱玩的游戏

四、小结

教师梳理幼儿实现愿望清单时的表现，请幼儿分享在活动中的感受和收获。

这次畅游，你有什么收获和感受?

黄嘉漪：我今天特别高兴，我还能给雨水花园的石头洗洗澡，看着小石头变干净我很开心，以后这件事情就交给弟弟妹妹了。

王靖涵：我和好朋友在幼儿园的每个角落都拍了合影，我觉得这是我最幸福的事，以后看到照片我还能想起幼儿园这些陪我长大的地方。

贾依晨：我和好朋友一起玩了我们小时候最喜欢的游戏，感觉还是那么好玩。

张一铭：我看到我种的萝卜已经长大了，拔下萝卜的时候我觉得以后我回家还要自己种菜，因为我已经学会种菜了。

谭惜之：我的愿望是能再摘一次桑葚，我真的发现了桑葚树上还有桑葚，我抱着好朋友一起摘桑葚太开心了。

陈海睿：今天我终于和好朋友一起爬树了，以前我都不敢，这次爬树感觉特别刺激。

五、延伸学习

请幼儿和爸爸妈妈分享自己想在毕业前完成的 $N+1$ 件事，邀请爸爸妈妈和自己一起去实现。

活动小结与反思

孩子们在今天的畅游中无比兴奋和满足，他们通过自己的行动实现自己毕业前的愿望，在“楼顶菜园”收菜、在最美角落留下印记、玩小时候玩的游戏……孩子们对“有了想法就要去努力实现”这句话有了更直接的体会。同时，在活动中孩子们会主动要求老师帮忙拍照片，他们想记录下每一个愿望实现的瞬间。

孩子们想做的事情中还包括要给幼儿园一份有意义的礼物、举办一次独特的毕业典礼、夜宿幼儿园……孩子们期待着的这些事情会在毕业前的日子里一一实现，镜头后的我们，为孩子们努力实现心愿的行为感动着，也更加珍惜和孩子们在一起的每一天。期待着下周孩子们为幼儿园送一份礼物的行动。

教育笔记

一米菜园收菜记

晁　妍

今天是孩子们在幼儿园里最后一次收菜，下午太阳不晒了，我们一起来到了楼顶菜园。我们发现几天不见，菜园里长出了许多茅草。

郭瀞琪说："我们来拔草吧！"温铎熙说："好啊，这些草会把蔬菜的养分吸走的。"林绍锋说："可是我们又不认识哪些是草，长得都是绿绿的。"我找到了一棵小茅草，拔下来给他们看：这样细细的叶子就是茅草。林绍锋说："我认识啦，我去拔草。"说完沿着木格子的边绕了一圈，蹲下来，开始寻找菜园里的杂草。找到一根茅草之后对着我说："小妍老师这个是茅草吗?"我说这个是。他就拔了那根草。王淏晨在一旁说："我也找到茅草啦！耶！"在和我确认之后他揪下了几段草叶。郭瀞琪看着王淏晨揪下来的草说："你都没有连根拔，我们拔的都是完整的，你使的劲儿也太小了！"郑浩铭说："我也发现了，要找到草的根，连根拔起，还会带点土呢。"这边关于"拔草要除根"的讨论还在继续，突然听到"哎呀！我的菜叶子被蜗牛吃了！"，原来是林绍锋从自己的菜叶子上找到了一只蜗牛，而菜叶的边也正好有缺口。我假装没听见，看看他会怎么对待这只"偷吃菜叶"的蜗牛。这时好几个小朋友围过去了，我也看到了那是一只深灰色有点偏黑的大蜗牛。林绍锋把蜗牛捧在手里，过了一会儿，我们继续拔草，林绍锋一个人在窃窃地说着什么，我听清了最后一句有点大声：哼，你这个小坏蛋！后来听林绍锋说他把蜗牛送到了一个很远的没有蔬菜的地方去了。听说蜗牛会偷吃菜叶，郑浩铭可待不住了，他走到自己的菜格子边上，扒开一片一片的叶子，果然有重大发现！郑浩铭大叫道："我的叶子也被虫子吃了！"我们走进一看，郑浩铭的菜叶上有一个小黑点。在小朋友们都表达了惋惜之后，郑浩铭的情绪渐渐平静下来。

拔完草以后，孩子们开始收菜、分菜，小组合作，一个人打开口袋，一个人往里面放。在下楼之前，孩子们问："我们最近不是在告白幼儿园吗？我们想对一米菜园说谢谢，老师帮我们录视频吧！"应孩子们的要求，我帮他们记录下了对一米菜园的告白："一米菜园，我们爱你！我们爱这里的蔬菜，爱这里的土壤。"

我的感受：

转眼间，一米菜园已经陪伴着孩子们度过了三个收获的季节，一米菜园里发生的收获、播种、照料和小插曲，都在孩子们的心里了，孩子们通过一米菜园活动感受着自然带给人类的馈赠，也感受着生命的神奇。我们都爱这里，爱这里的蔬菜，爱这里的土壤。

第二周 送给幼儿园的礼物

周主题说明

礼物是表达祝福、心意和传递信息、情感、意愿的一种载体。礼物可能是看得见的，也可能是看不见的，礼物背后的心意比礼物本身更加珍贵。

本周，孩子们会用自己的双手和想象力为幼儿园留下一份礼物，通过“有份礼物要给你”“设计井盖需要做哪些准备?”“有秘密的井盖”“独特的井盖”“白墙生花”的活动，表达自己对幼儿园的爱与感恩。

周课程目标

1. 引导幼儿知道可以通过送礼物的方式表达自己的情感。

2. 鼓励幼儿分享对礼物的设想，协助幼儿初步制订制作礼物的计划。

3. 支持幼儿按照自己的想法制作礼物，和小组成员共同讨论、分工合作完成礼物的制作。

4. 鼓励幼儿用自己的方式表达对幼儿园的感谢，试着体会这份礼物中蕴含的情感。

活动一　有份礼物要给你

活动形式

小组活动。

活动目标

1. 能清晰地表达自己对礼物的想法。

2. 敢于采访不太熟悉的教师、小朋友，尝试运用采访的方式收集更多信息。

3. 对送给幼儿园的礼物充满期待。

活动准备

水彩笔、白纸、黑板、户外场地。

活动过程

一、导入

出示“毕业前，我想做的 $N+1$ 件事”海报。

教师提问：“上周我们讨论想在毕业前完成的事情，有很多小朋友提到想送给幼儿园一份礼物。你们为什么想给幼儿园送礼物？”

二、分享环节

请幼儿分享自己想要送幼儿园礼物的原因。

> **活动记录与呈现**
>
> 李沐航：因为幼儿园是我最爱的幼儿园，我想送礼物给它，来表达我的爱。
>
> 黄嘉潞：因为我在幼儿园每天都很开心。
>
> 张夷陵：因为我在幼儿园收到了很多的“礼物”，树屋、雨水花园、攀爬架我都很喜欢。
>
> 杨　博：我想送给幼儿园礼物是因为在这里我可以自由地奔跑，做自己喜欢的事情。
>
> 沈辰宇：我舍不得离开幼儿园，大家看到我们送的礼物就会想起我们。
>
> 孙熙悦：我想让我的幼儿园变得更加美丽。

三、讨论提纲

1. 你想送给幼儿园一份什么样的礼物？
2. 幼儿园什么地方需要我们的礼物？
3. 给幼儿园的礼物，是要送我们喜欢的礼物，还是幼儿园需要的礼物？

> **活动记录与呈现**
>
> **讨论 1：你想送给幼儿园一份什么样的礼物？**
>
> 张一铭：我想送给幼儿园一封信，信上写的是我对幼儿园说的话，我会把它藏在幼儿园的一个角落。
>
> 李歆潞：我想把所有美好的事情都画下来，把它留给幼儿园当礼物。
>
> 李沐航：我想送的礼物是一些手工作品，它们可以一直放在幼儿园里留给弟弟妹妹做装饰，大家看到它们就会想起我们。
>
> 廉宠理：我想送给幼儿园食堂的师傅每人一个闹钟，这样他们就不用一直在烤箱前等着饼干烤好了。

讨论 2：幼儿园什么地方需要我们的礼物？

张夷陵：我觉得院子里的大树上可以搭几个鸟窝，这样就会有很多鸟来院子里了。

张墨缘：我觉得小池塘需要我们做一个桥当礼物。

王玥丹：我想采访一下老师们，他们肯定知道哪里需要礼物。

李沐航：我觉得户外的每个地方都需要礼物，我们可以折一些千纸鹤挂在明显的位置当礼物。

讨论 3：给幼儿园的礼物，是要送我们喜欢的礼物，还是幼儿园需要的礼物？

陈楷润：我觉得送别人礼物要送自己喜欢的，如果自己都不喜欢，为什么要送给别人呢。

陈海睿：我觉得礼物要送别人喜欢的，因为礼物最后是属于他的，他如果不喜欢就不会珍惜了。

李泓儒：我觉得送礼物既要自己喜欢也要别人喜欢，所以送礼物还是需要研究的，不能随便想送什么就送什么。

四、操作环节

幼儿自由组成调研小组，带着问题"你认为幼儿园的什么地方需要一份礼物"在教师和小朋友中进行采访调研。

五、小结

根据采访得出幼儿园需要礼物的地方之后，请幼儿进行投票，选出得票最多的两个礼物，在本周接下来的几天合作完成制作。

经过对采访内容的统计，小朋友准备送给幼儿园的两个礼物分别是井盖设计图(30 票)、花墙(28 票)。

六、延伸学习

幼儿如果还有其他想送给幼儿园的礼物，可在区域时或在家人的帮助下完成制作。

活动小结与反思

送给幼儿园一份什么样的礼物才能够表达自己对幼儿园的情感呢？孩子们在讨论中想要送给幼儿园的礼物都很特别，幼儿园的人、事、物都是他们想要送礼物的对象。在讨论送礼物要送自己喜欢的礼物还是收礼者喜欢的礼物时，每个孩子根据自己的生活经验提出了不同的观点。最后孩子们在采访了幼儿园里的老师们、小朋友们之后更加明确了幼儿园需要的礼物，经过投票最终选出了两份独特的送给幼儿园的礼物——井盖设计图和花墙。

礼物制作想法已经诞生，孩子们会用什么样的方式来将这份独特的礼物呈现出来呢？接下来，孩子们将进行分组，收集素材，为制作礼物做好准备。

活动二　设计井盖需要做哪些准备？

活动形式

小组活动。

活动目标

1. 知道设计井盖用到的材料和工具。
2. 能够认真倾听和接受他人关于设计井盖的建议。

活动准备

录音笔。

活动过程

一、导入

教师提问："设计井盖需要做哪些准备？"

二、分享环节

请幼儿自由表达，分享设计井盖需要做的前期准备。

活动记录与呈现

廉宠理：我们需要一些工具和材料进行设计。

陈乐仪：我可能还需要一些帮手一起设计井盖。

郭浩文：我们得分小组，商量好井盖设计的步骤。

王玥丹：我需要提前做一个调查，先数一数幼儿园的井盖有多少个。

师晨浩：我们需要查一查世界上的井盖都长什么样，找一些灵感。

三、讨论提纲

1. 你想自己独立设井盖，还是想和其他人一起合作进行井盖的设计，为什么？
2. 和别人一起设计井盖的时候有哪些需要注意的事情？

活动记录与呈现

讨论 1：你想自己独立设计井盖，还是想和其他人一起合作进行井盖的设计，为什么？

惠星童：我想自己设计一个井盖，因为我不喜欢和别人商量，太浪费时间了。

陈歆仪：我想和好朋友一起合作来画，因为井盖太大了，我一个人画得画好久。

胡曦文：我也觉得应该和其他人合作，这样你的设计可以更丰富。

张懿琛：幼儿园只有那么多井盖，不够每个人设计一个的。

讨论2：和别人一起设计井盖的时候有哪些需要注意的事情？

牛亦菲：我觉得需要先做好计划，这样每个人都能找自己能做的事情去做。

张夷陵：如果好多人一起设计井盖，那我们就得分工了。有的人拓印井盖，有的人收集图片，有的人进行设计。

陈润孜：合作要讲好每个人需要做哪些部分，设计井盖是有步骤的。

李歆漪：合作时每个人可以做自己擅长的事情。

四、小结

教师与幼儿一起梳理设计井盖需要注意的事项。

五、延伸学习

请幼儿继续收集制作不同礼物的素材，同时制作“礼物进度跟踪表”进行跟踪记录。

活动小结与反思

井盖设计图是孩子们最想送给幼儿园的礼物之一。孩子们在今天的活动中讨论了设计井盖需要做哪些准备，也进一步知道了准备一份礼物需要提前计划的重要性。通过讨论孩子们发现了一个问题：小组内如何进行井盖设计图的创作呢？独立制作和合作制作两种方式摆在了孩子们的面前。在讨论中，孩子们进一步了解到分工与合作的辩证关系，也找到了最合适自己的方法。当成人试图去引导孩子们应该做什么、如何做的时候，孩子们已经有了自己的解决办法。他们也在讨论的过程中逐渐理解了小组合作的意义。

在接下来的活动中孩子们会有哪些关于井盖的奇思妙想呢？期待接下来的活动。

活动三　有秘密的井盖

活动形式

小组活动。

活动目标

1. 能够清晰地、有条理地讲述自己与井盖的故事。
2. 掌握拓印井盖的基本方法和步骤。
3. 愿意对井盖进行更深入的探索。

活动准备

刷子、素描纸、油画棒。

活动过程

一、导入

教师提问："在幼儿园生活的三年，你们和幼儿园的每一个地方都发生了有趣的故事。有人愿意和大家分享你和井盖之间发生的故事吗?"

二、分享环节

请幼儿分享自己和井盖之间的故事。

活动记录与呈现

赵思森：我刚来幼儿园的时候，总是会把小树叶从井盖上的洞洞塞进去。

刘沐云：我伤心的时候会和井盖说一说话。

林绍锋：我每次来幼儿园时都会绕着井盖走，但在幼儿园里我就会在井盖上面踩着走。

尹昊岩：我认识幼儿园所有的井盖，每个井盖上都有独特的标识。

赵若清：我的好朋友和我一样喜欢探索井盖，所以我们成了最好的朋友。

三、讨论提纲

1. 关于井盖你知道些什么?

2. 你想用什么方式更多地了解幼儿园里的井盖?

活动记录与呈现

讨论 1：关于井盖你知道些什么?

赵思森：我知道井盖上面的花纹是不一样的。

廉宠理：我知道井盖上会写不同的字。

赵若清：我知道写着"雨"的井盖是用来收集雨水的。

黄嘉漪：我知道幼儿园有 8 个井盖。

惠星童：我知道有的井盖下面有很深的水，是很危险的。

讨论 2：你想用什么方式更多地了解幼儿园里的井盖?

燕炳安：我们可以一个井盖一个井盖去看。

吴徐正：我们可以分组去研究，然后把自己的发现进行分享。

谢雨默：我们可以把每个井盖拓印下来，放在一起不就知道了吗?

四、操作环节

延续昨日讨论时的分组，幼儿找到一个井盖后，领取素描纸和油画棒进行井盖拓印(图 4-2-1 至图 4-2-4)，并分享拓印方法。

图 4-2-1 我发现需要先用刷子把井盖刷干净，才能拓印清楚

图 4-2-2 准备好材料，我们的拓印就要开始啦！

图 4-2-3 原来井盖印在纸上是这样的花纹

图 4-2-4 看看我们的拓印作品

活动记录与呈现

谢雨默：我找到了一个好方法，竖着拿笔没有纹理，后来我把油画棒皮儿撕掉“躺着”画就容易画出来。

廉宠理：从外往里涂，纹理就聚在一起了。

周睿康：我们一开始怎么画纹理都不明显，后来我们一起观察了另一组的方法，就学会了。

五、讨论提纲

1. 在拓印井盖的过程中，你有哪些发现？
2. 关于井盖你还想知道些什么？
3. 你想通过井盖留下一份什么礼物呢？

活动记录与呈现

讨论1：在拓印井盖的过程中，你有哪些发现？

谢雨默：我发现井盖上都有洞洞。

管盈齐：我发现我们的井盖都是圆的。

赵若清：我发现井盖上会写“电”“污”“雨”，还有的井盖上面有闪电的标志。

讨论2：关于井盖你还想知道些什么？

谢雨默：为什么井盖上有洞？

廉宠理：为什么井盖是圆形的？

刘咨孜：我想知道井盖下面都有什么？

吴徐正：写着电的井盖下面都有电线吗？

�子涵：我想知道除了我们幼儿园的井盖上的功能，井盖还有其他功能吗？

赵若清：我想知道我们幼儿园的每个井盖下面最终通向哪里？

讨论3：你想通过井盖留下一份什么礼物呢？

廉宠理：我发现我们幼儿园的井盖都是一种颜色的，我觉得我们可以把井盖变成彩色的，那样就很好看了。

谢雨默：我觉得我们可以把井盖上的图案设计得生动形象一点，这样弟弟妹妹就好辨认了。

马佳宜：我想在井盖上留下漂亮的图案，告诉弟弟妹妹们这些井盖的作用，提醒他们注意安全。

六、小结

教师梳理幼儿对井盖提出的问题及对井盖设计的设想，并将其记录下来。

七、延伸学习

1. 请幼儿在家人的陪同下，了解井盖的用途、收集世界各国的井盖。

2. 在图书区投放和“井盖”相关的图书。

活动小结与反思

井盖虽然看上去很普通，但在孩子们的眼中，它却充满了神奇，充满了故事。

下雨时孩子们会悄悄地蹲在井盖边看雨水如何流入井盖中；难过时孩子们会冲着井盖大声地喊叫；淘气时也会偷偷将小树枝塞进井盖里。对井盖的学习，附着了孩子们丰富的情感，伴随着学习产生的还有孩子们对幼儿园美好的祝福。

孩子们对井盖很好奇——井盖为什么都是圆形的？井盖上的花纹为什么都不一样？他们用眼睛去观察井盖，用手去触摸井盖，最后他们决定要用自己的方式去认识和学习有关井盖的知识。孩子们拓印井盖的过程需要清理井盖，合作拓印井盖，耐心描绘井盖上的花纹，这些步骤无一不考验着他们的耐心，但是他们愿意为自己的学习和兴趣付出耐心，在孩子们身上，我们看不到一丝焦躁，而是全神贯注，这也是我们需要向他们学习的地方。

活动四　独特的井盖

活动形式

小组活动。

活动目标

1. 能够在集体中大胆地表达自己的意见和想法。
2. 当意见和他人不一致时能够倾听他人的想法，合作完成作品。
3. 享受艺术创造的乐趣。

活动准备

彩笔、和井盖一样大小的纸。

活动过程

一、导入

教师提问："你们还见过哪些与众不同的井盖?"

二、分享环节

请幼儿分享自己见过的井盖。

活动记录与呈现

李庄睿：我在日本见过的井盖上面都有很漂亮的图案，井盖那么漂亮，感觉城市都变得不一样了！

涂君慈：没想到井盖不都是"灰秃秃"的，还可以变得这么漂亮。

邵嘉毅：那些井盖都是谁设计的，是画家吗？他们怎么那么厉害？

李乐轩：我知道有人在墙上画一些自己想画的图案，叫涂鸦，那些特别的井盖是不是也叫涂鸦。

三、操作环节

各小组讨论自己将要设计的井盖样式。每组确定设计主题后在纸上进行设计，并为设计作品起名。

活动记录与呈现

薛　暖：我们组想要设计一个颜色很绚丽，都是线条和形状组合在一起的图案。

王靖涵：我们这组女孩子都喜欢漂亮的小花，而且我们每个人会画的小花都不一样，所以我们想设计一个“花花井盖”。

涂君慈：我想画孙悟空，小宝想画哪吒，王淏晨想画花木兰，我发现这些都是动画里的人物，所以我们想设计一个全是动画人物的井盖。

邵嘉毅：我之前看到凡·高的《星空》特别喜欢，所以我也要画一幅星空，兜兜想画幼儿园的晚上，所以我们这组可以以风景为主题。

四、小结

将各小组的井盖设计图进行展示，并请小组派出代表进行介绍，邀请全园小朋友为井盖设计稿投票(图 4-2-5 至图 4-2-8)。

图 4-2-5　团结起来力量大

图 4-2-6　这是我们设计的作品“海底皮卡丘”

图 4-2-7　我喜欢这个作品

图 4-2-8　快来给我们投票吧！

活动记录与呈现

涂君慈：一开始画的时候我们四个有很多矛盾，大家想画的内容都不一样，然后我们用石头、剪刀、布和“拼图”的方法解决了我们的分歧，可是画画的时候又出现了问题，我有个地方画错了，不过我的队友帮我改好了，所有的事情都解决好了，我特别开心。

柴　艺：我一开始不会画那么漂亮的花，还有点紧张，可旁边的好朋友说，“没关系，不会画复杂的，就画简单的”，然后我就不害怕了，画的花也很好看。

姜睿涵：我觉得今天的活动让我感觉特别幸福，一开始我觉得我根本完成不了，没想到最后我们组完成了《联星》的作品，那么漂亮！

邵嘉毅：我今天特别自豪，因为我们小组的成员在我的“领导”下完成了很精彩的作品，好多小朋友都喜欢！

五、延伸学习

鼓励幼儿在区域活动时间绘制更多有创意的井盖设计图。

活动小结与反思

讨论设计内容时，孩子们的想法总是自由自在的，只要是自己喜欢的，都可以成为设计内容，喜欢的电影人物、美丽的花花草草、看到过的风景以及印象深刻的美术作品等。呈现设计内容时，孩子们更是大胆自信，寥寥几笔就将想要表达的内容跃然纸上，主题突出，颜色鲜明。孩子们是天生的艺术家，他们的作品鲜活、灵动、充满感染力。当然合作完成一件事并不是很容易，在活动过程中或多或少会出现意见不统一的时候，不过孩子们总是可以运用智慧，巧妙地化解矛盾。

期待着孩子们实现自己的设计方案吧，相信那个时候幼儿园会变得更加美丽、更加与众不同，孩子们的心中也会留下更加美妙的感受。

活动五　白墙生花

活动形式

畅游活动。

活动由来

毕业倒计时开始了！孩子们就要毕业了，这里的一草一木、一树一花，都让孩子们充满了深深的眷恋之情；这里的每个角落都曾给孩子们带来美好的回忆。

上一届大班的哥哥姐姐手绘的花草墙给孩子们留下了深刻的印象，户外活动或者是拍毕业照时孩子们都会来到这座花墙面前。幼儿园的任何地方都可以是孩子们创造的舞台，在今天的畅游日里，孩子们会用自己的双手让后院一列白墙变得与众不同。

活动目标

1. 能合理使用工具和颜料完成创作。

2. 能与同伴合作完成墙面的绘制。

3. 体会幼儿园因为自己的创造而更加美丽的成就感。

活动准备

户外墙面、刷子、废旧牙刷、丙烯颜料、铅笔、毛笔、罩衣、报纸。

活动过程

一、导入

教师提问："你想在后院的白墙上画什么？"

> *活动记录与呈现*
>
> **你想在后院的白墙上画什么？**
>
> 胡曦文：我们可以画一朵朵的花儿，代表着每一位小朋友。
>
> 张李昀：我觉得如果只画花儿有些不丰富，我们还可以画我们在幼儿园最喜欢的地方。
>
> 王逸帆：还有很多难忘的事，如果我们忘记了那面墙还记得。
>
> 李汭怡：画幼儿园的春夏秋冬，因为每一个季节都有不一样的风景。

二、分享环节

请幼儿分享自己关于白墙的设计想法。

三、操作环节

1. 讨论。

在白墙上画画有哪些步骤和需要注意的事项。

> *活动记录与呈现*
>
> 陈乐仪：要穿上罩衣，不然颜料弄身上我们就互相认不出来了！
>
> 张夷陵：我觉得需要不同的笔，需要打个草稿再画，不然画不好就不能改了。
>
> 薛　暖：我们还要注意画的大小，太大，可能会占其他组的地方，太小，别人可能看不见。
>
> 胡曦文：我们可以用红色、黄色、蓝色和白色调出很多种颜色，我已经等不及想画了！

2. 创作。

请幼儿用铅笔将自己要画的内容画下来，然后用画笔勾画铅笔画的轮廓，最后完成涂色以及装饰(图 4-2-9 至图 4-2-11)。

四、小结

请幼儿分享自己在活动中的感受和收获。

李歆漪：画的时候我有够不着的地方，和好朋友互相抱着对方，就能够着了。

王靖涵：我今天画花墙的时候想着我们就要毕业了，还有点难过，想把花墙画得更漂亮。

孙熙悦：我和好朋友一起画花墙的感觉特别好，我们画了一个“花草小学”。

李沐航：一开始我还以为我们画不满白墙，只有人多才能把那么大的墙画完。人多力量大。

五、延伸学习

幼儿可以在闲暇时间去欣赏花草墙的细节，在作品前拍照，留下美好的回忆(图 4-2-12)。

图 4-2-9 打好底稿开始创作

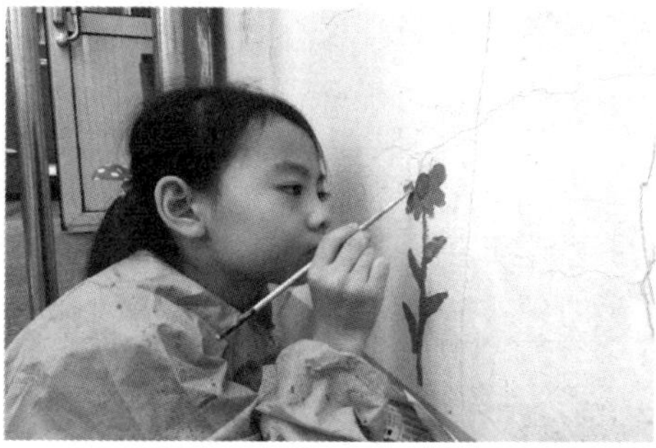

图 4-2-10 上颜料要非常认真细心哦

图4-2-11 我们会完成一幅怎样的大作品呢？

图 4-2-12 和我们的花墙合影留念

活动小结与反思

幼儿园的环境为谁而创？毫无疑问是为了儿童。幼儿园的环境由谁创造？好像大部分时候是由老师创造的，孩子们则多是在老师允许的范围内进行着创造。但现实却一直在告诉我们，不要把儿童限制在老师的计划之中，他们有更宽广的世界。所以我们试着“退后”，给孩子们更多创造的空间、更多创造的自由，然后我们收获了一面满含孩子们的回忆、感恩、创造的墙。幼儿园因为他们的创造而更加美丽，谢谢孩子们。

畅游日｜手绘花草墙

教育笔记

充满仪式感的告别会

甄　珍

本周进行了毕业节目的排练，录制与毕业相关的小片，课程也在有序地进行着。很多时候我有些分不清是在准备毕业典礼还是在准备课程，因为我们把课程和毕业联系在了一起，它们就是我们日常做的事情。一周下来，回看这些没有提前预设目标的课程活动，似乎又指向一个地方。我们一起为幼儿园做礼物，收集甜蜜回忆，互送礼物。这期间有因成长而感动的泪水，有不舍的泪水，有回忆时的笑声，也有孩子们对未来的畅想。

孩子们在画完花墙后就开始惦记着给老师和小朋友送礼物。孩子们为什么要送礼物呢？每个孩子都有自己的想法。每一个孩子精心准备的礼物又都饱含着浓浓的情感。李沐航说，我想给所有弟弟妹妹留一份折纸礼物来装饰环境；周睿康说，我要给全班的小朋友准备礼物，留个礼物就是留个纪念；沈辰宇说，送礼物是为了纪念我对幼儿园小朋友的爱；杨泊安说，全班小朋友那么爱我，我也要把好东西给他们；管盈钧说，我爱幼儿园，所以我要给大家带礼物；张夷陵说，我要折纸鹤送给小朋友和老师，祝福大家梦想成真……听着孩子们对于礼物的理解，我觉得互送礼物重要的不再是得到一份礼物，而是收获一份浓浓的情谊。就像孩子说的那样，我希望送礼物能让大家在告别的时候都是开心的、难忘的，而不是难过的。

孩子们希望能用一个仪式来和小伙伴们告别。

活动前期我们一起讨论了什么样的仪式能够让孩子们体验到一个别样的告别会。我们最终将告别会分了三个环节，开场音乐友谊地久天长。第一个环节，当音乐响起，孩子们随音乐缓缓地挽起胳膊，转圈舞动。第二个环节，孩子们互相传递能量。孩子们围成圆圈坐下，互相搭住肩膀，起伏传递，喊出“永远在一起”或者自己特别想说的话。第三个环节，互送礼物。

整个告别会下来我的心情很复杂，我想到了曾经跟往届的孩子们开过一个“糖果告别会”。甜蜜的糖果寓意着甜蜜的回忆，而这也是我们共同的回忆。告别会给我最大的感触是：这是一种能量的传递。就像黄嘉漪说的，“告别就是从一个阶段转换到另一个阶段”，这也是一种正常存在的事情。我感慨于孩子对告别的理解和态度，享受当下的每一刻，珍惜和孩子们在一起的日子。临近分别，我还能记录班里这些孩子们的话语的日子不多了，每一次和他们讨论记下他们的名字和说的话的时候我都倍感珍惜。每个孩子都用他们的话语点亮着我的心灯，充满仪式感的告别会使得我们每一个平淡的日子都变得那样与众不同。

第三周 感恩的心

周主题说明

毕业的脚步越来越近，回顾三年的幼儿园生活，相信孩子们心中一定是满满的不舍。如何与生活了三年的幼儿园告别？如何表达对幼儿园的感谢？孩子们一定有自己独特的方式。

这一周，孩子们将通过“致你，亲爱的小伙伴”“爱的行动”“大声向你告白”“奇妙夜总动员”和“奇妙一夜”活动，送上对小伙伴、老师的祝福，并在幼儿园一起留下我们独特的美好回忆，把彼此最灿烂的笑容珍藏心间，带着感恩的心大声说：“谢谢你们，我会想念你们的！”

周课程目标

1. 引导幼儿运用制作卡片、语言表达、肢体动作等多种形式，表达对教师、同伴以及幼儿园其他工作人员的感激和祝福。

2. 组织幼儿通过自由探索，了解幼儿园在白天和黑夜时的不同之处，欣赏环境中美好的事物。

3. 鼓励幼儿参加难忘奇妙夜，在幼儿园最后的时光里留下美好的回忆，体会第一次留宿幼儿园的美妙感觉。

活动一　致你，亲爱的小伙伴

活动形式

小组活动。

活动目标

1. 能够通过声音辨识班级中的伙伴。
2. 愿意遵守游戏规则，享受游戏带来的快乐。
3. 体会朋友的意义，在游戏中感受友情的温暖。

活动准备

幼儿对自己好友的熟悉。

活动过程

一、导入

游戏“请你猜猜我是谁”。

教师提问：“小朋友改变了声音，为什么你还能够猜出说话的人是谁?”

二、分享环节

请幼儿轮流说出自己为什么会猜出好友的原因。

> **活动记录与呈现**
>
> 涂君慈：因为有的小朋友的声音变化不是很大。
>
> 邵嘉毅：因为我是个搞怪大王，我经常会变换声音，所以他们都能听出我的声音。
>
> 孙依莲：因为我们每天都在一起，已经很熟悉了，有时候听脚步声我都能知道是谁过来了。

三、讨论提纲

1. 你觉得什么是好朋友?
2. 你最喜欢和好朋友一起做什么事?
3. 你最喜欢和好朋友一起玩的游戏是什么?

活动记录与呈现

讨论1：你觉得什么是好朋友？

薛　暖：好朋友就是我们能够一起分享不开心的事情的那个人。

郭沛元：好朋友就是即使自己有些不开心，但也会去考虑另外一个人的感受的人。

刘芊然：我觉得好朋友应该是有相同爱好的人，这样才能一起做很多事情。

讨论2：你最喜欢和好朋友一起做什么事？

李乐轩：我最喜欢和我的好朋友聊天，聊一天都停不下来。

刘瀚泽：我喜欢和好朋友一起看书，看我们喜欢的同一本书。

姜睿涵：我最喜欢和我的好朋友们一起画画。

讨论3：你最喜欢和好朋友一起玩的游戏是什么？

林绍锋：我最喜欢和我的好朋友玩奔跑的游戏。

谢雨默：我喜欢玩捉迷藏。

王淏晨：我喜欢玩“红灯绿灯小白灯”的游戏。

尹旻岩：我喜欢玩枕头大战。

四、游戏环节

与好朋友做最喜欢的游戏，在游戏中再次重温幼儿园度过的美好时光(图4-3-1至图4-3-4)。

图4-3-1　好朋友在一起，很开心

图4-3-2　好朋友，让我抱抱你

图 4-3-3 我们来玩坐轿子的游戏

图 4-3-4 我们喜欢玩找耳朵的游戏

活动记录与呈现

冯妙涵：我最喜欢的游戏就是捉迷藏，玩的时候心情好复杂啊，既害怕被好朋友找到，又想让她快点找到我。

佐子涵：我太喜欢枕头大战了，玩的时候使劲大喊大叫、满身是汗。

王淏晨：我们玩的都是小时候的游戏，发现时间过得真快啊，我们已经会玩越来越多的游戏了！

李悦潼：我发现我们小时候玩的游戏有点幼稚，现在玩的游戏就比较有挑战性！

五、小结

教师总结幼儿的讨论和游戏中幼儿的表现，引导幼儿用卡片、拥抱、语言等方式送上自己对同伴的祝福，感谢小伙伴们陪伴自己度过那么多好玩的日子。

六、延伸学习

将幼儿经常进行的游戏记录下来，鼓励他们在自由活动时间进行自主游戏。

活动小结与反思

在活动中孩子们对于“什么是好朋友”，每个人都有着自己不同的看法，而且对于“朋友”的界定更加宽泛。朋友不仅是一起游戏的玩伴，还是和自己有着相同爱好、兴趣的人，更是能够互相帮助、和自己共同成长的人。

一起重温“请你猜猜我是谁”“捉迷藏”……这些经典游戏时，孩子们意识到这些游戏在刚入园时也曾和好朋友一起玩过。随着长大，一起玩的游戏越来越多。

我们的一生会遇到很多人，有些人只是擦肩而过，有些人则会成为朋友。朋友间的友谊美好而温暖，然而终有一天我们会分离。虽然分离让人觉得很伤感，但曾经美好的回忆和温暖却会伴随我们很久很久。正如林清玄所说：“在广大的时空中，在不可思议的因缘里，与有缘的人相会面，都是一期一会的。但如果有了最深刻的珍惜，纵使会者必离，当门相送，也可稍减遗憾了。”

活动二　爱的行动

活动形式

小组活动。

活动目标

1. 知道感情的多种表达方式，能大声说出自己的爱。
2. 能独立动手完成卡片的制作，认真地向陪伴自己成长的老师致谢并赠送祝福。

活动准备

教师和幼儿在一起活动时的照片、幼儿已经制作完成的感恩卡片。

活动过程

一、导入

教师提问："在幼儿园生活了三年，你都认识幼儿园里的哪些人呢？"

二、分享环节

请幼儿轮流分享自己认识的幼儿园的教师和工作人员。

> **活动记录与呈现**
>
> 马汤彧：我认识张老师，她是给我们上舞蹈课的老师。
>
> 林绍锋：我喜欢李老师，她经常说我们是她的小可爱！
>
> 王唯亦：我在幼儿园第一个认识的人是门卫叔叔，每天早上他都在幼儿园的门口接我入园。
>
> 谢雨默：我认识幼儿园的很多人，食堂师傅、保洁阿姨以及其他班的老师。
>
> 刘芊然：还有园长妈妈，园长妈妈会回答我的很多问题。

三、讨论提纲

播放幼儿在幼儿园参与活动时和老师在一起的照片，引导幼儿回忆和老师在一起的美好时光以及和幼儿园其他人相处的难忘瞬间。

1. 马上要毕业了，离开这里你会想念谁？
2. 你会用什么样的方式和老师以及其他认识的人告别呢？

> **活动记录与呈现**
>
> **讨论1：马上要毕业了，离开这里你会想念谁？**
>
> 王淏晨：我会想念幼儿园的每一位老师和工作人员。
>
> 郑浩铭：我会想念食堂师傅的，他们做的饭菜那么香，每到六一儿童节还会给我们带来惊喜。

尹昊岩：我会想念周冉老师，她是我在幼儿园见到的第一个老师，她很温柔。

讨论2：你会用什么样的方式和老师以及其他认识的人告别呢？

李庄睿：我想给每位老师一个大大的拥抱。

马佳宜：我想给每一位认识的老师送一张我自己制作的卡片。

涂君慈：我马上就要毕业了，我想对园长妈妈说，“谢谢，谢谢您让我们拥有了这么好的幼儿园”。

尹昊岩：我想给每位我认识的老师鞠一躬，谢谢她们用心地照顾我。

四、操作环节

幼儿按照想感谢的对象分成不同小分队，通过赠送卡片，并用鞠躬、拥抱、合影等方式表达自己的感谢(图4-3-5至图4-3-8)。

图4-3-5　老师，我想再抱抱你

图4-3-6　我想一直黏在老师身上

图4-3-7　谢谢你这些年的陪伴

图4-3-8　送你一张我亲手制作的卡片，谢谢你

五、小结

请幼儿分享活动中的感受。

活动记录与呈现

邵嘉毅：我给微微老师送卡片时，她高兴极了，使劲地抱着我。

尹昊岩：我和小静老师一起拍了合照，以后我想她的时候就可以看照片了。

郭瀞琪：我抱着大眼睛老师一直都不想说再见，因为毕业了我就见不到她了，我好舍不得啊！

薛　暖：虽然有的老师只带了我一年，但是我们的美好回忆却有很多，我都写进了我的告别卡片里。

六、延伸学习

教师引导幼儿给爸爸妈妈制作一张感恩卡片，作为送给爸爸妈妈的毕业礼物。

活动小结与反思

照片回顾环节中，孩子们细数着和老师在一起时的动人瞬间：刚入园时老师的耐心安慰，细心照料；游戏中老师的活泼、可爱；遇到问题时老师的机智、无私……孩子们在感叹自己长大了的同时更流露出了对老师们深深的不舍之情。

活动中孩子们很自然、很真实地表达出了对老师和幼儿园工作人员的不舍。送一张亲手制作的卡片、说一声“谢谢”、深深鞠一躬，或者是一个久久不愿松开的拥抱，都是孩子们情感的自然流露。

一个看似简单的小活动，让孩子们感受到了“仪式感”的重要性，它会让我们的生活充满更多的诗意与美好。

活动三　大声向你告白

活动形式

小组活动。

活动目标

1. 愿意大声说出自己的心声。
2. 能够在镜头下连贯地表达自己对父母的爱和对幼儿园的不舍与眷恋。

活动准备

录像机。

活动过程

一、导入

教师提问：“你们知道什么是告白吗？”

二、分享环节

请幼儿分享对于告白的理解。

活动记录与呈现

王子墨：告白就是你以前没有机会说的话，鼓起勇气说了出来。

李悦潼：告白就是告诉得明明明白白的。

林绍锋：我一直很喜欢小妍老师，但是我一直没告诉她，我悄悄告诉了她，就是向她告白了。

郭沛元：告白一定是对你喜欢的人说的。

三、讨论环节

你最想和幼儿园里的哪些人、事、物告白呢？

活动记录与呈现

邵嘉毅：我想跟小静老师告白，因为我很喜欢很喜欢小静老师。

马佳宜：我最想跟爸爸妈妈告白。因为平时在家里，我不太常跟爸爸妈妈说爱他们，但是现在我很想大声告诉他们。

谈一锦：我想跟琛琛告白，因为她是我从小班到现在最好的朋友。

胡曦文：我想跟大树屋告白，因为我在大树屋上度过了很多快乐的时光。

涂君慈：我想大声对于师傅说谢谢，因为有于师傅我们才能那么安全。

四、操作环节

幼儿分组，找到幼儿园中很高的地方，想大声告白的幼儿可以上去，大声把心声喊出来。如果提到的人就在现场，可以及时给出回应(图 4-3-9 至图 4-3-12)。

图 4-3-9 爸爸，你做的豆腐汤好好喝

图 4-3-10 站在高高的地方，就能够把感谢传得很远

图 4-3-11　大树屋，谢谢你，你总会给我带来快乐

图 4-3-12　再见，我亲爱的幼儿园

活动记录与呈现

孙熙悦：爸爸，你做的豆腐汤好好喝，我爱你！

沈辰宇：爸爸，虽然你的屁很臭，但是我也喜欢你；妈妈，你不胖，你很漂亮，你很瘦！

季子禾：妈妈，我希望你以后能够教更多的知识给小朋友。

张李昀、闫皓同、袁天诒：微微老师，我们爱你！你就是真正的魔法仙子！

刘沐云：珠珠，我永远不会忘记你的，我喜欢你！

谈一锦：夏天，我也会不忘记你，你永远在我心中的小房子里，希望你越来越好！

李鸿儒：李佳蔓，愿你赶快康复，一定要来参加我们的毕业典礼呀！

李歆漪：杨博，我想让你好好学习，这样你长大后才能上好的学校！买好车，去美的地方旅游！

杨　博：李歆漪，感谢你给我当老师，但是你能不能不要每天给我上课？一米菜园，谢谢你，长出来那么多好吃的蔬菜。

薛　暖：再见，园长妈妈，我们爱你！等我们长大，会回来看您的，您要健健康康的哦！

张北歆：花草园，我们想在这里上小学、中学、大学，一直一直不离开……

五、小结

将幼儿告白的过程录制下来，分享给对应的告白对象，完成一次情感的联结。

六、延伸学习

可将录制的素材剪辑成视频，在毕业典礼上播放。

活动小结与反思

当你有喜欢或想感谢的人，有喜欢或想感谢的事物，你敢大胆地说出自己的心声吗？在中国人传统的认知中，有些羞于表达，更多的时候是等到遗憾错过了的时候，才想起来没说的那句喜欢或者感谢，却为时已晚。

在活动中，孩子们走到高高的地方，当着很多小朋友的面勇敢地大声喊出自己的心声，结果我们听到了孩子们对身边人事物的感谢，对爸爸妈妈的小吐槽，还有在生活中遇到的小烦恼……情感那么真挚，说出这些话的孩子们是那么可爱。而且，刚刚好，孩子们在毕业前说完了那些想说的话，不留遗憾。

希望在以后的日子里，孩子们也能够坦诚地面对自己，勇敢表达自己。

活动四　奇妙夜总动员

活动形式

集体活动。

活动目标

1. 能够围绕同一个话题，清晰地讲述自己的想法。
2. 能在家人的帮助下做好留宿活动的物质准备和心理准备。
3. 愿意尝试新鲜的活动，并勇敢地面对自己的第一次独立。

活动准备

黑板、“奇妙夜勇士状”、彩笔。

活动过程

一、导入

播放前一年奇妙夜的照片，引出讨论话题。

教师提问：“今年的奇妙夜你们有着怎样的期待?”

二、分享环节

幼儿分享自己关于奇妙夜活动的想法和期待。

> **活动记录与呈现**
>
> 马佳宜：我期待和我的好朋友一起手拉手睡觉。
>
> 李乐轩：我特别期待看到晚上的幼儿园是什么样的？
>
> 冯妙涵：我很期待和老师一起迎接第二天的太阳。

三、讨论提纲

1. 在幼儿园奇妙夜活动中，你最想做什么?

2. 对于即将到来的奇妙夜你们有什么担心?

3. 我们要如何解决可能会遇到的问题?

活动记录与呈现

讨论1：在幼儿园奇妙夜活动中，你最想做什么?

赵若清：我想在奇妙夜的时候来一场枕头大战。

季子禾：我期待边吃爆米花边看电影。

尹昊岩：我想找到幼儿园最黑暗的一个角落，然后把所有可以发光的东西都藏在那个地方。

高不寒：我想在那天晚上表演自己想表演的节目，想在户外搭帐篷睡觉。

张李昀：我期待在睡觉的时候和小朋友们聊天，想聊多久聊多久。

燕炳安：我希望能在楼顶数星星，成为数星星的孩子，哈哈。

讨论2：对于即将到来的奇妙夜你们有什么担心?

闫皓同：我睡觉的时候会不会尿床呀?

李汭怡：爸爸妈妈不在，我害怕怎么办?

马霁泽：我一晚上都不在家，爸爸妈妈想我怎么办?

谈一锦：睡觉的时候，我要是听到了奇怪的声音怎么办?

刘雨晨：晚上会不会有怪物出现呢?

讨论3：我们要如何解决可能会遇到的问题?

侣锦农：老师就是我们的爸爸妈妈，他们会保护我们，不用害怕。

王逸帆：我们可以带一些自己喜欢的东西，睡觉的时候就不会睡不着了。

闫皓同：可以让爸爸妈妈录一段话，发给老师，老师放给我们听，这样就不会那么想爸爸妈妈了。

张李昀：可以和自己的好朋友聊天，聊着聊着就睡着了。

吴洛嫣：想一些开心的事情，就不会那么担心了。

四、操作环节

1. 用图画记录想在奇妙夜做的事情 。

2. 请幼儿根据自己的意愿在“奇妙夜勇士状”上签名，为自己的第一次独立留宿活动加油(图4-3-13至图4-3-16)。

图 4-3-13　奇妙夜我想做的事情有很多呦！

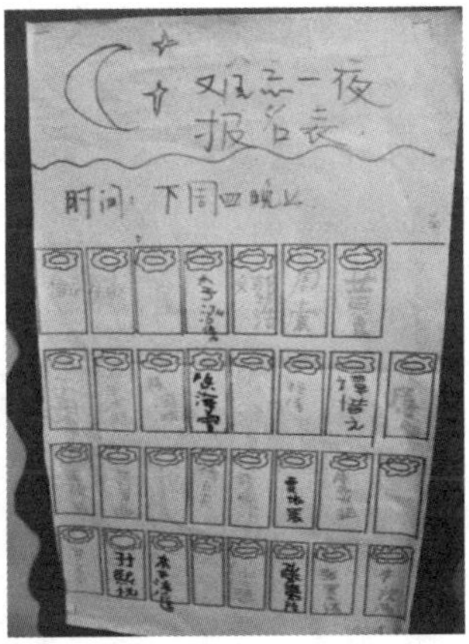

图 4-3-14　奇妙夜，我要报名

图 4-3-15　在“奇妙夜勇士”招募表郑重签上自己的名字

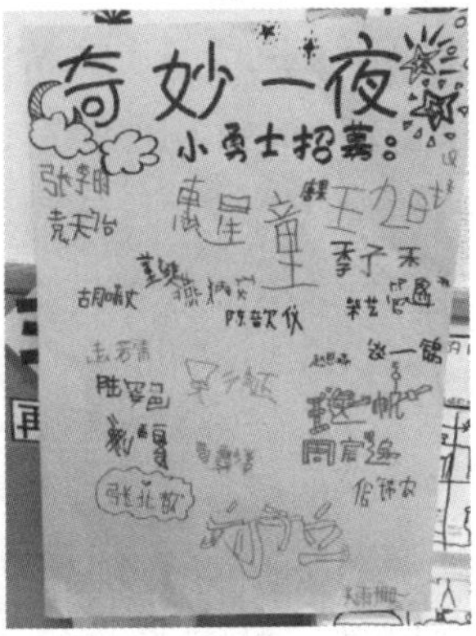

图 4-3-16　美美的“奇妙夜勇士”招募表

五、小结

教师梳理幼儿对奇妙夜的期待和担心，统计幼儿想在奇妙夜开展的活动及需要做的准备。

六、延伸学习

教师引导幼儿和爸爸妈妈进行交流，询问他们第一次离开家独自在外过夜是什么时候，有什么感觉。爸爸妈妈在交流中帮助幼儿做好参与奇妙夜活动的心理准备。

活动小结与反思

奇妙夜是大班独有的活动，是孩子们一直期待、盼望的活动。活动前期的讨论是奇妙夜活动顺利展开的必不可少的重要环节。

正是因为有了这次讨论，我们才能够清楚地了解孩子们关于奇妙夜活动的想法、期待和担心，并能够按照孩子们的想法设计当天的活动，疏解孩子们的担忧，帮助孩子们做好物质上、心理上的各种准备。表达的过程不仅仅让教师有足够的准备，也让孩子们的各种情绪得到了释放和舒缓。

对于未知的事情，孩子们总是充满了好奇、充满了探索的欲望，当孩子们郑重其事地在“奇妙夜勇士状”上签名时，相信孩子们已经满怀信心和勇气地等待着“奇妙夜”的到来，让我们一起期待即将到来的精彩吧。

活动五　奇妙一夜

活动形式

畅游活动。

活动由来

“奇妙一夜”最初的灵感来源于日本作家黑柳彻子的《窗边的小豆豆》。在巴学园住的那一夜给小豆豆留下了非常美好的回忆。于是园长妈妈想：我们是不是也可以让毕业班的孩子们在幼儿园住一夜，给孩子们在幼儿园最后的时光里留下一段美好的回忆。

于是，“奇妙一夜”已经成为幼儿园大班毕业季不可或缺的组成部分。孩子们也在用这样具有仪式感的方式和幼儿园说再见。

活动目标

1. 能够运用工具探索各个时间段的幼儿园。
2. 愿意互相分享信息，一起面对和克服困难。
3. 体会难忘的“奇妙一夜”留给自己的珍贵回忆，珍藏自己心中的美好。

活动准备

孩子们自带的换洗衣服一套、手电筒或是可以发光的物品、加餐和夜宵，三封神秘的信，提前找好可以扮演秘密使者和云朵姐姐的人。

活动过程

一、探秘幼儿园时光

幼儿自由组队，带上望远镜、放大镜等工具探秘幼儿园(图 4-3-17、图 4-3-18)。

图 4-3-17　傍晚的幼儿园原来是这样的

图 4-3-18　嘿，你看到了什么好玩的

二、闲暇时间

活动形式：各班自由组织(读书、画画、抢椅子、击鼓传花、丢手绢)。

三、能量补给站

回到班级，自助加餐时间。

四、露天大电影时间

组织幼儿看电影(图 4-3-19、图 4-3-20)。

图 4-3-19　你看屏幕亮起来啦！

图 4-3-20　夜幕降临，精彩的电影开始了！

五、拯救云朵姐姐

1. 孩子们自由结组，在幼儿园中寻找带有秘密使者信息的信封(图 4-3-21)。

2. 根据信封内容找到秘密使者(图 4-3-22)。

3. 根据秘密使者携带的卡片上的信息拯救云朵姐姐。

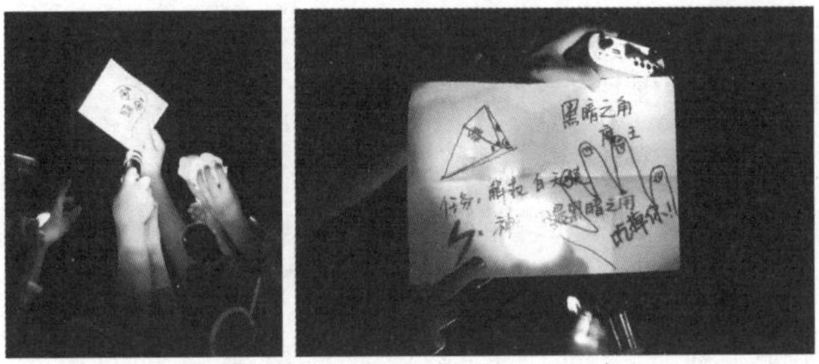

图 4-3-21　我们找到了带有秘密使者信息的信封啦！

图 4-3-22　一起完成神秘任务吧！

活动记录与呈现

涂君慈：下午换鞋时，我和好朋友就已经很激动了，一直在大声说：“奇妙夜，我们来了。”

王淏晨：晚上睡觉的时候我还是有点担心，我还边哭边和老师说：我想在幼儿园睡觉，但是我不确定我能不能睡着。

尹昊岩：真的在幼儿园看了露天电影，我太激动了，梦想成真了。

邵嘉毅：那么多的老师忙来忙去，给我们准备加餐，帮我们洗澡，和我们玩惊险的游戏，我特别想对老师们说“谢谢”。

李乐轩：拯救云朵姐姐的时候，我还是挺紧张的，我害怕我们找不到，没想到我们组是第一个找到的。

六、温馨时刻

和好朋友躺在一起谈谈心。

七、晚安，幼儿园

和爸爸妈妈通过微信道晚安。

听着故事慢慢进入梦乡。

八、延伸学习

明天再次见到爸爸妈妈的时候，将在“奇妙一夜”里发生的故事讲给他们听。

活动小结与反思

“奇妙一夜”是毕业季中隆重程度仅次于毕业典礼的一个传统保留项目。2018 年是“奇妙一夜”加入大班豪华毕业套餐的第六个年头。

“探秘幼儿园时光”满足了孩子们的好奇心；“闲暇时间”让孩子们悠闲地度过了傍晚时光；露天电影《冰川世纪》实现了孩子们的愿望；“拯救云朵姐姐”的活动，让孩子们舒缓了内心对于黑暗的恐惧，学会与黑暗和平相处；“温馨时刻”和“晚安，幼儿园”环节里温情满满。每一个环节孩子们都制造了很多美好的瞬间。

成年人可以从奇妙夜中找到很多属于童年的往事，而孩子们可以从中看到他们的当下。多年之后，“奇妙一夜”一定可以成为孩子们回味无穷的事情。童年和童话一样都给孩子带来了很多美好的回忆，但童年绝不等同于童话，童年始终是真实的。这一夜，老师们的“赤子之心”再次回归，和孩子们在活动中又一次留下了一段美好的回忆。

毕业季 | 这一夜，很奇妙！

教育笔记

奇妙夜——一个恣意表达情感的契机

王彩霞

2018年6月21日——奇妙夜。在这个奇妙夜中，丰沛的情感流露、恣意的情感表达是我感受最深的事情。

孩子们的情感——或大喜或"小悲"

情景一：

从中午散步开始，孩子们的话题就一直围绕着"奇妙夜"。涂君慈、李乐轩、谢雨默对着自己的"小天才手表"各种拍照、各种做笑脸。涂君慈对我说："我要把奇妙夜的笑脸拍下来"，等到晚饭过后，这几个男孩子们又迫不及待地对着手表激动地大喊：奇妙夜我们来了，奇妙夜我们来了，将自己和同伴的叫喊声录制下来……一直兴奋得停不下来。

情景二：

晚上要睡觉了，淏淏难过地抽泣了起来，边哭边说："我想在幼儿园睡觉，但是我不确定我能不能睡着。"

对于孩子们来说，激动是一种情感的表达，难过也是一种情感的表达，只有在自己安心的氛围中，孩子们才能如此真实、流畅地展现自己的情感。

老师们的情感——或回忆或期待

对于我来说，这次的奇妙夜是我经历的第六个奇妙夜，第一个奇妙夜是我在2013年带大班的时候，还记得当时胡老师提出这个想法时，我就有一种"热血澎湃"的感觉，跟孩子们一样期待、一样疯狂，也一样忐忑。当时的活动并不像现在这样丰富、成体系。第一次的活动更随意、随性、简单一些，在傍晚的幼儿园探秘，在夜晚的葡萄架下品尝美味、唱歌、朗诵毕业诗；然后用发光物体随意地游戏，最后我们一起进入梦乡。现在的奇妙夜，增加了活动前的讨论、招募仪式，活动中的创意游戏也更有层次、更符合大班孩子的游戏特点，期待第七个奇妙夜！

家长们的情感——或激动或失落

家长们平时盼着孩子不在身边，当孩子们真的不在身边时，又感觉有点不踏实。

晚上下班时，李文老师来到了我们班，当我们问道："串串(孩子名)晚上不在家，你们有什么计划?"李文老师激动地说："我们晚上可以看个电影。"说完好像想到了什么事情一样，开始在班里一圈又一圈地溜达，溜达了好久之后，问我们："我要不要去看看串串，然后跟他告别一下，他晚上要是想我了怎么办?"哈哈，好矛盾呀。

这一夜，无论是哪一种情感，都是最自然、最打动人心的情感。其实一开始我并没有理解"赤子之心"是什么意思，只是觉得能隐隐地感觉到，但是表达不出来。

写完这篇教育笔记后，我觉得“赤子之心”是不是也包括了按自己的方式表达情感于心，让最充沛、最真实的情感绽放于心。奇妙夜，让所有人的心都紧紧地连在了一起。

第四周 快乐向前走

周主题说明

本周是六月的最后一周，也是孩子们在幼儿园的最后一周。经历了探寻幼儿园、回忆过往、感恩拥有三个阶段之后，我们希望孩子们能够带着积蓄的力量，大步快乐地向前走。

这一周，孩子们将通过《毕业诗》、“定格美好时光”“毕业纪念册”“快乐向前走”和“毕业典礼”活动，回味那些美好的时光，享受自己人生中的第一场毕业典礼，感受不管走多远，都会有许多爱着自己的人，给自己前行的力量。

周课程目标

1. 与幼儿一同参与毕业季相关活动，帮助幼儿对“毕业”有更具体的理解。

2. 鼓励幼儿运用不同的表现方式完成毕业纪念册的制作，并能积极丰富其内容。

3. 支持幼儿积极参与毕业典礼的筹备活动，鼓励幼儿在毕业典礼中大胆展示自我，享受成长的快乐。

4. 引导幼儿辩证地看待“分别”，理解“学会分别”也是一种成长，珍惜在一起的每一个日子。

活动一 《毕业诗》

活动形式

小组活动。

活动目标

1. 了解《毕业诗》的内容，能够有感情地朗诵《毕业诗》。

2. 愿意与同伴分享自己创作的诗。

3. 体会《毕业诗》中蕴含的不舍、感恩等情感。

活动准备

印有《毕业诗》的卡片若干张。

活动过程

一、导入

教师提问："这周是你们在幼儿园度过的最后一周，现在你们的心情怎么样？"

二、分享环节

请幼儿轮流分享自己即将毕业的心情。

> **活动记录与呈现**
>
> 季子禾：马上就要毕业了，我的心里有点舍不得。
>
> 柴　艺：马上就要毕业了，我很开心，因为我觉得自己长大了。
>
> 王逸帆：马上就要毕业了，我的心情有点复杂，我很开心自己要成为小学生了，但我又不想离开幼儿园。

三、操作环节

1. 教师朗诵《毕业诗》，请幼儿欣赏，并分享听到的内容和感受。
2. 教师解读《毕业诗》，引导幼儿感受《毕业诗》中蕴含的情感。
3. 分发《毕业诗》卡片，分组与老师一同进行朗诵练习。

> **活动记录与呈现**
>
> 王旭锋：我听到了夏天，因为我们是在夏天这个季节毕业的。
>
> 胡曦文：我听到了老师说"你们是我们心中最闪亮的那颗星"，我希望我一直是你们心中的骄傲。
>
> 张北歆：我听到了"再见，我亲爱的小伙伴"，我和我的好朋友毕业以后就不能每天见面了，我会想她们的。
>
> 马令仪：我听到了"再见了，亲爱的老师"，我舍不得幼儿园的老师，我希望小学的老师也能像幼儿园里的老师这样温柔和耐心。
>
> 谈一锦：听着《毕业诗》，我都哭了。我还不想跟小朋友和老师们告别，我还想留在这里。

四、创编环节

1. 引导幼儿对比《毕业诗》与日常对话的不同。
2. 鼓励幼儿尝试创编关于毕业的诗句。

活动记录与呈现

《毕业诗》与日常对话的不同

唐 果：我觉得读《毕业诗》不能像我们说话一样，要有感情。

吴洛嫣：《毕业诗》虽然比较短，但有很多内容，包含了很多的情感。

刘咨孜：《毕业诗》读起来很有节奏感。

创编关于毕业的诗句

三年前，我是一只小小的毛毛虫，
什么都不懂，什么都不会，
还总是爱撒娇，发脾气。
——吴洛嫣

我来到了幼儿园，
这里有漂亮爱笑的老师，
她们的本领好大呀，
教我学会了唱歌、跳舞、画画，
还和我一起做好玩的游戏。
——佀锦农

老师，我想和您说句悄悄话。
我盼着长大又怕长大，长大了就要离开幼儿园。
我怕长大还是长大了，我就要毕业啦。
——赵若清

五、小结

请幼儿将自己创编的诗歌画下来，教师帮助用文字记录，在主题墙进行展示。

六、延伸学习

请幼儿在家和爸爸妈妈一起背诵《毕业诗》，为毕业典礼做准备。

活动小结与反思

听完孩子们创作的诗，教师觉得《毕业诗》可以换一换内容了。

孩子们“诗意”地栖居在大地上。他们的学习是诗歌，是音乐……即使成人眼中平淡无奇的事物，他们也可以用自己的方式吟唱与赞颂。我们羡慕他们的境界，也“嫉妒”他们的才华。

我想，我们还可以为孩子们准备一个诗意的角落，这个角落展示的是孩子们日常创作的诗歌，这些诗歌的主题可能是关于“毕业”，可能是关于“自我”，可能是关于“朋友”，可能是关于……让毕业再充满诗意一些吧！

附：

《毕业诗》

——中华女子学院附属实验幼儿园原创

当夏天又一次来临，当鲜花又一次绽放，
我们即将毕业，心中涌起深深的眷恋之情。
哪怕走过万水千山，又怎能忘记幼儿园，
忘记最亲爱的老师，忘记朝夕相处的小伙伴呢？
亲爱的老师，此时此刻我们有很多话想说给您听。
老师，我们是您呵护长大的“丑小鸭”，
我们更是您梦中开放的七色花。
谢谢你们用爱心编制了我们最精彩的童年时光。
再见了，亲爱的老师。
我们不会忘记你们的希望和嘱托，
一定会用优异的成绩让你们为我们感到骄傲和自豪！
再见了，亲爱的小伙伴！
我们都为选择了这所幼儿园而感到无比幸运！
再见了，亲爱的中华女子学院附属实验幼儿园！
我们会永远铭记着你，爱着你！

活动二　定格美好时光

活动形式

小组活动。

活动目标

1. 知道更多表达毕业留念的方式。
2. 能够有创意地设计自己的毕业照造型。
3. 体会拍摄中的美好瞬间，珍惜和同伴在一起的时光。

活动准备

往届大班幼儿的毕业照若干张、相机。

活动过程

一、导入

播放往届毕业生的毕业照片。

教师提问："看了哥哥姐姐们的毕业照，你们有什么发现和感受?"

二、分享环节

请幼儿轮流分享一下自己的发现和感受。

> **活动记录与呈现**
>
> 赵思森：原来毕业照可以是很正式的，也可以是很搞怪的。
>
> 郭沛元：看了哥哥姐姐的毕业照，我发现毕业是一件很酷的事情！
>
> 谢雨默：我觉得照片里的哥哥们都特别帅气！

三、讨论提纲

1. 为什么要拍摄毕业照?

2. 你想在幼儿园的什么地方拍摄毕业照?

3. 拍摄毕业照时我们应注意什么?

> **活动记录与呈现**
>
> **讨论1：为什么要拍摄毕业照?**
>
> 陆姿邑：拍毕业照是给每个人留纪念。
>
> 胡曦文：当我们很久没有见面又非常想念的时候，就可以看看我们的毕业照。
>
> 董　镟：可以把毕业照送给教过你的老师，这样老师看见毕业照时也能想起你。
>
> 张李昀：如果拍了毕业照，我就会记住这个夏天，因为在这个夏天我们毕业了。
>
> **讨论2：你想在幼儿园的什么地方拍摄毕业照?**
>
> 王旭锋：我想在小树屋上拍毕业照。
>
> 吴徐正：我想爬到大滑梯上面去拍毕业照。
>
> 袁天诒：我想在小池塘边拍毕业照。
>
> 李汭怡：我想和小兔子照相。
>
> **讨论3：拍摄毕业照时我们应注意什么?**
>
> 胡曦文：拍照的时候，要注意自己的表情，一定要露出自己最美的笑容。
>
> 张北歆：拍照的时候，要整理一下自己的衣服，要整整齐齐的。

陈歆仪：要是和好朋友一起拍照的话，要互相配合好，不能只按照自己的想法去拍。

刘咨孜：拍照的时候一定要看镜头，哥哥姐姐的照片里有人没看前面就不好看了。

四、体验环节

请幼儿自由结组，选择小组成员喜欢的地方按顺序拍摄毕业照(图 4-4-1 至图 4-4-4)。

图 4-4-1　和园长妈妈一起留下一张珍贵合照

图 4-4-2　一起对着镜头大笑吧！

图 4-4-3　我们毕业啦！

图 4-4-4　一起玩打地鼠游戏

五、小结

请幼儿分享拍摄时的趣事和感受。

活动记录与呈现

唐　果：我觉得拍毕业照是一件庄严的事情。

吴洛嫣：在那些我喜欢的地方拍毕业照的时候，我觉得有些伤心。

刘咨孜：我觉得拍毕业照对我来说还挺困难的，我总是想动。

张李昀：我开始有点紧张，不过小朋友一逗我，我就忘记紧张了。

> 赵若清：拍照的时候，老师一喊我的名字，我就想我要和哥哥一样帅，我要拍得帅帅的。
>
> 佀锦农：穿着学士服和礼服拍毕业照，感觉自己很有自信。

六、延伸学习

教师借鉴一些有创意的毕业照作品，帮幼儿拍摄一些创意毕业照。

活动小结与反思

拍照过程中教师发现，当孩子们可以参考当下的生活和周围的人、事、物主动地参与拍照，明白拍照的意义的时候，配合度很高，拍照也会顺利得多。

从幼儿园毕业对孩子们来说是人生的一件大事，如何更有仪式感地迎接毕业，拍毕业照是一个很好的方式，不仅班级每位成员都会参与其中，孩子们也能在这个过程中自发地感受到毕业的美好与庄重。教师希望能够通过拍摄毕业照的方式帮助孩子们将这一段美好的时光定格。日后当孩子们想念彼此的时候，可以翻看毕业照，这也算是一种对孩子们的心理慰藉吧！

留存一点记忆是片刻的，怀想一段记忆是永远的，拍摄毕业照便是怀想美好时光最好的方式。在孩子们成长的过程中，会拍摄很多次毕业照，这些照片对孩子们来说都有着特殊的意义。

毕业季｜把记忆定格在此刻

活动三　毕业纪念册

活动形式

小组活动。

活动目标

1. 了解保持联系的多种方法。
2. 能够按照讨论的内容设计毕业纪念册，尝试记录自己的相关信息。
3. 珍惜和朋友之间的宝贵友谊。

活动准备

联系方式、自己未来要上小学的简单信息、白纸、彩笔。

活动过程

一、导入

教师提问：“还有几天你们就要毕业了，毕业之后你们还会和好朋友保持联系吗?”

二、分享环节

请幼儿轮流分享自己的想法。

活动记录与呈现

张李昀：当然要联系了，这样我就可以一直记得我在幼儿园的朋友。

吴雨珊：我觉得需要保持联系，如果我们不联系的话，可能会互相忘记，那这样我的朋友不就少了吗?

谈一锦：我觉得需要联系，因为我想知道我的好朋友长大后会变成什么样子。

三、讨论提纲

1. 你们觉得怎样才能一直保持联系?

2. 哪种方式最好? 请举手表决。

活动记录与呈现

讨论1：你们觉得怎样才能一直保持联系?

刘雨晨：可以用电话手表联系小朋友。

燕炳安：电话手表只能用来联系几个人，不能联系很多小朋友。

张懿琛：我们有毕业照，想念他们的时候可以看一看照片。

刘咨孜：我自己就有微信，我可以把我的微信号发给大家，加我好友。

胡曦文：我们可以做一个毕业纪念册，把我们的联系方式都写在里面，这样我们就可以相互联系了。

讨论2：哪种方式最好? 请举手表决。

王旭锋：我觉得制作毕业纪念册最好了，毕业纪念册可以记录全班小朋友的电话。

吴徐正：我看过妈妈的毕业纪念册，它可以保留很长时间。

袁天诒：我也觉得制作毕业纪念册是最好的方式，因为毕业纪念册上可以有很多的内容。

表决结果：28人觉得制作毕业纪念册的方式最好。

四、操作环节

请幼儿根据分享的内容设计毕业纪念册，将自己知道的联系方式填好。

活动记录与呈现

李汭怡：可以放一些自己在幼儿园的照片，这样看到照片就会想起幼儿园时候的我是什么样子的。

唐　果：可以放一些我们喜欢的活动的照片，如春游、庙会的照片，我们在看纪念册的时候就可以想起我们在一起的快乐时光。

王逸帆：也可以将小班、中班、大班时的自己都放在一张照片上，这样我们就能看到自己在幼儿园的成长变化了。

高不寒：我觉得还可以写上爸爸妈妈的联系方式，这样我们就有更多的联系方式了。

刘咨孜：可以写上我们的小学信息。

刘沐云：我们还可以在纪念册上相互留下对小朋友的祝福。我想对我的好朋友说"我会想念你的"。

陈歆仪：我想在里面记录我和好朋友之间发生的有趣的事情。

五、小结

教师肯定幼儿在活动中的表现，鼓励幼儿继续完善毕业纪念册中的内容。

六、延伸学习

请幼儿在爸爸妈妈的帮助下继续完善纪念册的内容，可以空出地方互赠毕业留言。

活动小结与反思

活动过程中孩子们热情高涨，提到了电话、微信等不同种类的联系方式，他们能很清楚地记得自己家人的联系方式以及即将进入的小学的一些信息。如果在材料的准备上能够提供一些可操作的实物，比如聊天软件、电话手表，孩子们就能更直观地了解这些通信方式。

最终孩子们选择了制作纪念册，因为纪念册对孩子们来说既陌生又新奇，在活动过程中孩子们都在努力地收集各种信息，并尝试设计自己的毕业纪念册。他们特别希望能通过这种方式保留所有人的信息和联系方式，希望毕业后还能够经常和小伙伴联系，能够记住一起在幼儿园的生活。

孩子们将第一次体验离别的情感投入其中，这本纪念册的意义不在于其精美的设计，而在于它承载了太多的信息、故事和情感，在未来的某一天，它将温暖孩子们的生活。

活动四　快乐向前走

活动形式

集体活动。

活动目标

1. 能自主地用表格、绘画等各种方式记录自己对未来的期待。
2. 愿意分享自己的毕业计划，能和同伴分享自己对未来的畅想。
3. 感受成长的快乐，能乐观地面对即将到来的分别。

活动准备

白纸。

活动过程

一、导入

教师提问："明天你们就要迎来你们的毕业典礼了，现在心情怎么样?"

二、分享环节

请幼儿分享自己迎接毕业典礼的心情。

> **活动记录与呈现**
>
> 王逸帆：我的心情既兴奋又紧张。
>
> 季子禾：我都迫不及待了，这是我第一次当小主持人。
>
> 陈歆仪：我现在很期待，我估计我今天晚上会睡不着。

三、讨论提纲

1. 你们对明天的毕业典礼有什么想法?
2. 毕业后，你对自己未来的生活有什么期待?

> **活动记录与呈现**
>
> **讨论1：你们对明天的毕业典礼有什么想法?**
>
> 谈一锦：明天真的就要毕业典礼了吗？我还不想离开怎么办?
>
> 佀锦农：我有点紧张，我在舞台上表演的时候会不会出现错误呢?
>
> 王旭峰：我好期待明天，爸爸妈妈会一起来看我的毕业典礼。
>
> 张李昀：毕业典礼就是我们展示自己的舞台。
>
> 季子禾：我们的毕业典礼一定是最精彩的。
>
> 闫浩同：毕业典礼是我们新生活的起点。
>
> 胡曦文：参加毕业典礼是我的梦想之一，我还有很多梦想要去实现。

讨论 2：毕业后，你对自己未来的生活有什么期待？
张北歆：毕业后我对未来生活的期待就是每天睡到自然醒，谁也不要叫我起床。
胡曦文：我要开始我的毕业旅行，好期待。
惠星童：我希望能快点看到我的小弟弟或者小妹妹。
王旭锋：毕业后我希望我能很快适应小学生活。
吴徐正：毕业后我对未来生活的期待就是练习打篮球，成为篮球高手。

四、小结

教师梳理幼儿对毕业典礼的想法及他们对未来生活的期待。

五、延伸学习

1. 请幼儿在家和爸爸妈妈聊一聊毕业后对未来的想法，可以和爸爸妈妈一起制订一个短期内的未来计划并去实施。

2. 为爸爸妈妈送上邀请函，邀请他们参加自己人生的第一场毕业典礼。

活动小结与反思

毕业，一个让人百感交集的词语，成长、感恩、离别、伤感，汇聚在一起，它让每一个身在其中的人都依依不舍。然而孩子们并没有陷入这种不舍的情绪中，活动中孩子们自由表达和分享了对毕业典礼的想法，他们从不同方面解读了毕业典礼对自己的意义。

孩子们对未来的期待和成人是不一样的。在孩子们的分享中我们可以了解到孩子们对未来的期待可能就是自己喜欢的运动、自己想要做的一件事，他们对自己的未来有很强的掌控感，能够充满信心地投入自己的未来生活。

我们能为孩子们做的就是守住他们纯粹的心，全然相信我们的孩子们，相信他们永远都会快乐向前。

活动五　毕业典礼

活动形式

畅游活动。

活动由来

孩子们一起在幼儿园度过了三年的时光，在这里他们拥有了很多的第一次。第一次离开爸爸妈妈、第一次自己交朋友、第一次参加畅游……在他们即将离开幼儿园的时候，我们希望孩子们拥有自己的第一次毕业典礼。

这是孩子们成长中的第一次毕业典礼。通过这种充满仪式感的活动，孩子们自信地展示自己，享受成长的快乐，为自己的幼儿园生活画上完美的句号。希望孩子们能够带着我们的期待和祝福开始新的生活。

活动目标

1. 了解毕业典礼的内容，知道自己在毕业典礼中参加的节目。
2. 能够自然、大方地展示自己。
3. 在参与毕业典礼的过程中感受典礼中蕴含的勇敢的、自信的、向前的力量。

活动准备

场地布置(舞台搭建、家长席位)、音响、灯光、摄像、需要播放的音乐和视频、演出服装、节目道具(图 4-4-5)。

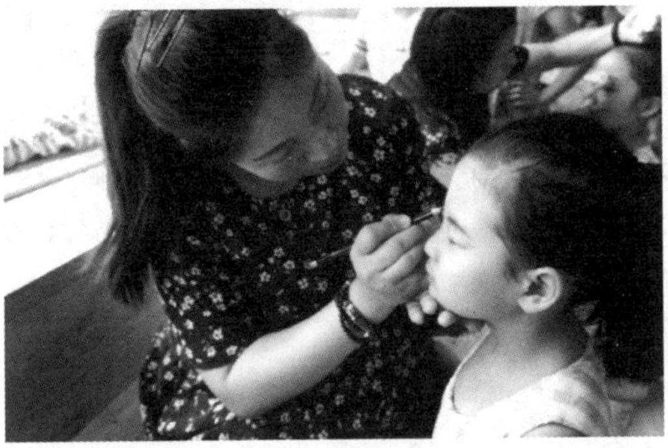

图 4-4-5　毕业典礼开始前的准备

活动过程

一、导入

播放成长短片，唱响“大大的梦想”。

二、亮相环节

教师主持和毕业生主持亮相。

毕业生集体亮相(图 4-4-6)。

图 4-4-6　完美的开场亮相

三、主要环节

1. 第一篇章：过去·时光一定会记住这一切。

(1)游戏互动——随机邀请家长分享幼儿长大的瞬间。

(2)节目：《跆拳道》(图 4-4-7)。

(3)节目：《傣族舞》(图 4-4-8)。

图 4-4-7 我们的跆拳道打得帅不帅?

图 4-4-8 蝴蝶泉边优美的舞姿

2. 第二篇章：现在·想把我唱给你听。

(1)情景剧：《活了一百万次的猪》。

(2)家长节目：《爸爸妈妈嗨起来》。

(3)家长代表发言。

3. 第三篇章：未来·与最好的自己相遇。

(1)舞蹈节目：《苔》。

(2)教师节目：《爱》《追光者》。

(3)颁发毕业证(图 4-4-9)。

(4)园长妈妈致辞。

(5)节目：《毕业诗》《再见幼儿园》。

图 4-4-9 接过园长妈妈颁发的毕业证书我们就真的毕业啦!

四、小结

幼儿和家长与教师们拍摄一张大合照。

教师总结："亲爱的孩子们！请带着老师们的祝福，满怀信心地出发吧！希望你们能一直保持阳光、积极的心态，勇敢地战胜一切挑战，用更多的耐心和善意面对未来！"

活动记录与呈现

刘咨孜：毕业典礼的时候，我意识到我真的要毕业了，要离开幼儿园了。

董　镟：毕业典礼中，我特别地感动。

陈歆仪：毕业典礼上我展示了最好的自己，我感觉信心十足，今后我会更加自信地面对所有事情。

郑浩铭：毕业典礼结束了，可是我心里好舍不得幼儿园，我还想经常回来！

林绍锋：我一定会回来看我的幼儿园的，我跟园长妈妈约好了，每个星期二我会回来看她。

活动小结与反思

毕业典礼在孩子的一生中是一件大事，是孩子成长过程中的一个里程碑式的事件。幼儿园每年的毕业典礼都有一个主题，2018 年毕业典礼的主题是"大大的梦想"，我们希望每一个孩子都能够成为最好的自己，拥有自己的梦想，并勇敢、自信地朝着自己的梦想出发。

每一年我们都会在幼儿园中为孩子们举办人生中第一个毕业典礼。这是希望孩子们能在这个他们最熟悉的地方，用自己最美丽的姿态绽放。

亲爱的孩子们，请记住，你们永远是幼儿园的骄傲。

"大大的梦想"——中华女子学院附属实验幼儿园 2018 届毕业典礼纪实

教育笔记

大班小朋友在幼儿园的最后一天

晁　妍

这是大班小朋友在幼儿园的最后一天了，过完这一天，他们将迈向人生新的阶段。

早晨 7 点半，苗苗早早来到幼儿园，苗苗说："我早上醒得可早了，在家里睡不着，我想来幼儿园看看，幼儿园的最后一天我想过得长一点。”

今天上午没有安排节目彩排和排练，淏淏和麦穗一遍又一遍过来和我确认：“老师，今天不排练节目吗?”我说：“今天不排练啦，你们好好休息休息，用一个最佳的状态迎接下午的典礼。”

区域活动的功能区已经很久没有全区开放了，帅帅在美工区里发牢骚：“什么时候能再玩一次建筑区啊!”帅帅并不知道他的这句“牢骚”被老师们听到了，我们开了建筑区，不过进区的人并不多，更多的人还是在写写画画，给小朋友和老师准备祝福，孩子们天天都在更新他们的作品栏。临近毕业，每一天老师都能得到孩子们的告别信或者其他作品。

轩轩不知道什么时候跟中班的弟弟妹妹在图书馆聊了起来，听记录的老师说，“轩轩说到了毕业典礼，说得特别好，弟弟妹妹听得很认真”。结束后，中班有几个小朋友开始伤感，毕业真是件让人难过的事情，要离开最舍不得的幼儿园，太难过了。

午饭时间，李师傅来巡班。孩子们看到李师傅开心得不得了，有的孩子说了一声：“这是我们在幼儿园的最后一顿午饭了。”是啊，师傅还是照例来了解孩子们的想法：“菜品是否可口?”孩子们齐声回答：“好吃!”有小朋友在午饭后告诉我：“小妍老师，这是我在幼儿园吃过的最好吃的一顿午饭，里面所有的菜我都爱吃!”

中午午休，我因为手里有点工作，忘记给孩子们播放故事了，看到有的小朋友还醒着，我就说：“孩子们啊，要好好休息，下午才有能量参加毕业典礼呢!”不知道哪里来的声音：好的，没问题，不过能不能先给我们放个故事呢？在孩子们的提醒下，我们的午间睡前故事如约开始。

下午，孩子们起床后就开始准备，女孩子们化了妆之后和好朋友互相欣赏，男孩子在班里有点无聊，好在时间过得很快，很快就到了毕业典礼的候场时间。孩子们又紧张又期待，他们都想把自己最棒的一面展现给爸爸妈妈、老师和小伙伴们。

典礼开始前，我收到了一枚小星星，天天用蓝胶粘了一个小星星，粘在我的手表上，一句话也没说，就跑开了。亮相之前，他又来找我确认这颗星星，虽然他什么都没有说，但我知道他是希望我收藏好这颗星星。典礼结束后，散场的时候天天的眼睛已经哭得红肿，我把手上的小星星给他看，但他还是很难过，因为自己这次真的要离开幼儿园了，太舍不得了。

毛豆在离开教室之前看了一眼摆放整齐的小椅子，问：“那我们的小椅子怎么办……”

这一天，过得很快，我们来不及去认真地和每一个人告别；这一天，有太多美好，有很多人在帮我们记录；这一天，有难过，有不舍，有感恩，有激动……这些将是我们在幼儿园最美好的回忆。

文具总动员
甜蜜回忆盒
独特的井盖
毕业前，我想做的N+1件事
社团招新
小学社团，招新啦！
定格时光
白墙生花
奇妙一夜
寻找彩虹小学
六月
大声向你告白
毕业典礼

绘制：王晨琳老师